Ines Gerrit Möhring

Unter uns!

Die Frau, der Rapunzelturm und die Sache mit dem Fisch

Das Buch zur wöchentlichen Kolumne in der

Volksstimme

ost-nordost

Die Deutsche Bibliothek – CIP Einheitsaufnahme
Ines Gerrit Möhring: Unter uns! Die Frau,
der Rapunzelturm und die Sache mit dem Fisch
Magdeburg : ost-nordost, 1. Auflage 2007
ISBN 978 – 3 – 938 247 – 94 – 5

Titelgrafik: Ines Meisterfeld
Fotos: Conrad Engelhardt
Druck: Grafisches Centrum Cuno Calbe/Saale

„Ich sitz da und rede mit Gott,
aber er lacht nur über meine Pläne.
Mein Kopf spricht eine Sprache,
die ich nicht versteh."

(Robbie Williams, „Feel")

Hallo, ihr Lieben da draußen,

wenn ich in jener Nacht auch nur geahnt hätte, dass meine Geschichten eines Tages ein Buch füllen würden, wäre es mir um Längen besser gegangen. Statt deprimiert aus der Wäsche zu gucken, hätte ich mein Kopfkino angeschmissen und ein paar Tagtraumphantasien laufen lassen: Ineskind als dramatisch erschlankte Bestsellerautorin, furiose Lesung, samt Autogrammstunde, Beifall, Verbeugung und Lächeln für die Kameras. Optimistisches Wunschdenken am Rande des Unrealen ist eine meiner Lieblingsbeschäftigungen. Stattdessen kurvte ich ans Lenkrad getackert durch Lütten-Klein, in dem verzweifelten Versuch, mich aus einer Baustellenumleitung heraus zu fitzeln.

Wo ist der verdammte Weg nach Warnemünde?

Es ist lange nach Mitternacht. Ich bin fix und fertig, und höchstens noch sieben Millimeter von einem Nervenzusammenbruch entfernt, der mir – gelinde gesagt – zusteht. Auf dem Beifahrersitz rüsselt Hermann, mein Hund, den es nicht die Bohne interessiert, wohin die Reise geht. Wir haben eine einzige Reisetasche, Zigaretten, eine Robbie-Williams-CD und seine Schnuffeldecke dabei. Dummerweise funktioniert meine EC-Karte nicht. Der Tankwart guckt mich frauenfeindlich an, verpfeift sich grummelnd in sein Kabuff, kommt wieder rausgelatscht und stemmt die Hände in die Hüften. Der ganze Kerl ein einziger Vorwurf.

Das hat mir gerade noch gefehlt.

Ich bin vierzig Jahre alt. Vor etwa zehn Stunden habe ich meinen Job, meinen Mann und mein Zuhause verlassen. Ich bin müde, ich bin pleite, ich bin übergewichtig und ich neige zu Übertreibungen und diesen fiesen Dellen am Hintern. Wahrscheinlich hat mein Gatte deshalb die Ehe storniert. Eine Tatsache, die mich hochgradig stinkig macht; und ich habe nicht übel Lust, irgend jemanden – irgend jemanden – mit bloßen Händen zu erwürgen. Lebenslang im Knast zu verrotten, ohne sich Sorgen machen zu müssen, erscheint mir im Vergleich zu meiner akuten Situation geradezu verführerisch. Als ich das dem Esso-Mann zuraune – nicht etwa, um ihm zu drohen, sondern um ihm klipp und klar die Fakten darzulegen – schicke ich zeitgleich ein Stoßgebet zum Himmel: Lieber Gott, lass diesen Bärenbeißer einen Hauch von Anteilnahme besitzen. Und tatsächlich hat der Meister unter seinem Schmieröl-Einteiler ein butterzartes Herz. „Mensch, Kleene. Hast du auch nur einen Schimmer davon, was jetzt auf dich zukommt? Das wird der blanke Wahnsinn." Er schiebt mir einen Kaffee und die Tempo-Taschentuch-Box rüber.

„Ja", schniefe ich und zwinkere ihm zu,

„ ...willkommen in meiner Welt."

Frühling

...oder die Frage:

Wie in Gottes Namen soll das enden
und haben Frauen, die kein Instrument spielen,
überhaupt eine Chance?

Gibt es noch Singles in dieser Stadt?

01. März
Stimmung: instabil, bin zum ersten Mal seit 20 Jahren allein und unbemannt
Gewicht: im nicht-öffentlich nennbaren Bereich
News: keine. Belagere Muddis Gästecouch und werde zum Frustfresser

Drei Monate sind seit jener Nacht vergangen. Drei Monate voll düsterer Premieren: Geburtstag solo, erstes Weihnachtsfest allein, Silvester ohne Kuss um Mitternacht. Die exakte Wiedergabe eines Albtraums. Manche halten mich für mutig, ich halte mich am Glas fest. Hinter mir Trümmer und Tränen, vor mir ein Niemandsland. Ich weiß nicht, wie es euch geht, aber so wirklich gern treffe ich in diesem Zustand nicht auf Bekannte. Wie antworte ich auf: „Na, wie geht's?"

Spitze? Rosig? Wunderbar? Mir sieht man drei Meilen gegen den Wind an, dass etwas nicht stimmt. Wer abends beidhändig raucht und flaschenweise Rotwein litert, um einschlafen zu können, sieht am Tag darauf wie ein Heckenpenner aus. Da helfen weder Haarglanzspülungen noch Merz-Spezialdragees. Ich bin ein Wrack. Eins, auf dem am Bug in Leuchtbuchstaben „Single" steht. Single. Einer von elf Millionen. Scheiße. „Vor dir liegen Jahre ohne Sex", prophezeit mir meine Freundin Evy und macht mir Mut. „Dafür kannst du aber auch mal wieder richtig Spaß haben. Wie früher. Zur Disko gehen, die Nächte durchtanzen und neue Leute kennenlernen." Klasse. Haargenau die Punkte auf meiner ultimativen Wunschliste. Mir wird schlecht. Ich bin kein Partygirl mehr, und eine Diskomaus schon gar nicht. Bei unserem letzten Besuch in einer derartigen Einrichtung rempelten sich die Kids an und fragten laut genug, „ob wir unsere Sauerstoffflaschen dabei haben?" Nun muss ich auch noch mit voller Absicht in diese Hölle. Wie demütigend, sich wieder auf den Heiratsmarkt werfen zu müssen. Wenn ich irgendetwas NICHT wollte, dann das. Flirten, weil man muss und nicht, weil es gerade Spaß macht. Wann hab ich zuletzt eine Bar betreten? Annoncen gelesen? Einen Fremden geküsst? Ich muss siebzehn gewesen sein, und das ist mehr als zwanzig Jahre her. Was ich jetzt dringend bräuchte, wären Gleichgesinnte. Verbündete. Leidensgenossen; ein emotionales Band gegen die Verkümmerung. Doch bis zur nächsten Herz-Schmerz-Single-Schwester sind es achtzig verdammte Kilometer und eine nähere ist nicht in Sicht. Auf Parties bin ich plötzlich der bestaunte Exot. „Na? Immer noch keinen gefunden? Für dich müssen sie wohl erst noch einen backen, was?" Ich grinse blöd und stammele etwas von „Nase voll" und „noch gar nicht umgeguckt", was ja auch irgendwie stimmt. Dann kommt der ultimative Satz, der immer und punktgenau für explosive Stimmung sorgt: „Sei froh, dass du tun und lassen kannst, was du willst." Ab genau diesem Moment spaltet sich die Gruppe ohne mein Zutun in erbittert feindliche Lager, wobei grundsätzlich jedes das andere beneidet. Den Vergebenen werden die Partner, den Singles die Freiheit verübelt. Als Zugabe gibt's deprimierende Beispielgeschichten über erfolgreiche Ex-Singles, die in unglaublich kurzer Zeit eine neue Liebe gefunden haben. Steht eigentlich das Wort „Niete" schon auf meiner Stirn? Nach ein paar Monaten hat man das Gefühl in einer Endlosschleife zu sitzen und will keinen einzigen Vortrag mehr über Partnersuche hören. Was soll das? Sind wir ohne Gegenstück weniger wert? Geht Dick nicht ohne Doof, Cindy ohne Bert? Müssen wir bei jeder Gelegenheit unser Ein-Personen-Leben verteidigen? Da bleiben wir lieber zu Hause, fristen unser Dasein auf Sofas, gucken mit Fresstablett auf dem Schoß in die Glotze und machen unser Heim zur Burg. Scheibenkleister. Meine Aussichten sind alles andere als rosig. Weder bin ich richtig jung, noch trage ich eine angemessene Konfektionsgröße. Ich trage Doppelkinn, Speckrollen und einen Hintern mit mir spazieren, der halb so groß wie Australien ist. Ich stelle mich resigniert vor den Spiegel und proste mir zu: „Gratulation, meine Liebe! Qualifikation für den Single-Bleiber-Wettbewerb bestanden. Hol dein Heft raus und stempele dir ein Bienchen ein!" Gibt's irgendeine Alternative? Soll ich aus dem Untergrund angreifen? Heimlich durch den Park schnaufen, Hanteln stemmen, meinem Bäcker Tschüß sagen und das Nutella-Glas in die Luft sprengen? Sieht ganz danach aus.

Schließlich will ich nicht der letzte einsame Sofa-Single sein, der irgendwann mit einem Kran samt Liegegelegenheit über die Balkonbrüstung gehoben wird. Herzverfettungstod der Dreihundert-Kilo-Frau. Also mach's gut, altes Leben, ab jetzt wird geturnt.

Kleine Lektion in Sachen Bauchmuskeln

03. März
Stimmung: bin hochmotiviert, weil ab jetzt Reduzierung des Katastrophengewichts
News: bemühe mich um eine Wohnung in Muddis Haus

Das habe ich jetzt davon. Tröte meine guten Vorsätze hinaus in die Welt und darf nun Bericht erstatten. Phase Eins im Änderungsprogramm meines Molly-Single-Lebens hat begonnen. Kein leichtes Unterfangen, allein was die nächtliche Anziehungskraft des Kühlschrankes betrifft. Aber erst der Sport. Als Grobmotoriker mit rudimentär entwickelten Englischkenntnissen ist man im Bauch-Beine-Po-Kurs ne arme Sau. Während die Gazellengruppe die Vierer-Schrittkombination als Showballett-Einheit tanzt, hechele ich dem Rudel als Zeitversatz-Echo hinterher. „Sseit-tu-Sseit", zwitschert die fröhliche Kursleiterin in ihr Kopf-Mikro und ein Dutzend Eingeweihte schwingen die Extremitäten von links auf rechts. Ich bin froh, die hintere Reihe besetzt zu haben und gerade schön am Schwingen, da reißt mich: „Step auf rechts!" aus dem Konzept. Man marschiert, aha...! Trampele begeistert mit. Rums, rums, rums. Geht doch! Fühle mich gruppen-dynamisch und wage ein beifallheischendes Umschauen in der Runde: Starre Geradeaus-Blicke der Gesamtherde. Der Körperakrobat an sich gibt sich gern konzentriert. Konzentriere mich ebenfalls und marschiere, als gelte es Nepal zu befreien. Endlich! Du schaffst es! Ich bin Motivationsweltmeister. „Großes Vau auf rechts, Arme panschen entgegengesetzt, änd go!" Zack! Für lappige 2 Minuten war ich Mitglied dieser Janet-Jackson-Truppe. Vorbei. Der Saal stampft synchron das große „Vau" und ich bemühe mich vergeblich, rechten Fuß plus linken Arm zeitgleich zu aktivieren. Meine beiden Hirnhälften müssen durch ein besonders kleines Band verbunden sein. „Und lächeln...!" Die Herde krampft, ich lächele. Keiner lächelt so schön wie ich. Mit Freundlichkeit hab ich schon so manches Manko übertüncht. Das schult. Die Lachfassade hält bis ich etwas Unglaubliches entdecke: Das weiße Nilpferd da hinten im Spiegel bin doch nicht etwa ich? Winke zur Probe mit den Armen. Oh, Gott, ich bin es! Vergleichskontrolle im Seitenspiegelelement: Positiv! Das ist doch nicht möglich?! Dieses Etwas ist völlig quadratisch, hat keinen Hals und kriegt die Beine nicht hoch. Außerdem sieht ES in diesem weißen Ganzkörper-Sportdress wie ein Schneemann im Eindarm aus. Warum sagt mir das keiner? (und wenn: Dem würde ich aber...) „Wasngrsssndowntueffelrrsl...!“, werde ich fröhlich unterbrochen. Mist, nun war ich unaufmerksam. Zwölf Leiber klappen wie Taschenmesser zusammen und sinken majestätisch zu Boden. Lasse mich resigniert auf die Matte fallen und schwöre der Spiegelwand, sie keines Blickes mehr zu würdigen und mich stattdessen noch mehr zu schinden. Schwur 2 und 3 betreffen die Nahrungsaufnahme und sind aus disziplinären Gründen schwieriger zu bewerkstelligen. Werde außerdem die weißen Sportsachen für schlankere Zeiten aufheben, was sie mit 75% meines Kleiderschrankinhaltes verbindet. „Bauch fest, Kopf Richtung Brust und loos!“, feuert uns die gutgelaunte Vorturnerin an.

Na, Mädel? Das geht doch auch englisch, oder? , denke ich noch kurz, bevor ich etwa tausend Mal den Bauchmuskel anspannen soll. Ist das der Vorhof zur Hölle? Hallo.. ? Bezahle ich diesen Verein etwa dafür, nie wieder schmerzlos lachen zu können? Bauchmuskel, komm schon! Du gehörst auch zu mir. Mach, was ich dir sage! Der fast vierzigjährige Vorruhestand lässt ihn auf vorzeitige Verabschiedung drängen. Kapitulation der dicken Weißwurst während sich die Restgruppe vorm Kommandostand nach oben meißelt:

„Und auf..., und auf.., und auf.. !“ Ich gehe weder auf noch ab. Schiele zur Uhr: noch zehn Minuten. „Energiiiiieeee...!“ Ein Motivationsschub hämmert durch die Reihen. Die glücklichen Bauchmuskel-Besitzerinnen geben noch einmal alles. Ich versuche, so unauffällig wie möglich liegen zu bleiben. Gleich kommt die „Kuhl-Daun-Phase“ und das habe selbst ich, das Sprachen-Untalent, kapiert: Ab jetzt wird entspannt, und DAS kann ich.

Wieso denn schon wieder Blumen?

..und vor allem: Von wem??

08. März
Stimmung: schlecht, da der Single-Gedenktag noch nicht erfunden wurde
News: ich habe meine erste eigene Wohnung (und seitdem einen Schuldenberg bei IKEA)

Auch das noch: Frauentag. Als hätte mir dieser vermaledeite Valentinstag nicht schon gereicht, jetzt geben mir die Floristen den Rest. Renne schon seit Tagen mit heruntergezogener Kapuze durch die Stadt. Irgendwie befürchte ich, dass man es mir von den Augen ablesen kann: Achtung! Diese Frau bekommt an solchen Tagen nur Anrufe von Tante Lenchen und Blumen von ihrer Mutter. Na prima. Es ist wohl besser, ihr geht mir aus dem Weg. Ich müffele nach Frust, Einsamkeit und gebrochenem Herz. Aber zugeben würde ich das nur unter Folter. Da verbreite ich lieber schlechte Laune und schwinge emanzipatorische Reden.

Es ist doch so: Ich bin eine wandelnde Zeitbombe, noch ein Tropfen Mitleid, noch ein Gramm Eifersucht und ich gehe hoch wie eine Feuerwerksfabrik nach einem Gasleck. Alles nervt. Und eine Sache ganz besonders: diese neu entflammten Frauentagsfeiern, samt Blümchenbesorgerei für Gott und die Welt. Alles, „was muss" stinkt mir, und außerdem sind solche „Liebesbeweistage" für die meisten von uns Mädels sowieso demütigend. Entweder man hat keinen Kerl oder wird von ihm vergessen. Entweder man wird aus Zeitmangel nicht bedacht oder der Tag wird gleich komplett ignoriert. Wozu man speziell im Februar schon an Protanopie leiden muss, der sogenannten Rot-Blindheit. Dies allein würde erklären, wie MANN an fünfzehntausend roten Herzchen in jedem Schaufenster Deutschlands vorbei laufen kann, ohne etwas zu merken. „Danke Schatz, aber jetzt habe ich gar nichts für DICH", ist der häufigst gesprochene

Satz eines Mannes an Sankt Valentin. Von liebenswerten Ausnahmen abgesehen. Der frustrierte Rest hat gerade mal 22 Tage Zeit, sich beziehungstechnisch zu erholen, da holt Fleurop zum nächsten K.o.-Schlag aus: 08. März, Frauentag. Da wollen wir schon aus Prinzip keine Blumen mehr. Ein Teil ist noch bockig wegen der Valentin-Misere, der andere findet, dass dieser Tag verdammt nach Angela Davis und Nelkenstrauß klingt. Wie auch immer. Auf beiden Seiten herrscht explosive Stimmung. Ich kenne Männer, die in dieser Zeit Gedanken mit sich herum tragen, die viel mit „freiverkäuflichem Sprengstoff“ zu tun haben. Sie könnten jede Blumen- und Parfümbude in die Luft jagen, weil sie sich genötigt fühlen, ein Muss-Geschenk zu erstehen. He, Jungs! Ruhig bleiben! Macht es doch einfach wie die große Masse: Tut so, als gäbe es diese Tage gar nicht. Meine Freundin Martha hat einmal anlässlich der traditionellen Geschenke-Verweigerung ihres Gatten ein Zitat von ihm zum besten gegeben: *„Was für Geschenke? Wann? Meine Mutter bist du nicht, Valentinstag kenn ich nicht, Frauentag feiern wir nicht und zum Nikolaus haben wir uns doch noch nie was geschenkt.“* Was explizit nicht stimmt, da ER sehr wohl zu allen Festtagen bedacht wird. Mit ausgesuchten, zum Hobby passenden Präsenten. Aber Schwamm drüber. Wir lieben sie doch trotzdem. Schließlich können sie so schön zerknirscht gucken, wenn es mal wieder kein Gegengeschenk gibt, und sie bringen es Gott-weiß-wie fertig, um den Frauentag herum Augen und Ohren verschlossen zu halten. Anders ist es nämlich kaum erklärbar, was in Dorfkneipen und Stadthallen derzeit abgeht: Frauen jeder Altersklasse, die ungehindert „Auszieh'n, auszieh'n!“ brüllen, und damit fremde, knackige Männer meinen. Eine Sache, die ich meide wie den Gang zum Kontoauszugsdrucker: Men-Strip-Veranstaltungen. Getoppt von: Men-Strip-Veranstaltungen auf dem Land. An einer hab ich vor Jahren mal teilgenommen. Unglaublich, was sich dort abspielte. Kreischende Horden wild gewordener Weibsbilder, die knallbunte Bretterknaller-Mixgetränke weggezischten, als gäbe es kein Morgen. Mich eingeschlossen. Ich bin ein Herdentier. Um 23 Uhr hatte sich die Hälfte der Teilnehmerinnen bereits die Lichter weggeschossen.

Genau der Moment, in dem es passierte: Das Licht ging aus, die Nebelmaschine setzte sich zischend in Gang, Rocky Balboas „Final Countdown“ dröhnte aus den Bassboxen und sie erschienen: Fünf halbnackige „Dream-Boys“ in Star-Wars-Kostümen. Der Oberdreamer als Darth Vader. Zum Piepen. Blöderweise sollten alle mal an Darth Junior rubbeln, was nur ganz wenigen gefiel. Eine Stunde lang wurde gestrippt und Sahne versprüht, bis dem Hexenkessel fast das Dach wegflog. Im Vorraum versammelten sich unterdessen die Herren Gatten, denen Einlass ab Mitternacht versprochen worden war. Angesichts der tobenden Frauenschar blickte man leicht finster drein, demonstrierte aber geschlossenen Gleichmut und Hefeweizen-Durst. Punkt null Uhr flog die Tür zum Gastraum auf und die Ehefrauen pflanzten sich wieder brav, aber mit hochroten Gesichtern, neben ihre Holden. So einfach. Ich hab dann für den Rest der Nacht den Inhalt meines Magens überprüft. Einer der Gründe, warum ich seitdem brav verneine, wenn meine Pechauer Mädels mich dazu einladen. Einmal Kalifornische Traumjungs aus Halle-Süd reichen fürs Leben. Frauentag hin oder her. Dann doch lieber Blumen von Muddi.

Wochenend-Trauma

10. März
Stimmung: denkbar schlecht; rauche, trinke und esse für zwei
News: habe eine Liste der zehn besten Eissorten erstellt, Sieger: siehe unten

Samstagmorgen und noch keinen vernünftigen Plan, was man am Abend tun könnte. Oh, wie ich das hasse. Ideen hätte man ja, aber niemanden, der mit einem loszieht. Nun heißt es, sich dem Schicksal ergeben und dem abendlichen Wiederholungs-Fernsehen frönen (inklusive einer Familienpackung Haägen-Dazs) oder krampfhaft eine Pistenbegleitung suchen. Das ist ab 35PLUS ein schwieriges Unterfangen, denn wer hat schon einen Single im Bekanntenkreis (gleichaltrig, unterhaltsam, vorzeigbar UND Interessen-kompatibel), mit dem man auch noch gern unterwegs ist? Wer erst seit kurzem allein ist, hat es am schwersten. Ich weiß, wovon ich rede. Nach dem Ende meiner Zweierbeziehung bewohne ich jetzt die ersten eigenen vier Wände meines Lebens. Diese Ruhe ist gespenstisch. Was hatte ich mir früher gewünscht, einfach mal nichts zu tun und mit einem Buch in der Hand achtundvierzig Stunden in der Waagerechten zu verharren. Stattdessen rannte ich von Grilleinladung zu Geburtstagsfeier, von Eröffnungsparty zu Essensverabredung. Immer den Stress im Nacken und die Sehnsucht nach einer Insel im Kopf. Aber jetzt, wo ich dort gelandet bin, erweisen sich die paradiesisch erträumten Zustände als unerträglich. Was mache ich von Freitagnachmittag bis Montagfrüh? ALLEIN! Keine einzige Single-Freundin in dieser Stadt. Der Rest nur Paare, die sich erst einmal überlegen mussten, wen sie ab jetzt einladen: Den Mann (und Freund des Hausherren) oder mich? Für alle Beteiligten eine prima Situation, mit besonderem „Spaßfaktor" auf Seiten der Gastgeber: Das Aufstellen der Gästeliste mutiert mit Sicherheit zum 1-A-Ehekrach. Was also tun? Ich fange an, den Zeiger der Uhr zu beobachten und entlarve ihn als hundsgemeinen Betrüger. Während er sonst rast, als gelte es den Schall zu überwinden, bewegt er sich jetzt wie durch Sirup, dieser miese Typ. Schon am Donnerstag beginnt Panik aufzukeimen. Das Wochenende naht und keine einzige Aktivität ist in Sicht. Ich werde wieder Nougatstangen im Akkord vertilgen und aus dem Stanniolpapier Makrameefiguren falten. Verdammt. Mit Baden und Lesen hatte ich es schon ein paar Mal versucht. Ich kann mich momentan einfach nicht auf ein Buch konzentrieren, und wie soll ich in der Wanne entspannen, wenn es nichts gibt, nach dem man entspannen muss? Ich bin nach zehn Minuten aus dem Wasser und dann? Zehn Minuten um von 2880! Mir muss etwas Besseres einfallen. Also fing ich an, mein Wochenende ab Montag strategisch zu planen. Biber, Dates und Telefonbuch: Was läuft im Kino? Wo ist verflixt noch mal das Kulturzentrum Feuerwache? Nie da gewesen. Wer musste sich lange nicht opfern? Wen könnte ich auf ein Um-die-Häuser-Ziehen festnageln? Ich gebe erst Ruhe, wenn die Verabredung steht. Die Vollverplanung der Hasstage ist anberaumt und duldet keine Stillstandszeiten im Wochenendverlauf. Nur ja keine Zeit zum Nachdenken. Freie Zeit ist gleich Zeit zum Sorgen machen ist gleich Motivationsverfall und Depression. Nichts da. Ich lege mich voll ins Zeug, und was soll ich euch sagen: es funktioniert. Auch wenn man nur entfernte Verwandte besucht, die sich wundern, von einem zu hören (und schnell im Fotoalbum nachsehen, ob man auch wirklich zur Familie gehört). Hauptsache, man kann die Tür hinter sich zu knallen. Ist ja eh eine vorüber gehende Phase. Denn wie es das Leben so will, ein Unglück zieht wohl das andere nach sich. Innerhalb kürzester Zeit ist hier das Trennungs-Fegefeuer ausgebrochen, und mittlerweile schart sich eine kleine Gruppe um mich, die stetig anwächst. Meine Wohnung wird zur Sozialstation für gestrandete Ex-Ehefrauen, verlassene Geliebte und betrogene Verheiratete. Kurz kam mir schon der Gedanke, aus meinem „Hobby“ einen Beruf zu machen und auf Psychotherapeutin umzuschulen. Ich könnte einen Rund-um-die-Uhr-Notruf-Service für Liebeskummerkranke einrichten und eine Beweingruppe aufmachen. Nein, lieber nicht. Die Probleme Anderer lenken zwar von den eigenen ab, aber mitunter sehne ich mich wieder nach ein paar Stunden voll Ruhe und Nichtstun.

Die ewige Singlefrage: Warum überhaupt?

16. März
Stimmung: ist verhalten optimistisch, zumindest kommt mir der Gedanke an einen Mann in den Sinn, was sicher an diesem verdammten Frühlingsgezwitscher liegt.
Aber: muss dringend einen Deal mit dem Tankwart aushandeln. Guter Mann, bitte keine Schichtnougat-Nachtverkäufe mehr. Njiente! Nada!
News: kein Kerl, kein Einkommen, keine Dispo-Entlastung in Sicht.
Dafür wohnt Sohnemann wieder bei mir.

Da sind sie wieder: Eine Invasion von Piepmätzen auf meinem Dach, die gefühlsduselige Lieder zwitschern. Morgens um sechs das komplette Frühlingsprogramm. Da gerät man als Single unter erheblichen Leidensdruck. Kaum ist dieser bescheuerte Valentinstag vorbei, steht auch schon der Lenz auf der Matte. Er plustert sich mit Nachmittagen voll Sonnenschein auf, schickt Tulpen in die Blumenläden und gipfelt in einem Amselchor vor meinem morgendlichen Fenster. Und hast du nicht gesehen, liegt Sehnsucht in der Luft. Plus die Erinnerung daran, dass die Zeit ab jetzt knapp wird. Sollten wir noch jemanden finden wollen, der mit uns unterm Fliederbaum knutscht, ist Eile geboten. Nur noch sieben Wochen, dann ist schon wieder Mai, und was das heißt, muss ich den alten Singlehasen wohl nicht mehr erzählen. Dann bevölkern die Pärchen wieder jede Wiese im Park und uns schiebt man beim Chinesen Glückskekse zu, in denen „Ätsch" steht oder „Pech gehabt". Ich dramatisiere natürlich ein bisschen. Na, klar. Mache ich eben zu gern. Aber nichtsdestotrotz sollte der eine oder andere mal lieber runter vom Sofa und rein ins Kneipen-Kino-Theaterleben, sonst rennt auch das nächste Jahr an ihm oder ihr vorbei. Und worauf warten? „Wir haben schließlich nicht fünfhundert Jahre Zeit", wie mein guter Freund Toralf sagen würde. An dieser Stelle werde ich immer gern gefragt, warum ich denn nicht mehr allein sein will. „Was ist der Grund? Dir geht es doch verdammt gut. Guck dir all die verheirateten Paare an: Viele davon sind unzufrieden und abgenervt. Gefangen in Streit oder Monotonie. Du hingegen bist vogelfrei, kannst tun und lassen, was du willst. Warum also?“ Die immer gleiche Frage, wenn ein Pärchenteil auf einen Single trifft. Ich habe darauf viele Antworten. Könnte von Sonntagnachmittagen erzählen, die immer länger werden. Von durchfieberten Nächten, in denen niemand Tee kocht und Konzerten, mit Wunderkerzen-Liebeslied-Idylle, und keiner hält meine Hand. In diesen Momenten kriegt mein romantisches Herz regelmäßig einen Schwermut-Anfall. Auch wenn ich dafür den nächsten Tag komplett vergammeln darf, ohne dass jemand rummault. Auch wenn ich niemandem Rechenschaft ablegen muss, weil ich erst morgens um fünf Uhr zu Hause war. Und auch, wenn ich dafür den Hotelnamen der Band zugeflüstert bekommen habe. Vom Sänger selbst! (Schreck lass nach! Ich werde doch auf meine alten Tage kein Groupie mehr.) Klar, dies alles sind die kleinen Freuden der Alleinlebenden. Aber auf die Sicht der Dinge kommt es eben an. Fragt ein Reh, was es von der Jagdsaison hält? Und so geht es mir. Von außen betrachtet, und an den meisten Tagen, ist alles wunderbar. Aber wenn ich nachts meinen Rapunzelturm aufschließe, darf ich den Absacker solo trinken. *„Prost, meine Liebe. Komm gut in die Heia (..und mach um Himmels willen die Kerzen aus!)“*

Ich muss zwar keinen volltrunkenen Schnarcher ins Bett bringen, aber dafür alleine frühstücken. Und wenn ich um sechs zufällig wach werde, weil mich furchtbarer Nachdurst quält, erwische ich alle Amseln dieser Stadt vor meinem Fenster. Verdammt. Verabreden die sich schon im Herbst für das nächste Frühjahr hier? Ich sollte ein Schild an die Scheibe kleben: Singen und Trällern unter Höchststrafe verboten! Darunter male ich eine Flatsche und ein grinsendes Katzengesicht. Ansonsten ist doch Träumen noch erlaubt. Für alle Zweifler, die meinen, sooo schlimm steht es um uns Singles ja nun wirklich nicht: Die Statistiken sprechen hier schließlich auch eine ganz eindeutige Sprache. Jeder dritte Alleinlebende zwischen 25 und 60 wünscht sich wieder einen festen Partner. Zum Füreinander da sein, Lieben, Händchen halten, Trösten, Tee kochen, morgens Aufwachen, Streiten, Lachen, Versöhnen, in Urlaub fahren, unterm Flieder knutschen und gemeinsam alt werden. So, und das hab ich jetzt davon. Ein bisschen Vogelgezwitscher vor meinem Fenster und mir kommen solche Gedanken.

Was man so sagt

21. März
Stimmung: Osterglocken, Frühlingssonne, Pärchen-Hand-in-Hand-Alarm (Folterwochen für einsame Herzchen wie mich)
News: zugenommen, gleiche den Partnermangel mit Krokanteier-Konsum aus, verschimmele auf meinem Sofa, gucke Bridget Jones in Endlos-Schleife und träume von Liebe wie im Märchen (Ich unverbesserliche, blöde Kuh)

Sicher kennt ihr die These, dass es statistisch gesehen wahrscheinlicher ist, von Terroristen erschossen zu werden, als mit über Vierzig noch mal zu heiraten. Aufgemerkt: Da ist von Erschießen die Rede! Die einfache Entführung reicht nicht. Die Trefferquote ist also in etwa so hoch, wie die Häufigkeit von doppelten Fünflingsgeburten oder elf Fingern. Sie basiert auf einer Studie von 1986 und erschien in einem „Newsweek"-Artikel, woraufhin sich 25% der erwähnten Zielgruppe weiblichen Geschlechts hysterisch vom nächsten Hochhaus stürzten. Neein…, die Selbstmörderinnen hab ich natürlich erfunden, aber möglich wär's doch, oder? Warum sich sinnlosen Illusionen hingeben, wenn die Zahlen nun mal eine andere Sprache sprechen? Oder sollten wir besser hinhören? Von HEIRATEN wurde hier gesprochen und nicht von KENNENLERNEN. Wir (und damit meine ich die weibliche Leserschaft mittleren Alters) sind doch schon völlig aus dem Häuschen, wenn auch nur ein einziges Date ansteht. Eins, in Gott weiß wie vielen Jahren. Und wenn dann mehr daraus wird, als ein „..Ich meld mich, Süße!", ist der Großteil von uns doch zu allem bereit, und das heißt in den meisten Fällen, eh aufs Heiraten zu verzichten. Denn welcher Mann, mal von Joschka und Ex-Kanzler Schröder abgesehen, fällt mehr als ein Mal begeistert vor einer Frau auf die Knie? Nach dem Abschluss der ersten verweigern sie die Zweit-Ehe und lassen uns damit in den Seilen der Statistiker verhungern. Der Traualtar ist Tabuthema, denn Worte wie: Trennungsanspruch, Versorgungsausgleich und Zugewinngemeinschaft wollen sie auf ewig aus ihren Gehirnen verbannen. Dabei sagt man: Eine zweite Ehe ist der Sieg der Hoffnung über die Erfahrung. Aber

Hoffnungen sind doch eher was für uns Weibchen. Hoffen ist soo schön! Hoffen kann man immer und Hoffen steht nicht auf der Verboten-Liste, wie Nougatriegel, verheiratete Männer und Chefposten. Ich für meinen Teil hoffe auf die Erfindung schlankmachender Schokolade und, dass ein toller Mann sozusagen vor meine Füße fällt. Soll er mir doch ins Auto fahren (nur ganz wenig) oder über meinen Hund stolpern. Hauptsache, es passiert möglichst ungezwungen und von allein. Ich bin nämlich kein Dating-Typ. Eine drohende Verabredung hat in etwa die gleiche Wirkung wie ein OP-Termin in der Kieferchirurgie am Montagmorgen. Ich bin völlig durch den Wind, uriniere im Viertelstundentakt und verliere zusätzlich die Fähigkeit, flüssig zu sprechen. Gefällt mir mein Gegenüber auch noch, setzt der Gott der Gemeinheiten noch Einen drauf: Ehemals vorhandene Eigenschaften, wie Charme, Wortwitz und anmutiger Gesichtsausdruck verschwinden – stottern, trampeliges Verhalten und Augen wie Schellfisch erscheinen. Traraaa...! Unter Herzbeteiligung weicht mein Hirn komplett auf.

Ich weiß auch, woran es liegt, dass ich so verstört auf ein Date reagiere: Ich habe es verlernt. Mit Siebzehn begegnete mir mein späterer Mann, mit achtunddreißig habe ich ihn aus guten Gründen verlassen. Meine letzte Verabredung mit einem Fremden hatte ich 1982. Damals war ‚geil' noch ein Unwort, Paris am Ende der Welt, NDW (Neue Deutsche Welle) der letzte Schrei und M76 meine Konfektionsgröße. Man bewunderte die Jungs aus der Clique für ihre Simson mit Bananentank und faselte von Chrom-Tachos und Integralhelmen aus dem Intershop. Oder knutschte mit ihnen in der letzten Reihe vom OLi-Kino und verpasste den Terence-Hill-Film. Ich sagte Sachen, wie: „fetzt ein" und „urst klasse". Damit kann ich heute nicht mehr punkten. Und überhaupt: In der allgemeinen Vorstellung spielte alles ab dem Jahr 2000 in der Zukunft, mit Schwebefahrzeugen und so spacigem Zeugs. Wer hätte gedacht, dass ich immer noch zu Fuß durch die gleichen Straßen latsche und mich mit solchem Teenie-Mist rumplagen muss. Ein Date arrangieren – extra zum Friseur gehen – Augenbrauen zupfen – Beine rasieren – Klamotten kaufen

– aufgeregt sein, als ginge es um Leben und Tod – wenn ich Pech hab, einem Langweiler begegnen und alles noch mal von vorn. Herr im Himmel, steh mir bei. Ich will das alles nicht mehr.

Ich habe mir trotzdem ein Buch über das richtige Verhalten bei einer Verabredung gekauft. Ein Zusammentreffen mit dem Chef der Inquisition muss dagegen ein Fliegenschiss gewesen sein. Ich kann mir nicht einmal die Hälfte davon merken und werde so verkrampft sein, wie im Wartezimmer eines Darmspiegelungs-Spezialisten.

Regel Nr. 1: Keinen dauernd-direkten Augenkontakt. Außer man möchte, dass der Mann nervöser wird, als man selbst.

Regel Nr. 2: Keinen Tee oder Wasser bestellen (Langweilerinnen-Alarm) und niemals nie einen Salat (Männer hassen das). Sie wollen zwar eine schlanke, hippe Gazelle, aber eine, die mit Appetit reinhaut. Im andern Fall wird ihr mangelnde Genussfähigkeit unterstellt, was soviel wie „prüde, frigide Zicke“ heißt.

Regel Nr. 3: Eine Freundin um einen fingierten Anruf bitten, falls sich das Gegenüber als Arsch mit Ohren erweist. Dann trifft es sich nämlich gut, wenn man plötzlich per Telefon zum Wohnungsbrand gerufen wird. Oder zum simulierten Asthma-Anfall, den die Gute nur überlebt, wenn man Medizin aus der Nacht-Apotheke besorgt.

Das alles klingt nicht gerade beruhigend, oder? Ich weiß. Scheibenkleister. Mich macht es zur nägelkauenden Nervensäge. Zu allem Unglück heißt es, man muss sich mit mindestens acht Nieten treffen, bevor ein Goldfisch dabei ist. Ach, du meine Nase. Acht mal das Stolper-Stotter-Durchfall-Szenario. Aber man geht ja auch nicht in nur ein Möbelgeschäft, wenn man ein neues Sofa sucht. Sagt Muddi. Und die hat leider meistens recht.

Der Star in uns

25. März
Stimmung: tagsüber stabil, abends nur unter Rotweinmissbrauch erträglich
News: nehme dank vorösterlicher Hamsterkäufe kontinuierlich zu,
auf der Dringend-zu-besorgen-Liste: Astronomiebuch, Latein für Angeber, Anfänger-Gitarre für alle Fälle

Ich habe, so lange ich denken kann, Menschen beneidet, die etwas Besonderes können. Egal, was: von Tuba spielen über Hünengräber entdecken, Bodenturnen bis Schach. Irgendetwas, das sie von der Masse abhebt und ein klein wenig außergewöhnlich macht. Leider bin ich kein sehr ausdauernder Typ und nach enthusiastischen Anläufen beim Gitarre-/Handball-/Tennisspielen habe ich ratz-fatz das Handtuch geworfen und meine Nachmittage lieber anderweitig verbracht. Wie blöd von mir, nun stehe ich, was meine Freizeitaktivitäten betrifft, ziemlich dumm da und muss mir die Smalltalk-Themen aus der Nase ziehen. Frage (von wirklich attraktivem Mann Ende Dreißig, namens Bernd, der schon im Himalaja war): „Und? Was machst du so an deinem kostbaren Feierabend?“ Toll. Wie soll ich DEN beeindrucken, nachdem er eine Stunde über den beschwerlichen Aufstieg ab Lager I doziert hat und neben ihm die Ohrekreis-Meisterin im Synchronschwimmen steht? Ich für meinen Teil bin hobbymäßig nicht über Lesen hinausgekommen und kriege bei dieser Frage Ladehemmungen. Lieber Gott, hätte ich nicht wenigstens das Judotraining in der siebten Klasse durchhalten können? Dann würde ich jetzt von ultra-harten Übungseinheiten und sonntäglichen Wettkämpfen berichten und nicht nur mit den Schultern zucken und mein genial durchdachtes: „Tja, was mache ich so…!?“, einwerfen. Dieser Satz mag bei Greta Garbo geheimnisvoll gewirkt haben, bei mir vermutet man da eher Unterbelichtung. Die Synchrontante wendet sich auch prompt ab, hakt Bergsteig-Bernd unter und kichert ihn an. Zicke. Was würde ich darum geben, jetzt eine Saxophonspielerin zu sein. Da kriegen die Männer doch Stielaugen. „So, Leute. Ich muss. In zehn

Minuten ist mein Auftritt.“ Sprechpause, offene Münder, Glotzaugen und Abgang des Stars. Oh, Mann, wäre das schön. (Träum weiter, Blondie! Hättest eben was aus dir machen sollen. Damals. RECHTZEITIG!!) Ach ja: hätte – sollte – müsste – könnte! Es ist wohl wahr. Mit ein bisschen mehr Standhaftigkeit wäre ich jetzt zumindest in der Lage, am Lagerfeuer beherzt in die Saiten zu greifen oder ein paar Angeber mit meiner knallharten Vorhand zu demütigen. Aber nein. Stattdessen bin immer ich es, die mit offenem Mund in der Ecke steht und beneidet. Warum kann ich keine Fremdsprache oder kenne alle Heuschreckenarten Südamerikas auswendig? DANN GÄBE ES EIN THEMA. „.. Du, ich hatte keine Zeit für Irgendetwas. Hab mich jahrelang beruflich mit den Insekten des amerikanischen Subkontinentes beschäftigt. Da kann ich dir Sachen erzählen…! Aber jetzt muss ich erst mal nach vorn auf die Bühne. Das Saxophon…!“ (Fingerzeig auf mich.) Hach ja! Hatte ich schon erwähnt, dass ich Meisterin im Tagträumen bin? Vor lauter Träumerei bin ich wohl nie zum Ausführen gekommen. Immer gab es eine noch bessere, coolere Sache, aber alle hatten mit Arbeit, zermürbendem Üben und erheblichem Zeitaufwand zu tun und waren somit nichts für mich. Resultat? Ich inhaliere begeistert die Abenteuergeschichten der anderen und frage mich besorgt, was ich kann, außer in Bequemwäsche auf dem Sofa rumlungern und mich mit Essen voll kleckern? Ich bin eine Null und mein Selbstwertgefühl fällt nach Abenden wie dem mit der Synchronschnalle in den viel zitierten Keller. Ich weiß, spätestens ab hier würde mich jeder Psychotherapeut mit Freuden durchleuchten. Aber wer mich besser kennt weiß auch: Keine Hürde, die nicht genommen oder (besser) umgangen werden kann! Ich lege mir ein Pseudo-Hobby zu. Wartet’ s nur ab, ihr Kilometerfresser, Sporttaucher und Tangotänzer: Ines Gerrit M. wird sich der Astronomie widmen und ein bisschen Überdurchschnitt-Wissen aneignen. Dann kann ich jedem potentiellen Kandidaten mit einem einzigen Blick zum Himmel was vom Pferd erzählen, pardon, natürlich von Kassiopeia, Orion und den Plejaden. Und sollte es sich noch einer wagen, mir gönnerhaft-machomäßig den Großen Wagen zeigen zu wollen, dem haue ich eine…

Auf der Suche

31. März
Stimmung: angesichts des mäßigen Such-Erfolges verhalten deprimiert. Schwanke zwischen „Ich-werde-als-frustrierte-alte-Emanzenzicke-enden“ und „Alles-wird-gut“, Gewicht schwankt mit, aber eher im oberen indiskutablen Bereich
News: Mache, was Frauen in aussichtslosen Momenten (fast) immer tun: Ich dekoriere meine Wohnung um.

Es gibt 4,6 Millionen Singles in meiner altersrelevanten Gruppe in Deutschland! Und damit meine ich Leute, die am Tag der Mondlandung schon auf der Welt waren. Schon lange! Und da soll für mich keiner dabei sein? Ein einziger nur. So eine Mischung aus Tom Hanks, dem englischen Patienten und Johannes B. Kerner. Ihr seht, ich bin da optisch nicht so festgelegt. Meine Schwerpunkte liegen eher im HHH (Herz-Plus-Humor-Plus-Hirn) -Bereich. Kommt dann noch eine aristokratisch geformte Nase ins Spiel: Volltreffer! Aber wo sind sie, die liebenswerten Schöngeister? Etwa doch alle vergeben und wir vier Millionen sind der schmuddelige Rest vom Grabbeltisch? Was ist der Grund für meine erfolglose Suche nach Mister Richtig?

1. Suche ich überhaupt? njnein. Nur innerlich. Lieber möchte ich gefunden werden. An der Tankstelle, beim Einkaufen, im Buchladen, beim Gassi gehen. Alles andere ist Humbug. Ich gebe keine Annoncen auf und gehe zu nichts, was mit „Single“ anfängt und „Kurs“ aufhört: Single-Koch-Kurs, Single-Tanz-Kurs, Single-Flirt-Kurs. Auch keine Single-Partys. Niemals. Da kann ich ja gleich mit einer Armbinde rumlaufen: „Trägerin hat noch keinen abgekriegt“. Fleischbeschau für Exhibitionisten.

2. Bin ich zu unattraktiv für Männer um die Vierzig? Hm... Zu alt auf alle Fälle. Mann in der Mitte möchte Frau in Jung. Am besten in ganz Jung. Neulich hat mir ein attraktives, grau geschläftes Männchen erzählt, dass er die „Schnauze voll hat von den jungen Dingern.“ Dabei machte er dieses tja-die-kann-ich-alle-haben-die-kleinen-Mäuse-Gesicht und gönnte sich einen Moment seliger Erinnerung, bevor er fort fuhr: „Man führt sie zum Essen in ein edles Restaurant und was bestellen sie sich? Eine Cola! Das muss man sich mal vorstellen. EINE COLA“ (geschieht ihm recht)

3. Bin ich zu wählerisch? Eindeutig JA! Kandidat von eben war nach fünf Minuten Redefreiheit aus dem Rennen. Mag sein, dass meine Vorstellung überholt und der Hauptgrund für mein Alleinsein ist. Aber ich glaube einfach fest daran, dass ich SOFORT merke, ob ich mit jemandem auf einer Wellenlänge liege oder nicht. Keine Liebe auf den ersten Blick, aber ein dünner Draht, ein Fitzel Magie. Und sei es nur Reden ohne Anstrengung, ohne Kunstpausen und den Gedanken an Flucht oder Folter.

Was soll das bloß werden? Ich sehe mich schon in zehn Jahren: meine festen Beziehungen mit der Fernbedienung, der Supermarktkasse und dem Kühlschrank pflegend. Gefangen zwischen Vox-Tours, Sex-and-the-City-Wiederholungen und einer Packung Choco-Crossys. Koitaltechnisch eingemottet und Sätze sagend, wie: „Nee, also an einen Mann in meinem Haus könnt ich mich jetzt echt nicht mehr gewöhnen.“ Hiiiilfe…! Beim näheren Nachdenken bin ich schon nicht mehr weit davon entfernt. Oder habt ihr euch nicht auch schon mal gefragt, wie das wäre, plötzlich wieder jemanden zu UMSORGEN??? Da müssen Hemden gebügelt, Essen gekocht, Schnarcher ertragen und Kontoauszüge erklärt werden. Nicht mehr ins Bett gehen, wann man will, nach Hause gehen, wenn einem danach ist und die Kohle auf den Kopf hauen für unnütze Dinge. Habe ich mich bereits zum egomanischen Einzelkämpfer mit Hang zur Eigenbrötelei entwickelt? Wer will schon so eine Frau? Oder geht es den Männern nicht anders? Ich werde mal ein paar Herren zum Thema befragen. Ach, und falls Tom Hanks zufällig diesen Text liest: Ich bin eine Mischung aus Nina Ruge (nur die Haare), Amelie und Bridget Jones. *Schade, Sharon Stone hätte ich so gern geschrieben, konnte aber partout keine Gemeinsamkeiten entdecken.*

An alle Engel

01. April
Stimmung: Wie man sich eben fühlt, wenn man von einem mittelmäßigen Tom-Hanks-Ersatz hereingelegt wurde.
News: führe ab heute eine „Nie-mehr-Liste"
1. Nie mehr das Begleitagentur-Programm für Kerle, die keine Liebe suchen und nach dem Männer-Motto leben: „Ich bin so gern mit dir zusammen, aber mehr nicht." (in der Hoffnung, dass ich es rechtzeitig merke)
2. Nie mehr in fremden Betten aufwachen (das auf alle Fälle nicht)
3. Nie mehr im Treppenhaus anziehen (Gott bewahre)
4. Nie mehr so betrunken sein, dass ich 1-3 vergesse!!!

Ich habe einen 30-stündigen Livemitschnitt all meiner Peinlichkeiten im Kopf, den ich jederzeit abrufen kann. Diese unangenehmen Vorkommnisse laufen in Endlosschleife vor meinem geistigen Auge ab und werden erst nach Wochen durch einen aktuellen Beitrag ersetzt. Wer wacht im Hausflur auf, weil der Schlüssel nicht zu finden war? Ines. Wer stolpert einmal wöchentlich über die eigenen Füße und landet auf dem Asphalt? Ines. Wer schreibt mitten in der Nacht gefühlsduselige SMS – unter Alkoholeinfluss versteht sich – für die man nüchtern am liebsten in den Steinbruch gehen würde? Ines. Wer springt im Streit hochdramatisch auf, läuft schluchzend – und mit den Hackenschuhen klappernd – davon, und schämt sich am anderen Tag zu Tode? Fingerzeig auf mich. Blamage, wir kennen deinen Vornamen. Um Mitternacht einen Laternenpfahl umklammern (und laut anheulen) gehört seit Neuestem dazu. Sturzbetrunken natürlich. Sonst wäre es ja nur die halbe Show.

In solchen Momenten fordere ich immer gern mein Schicksal heraus: „Wenn-der-Mann-mit-dem-Mantel-nach-links(!)-um-die-Ecke-biegt-wird-alles-wieder-gut", nuschele ich den kalten Metallpfahl an, umarme ihn etwas fester und stabilisiere wackelig mein Standbein. Hinfallen wäre jetzt Bonusmaterial. Ich stiere Mantelmann hinterher, der rechts in einen Hausflur geht. „Scheimklllleiser... Na, gut. Wenn das nächste Auto, das an mir vorbeifährt, grün ist, wird alles wieder gut!“ Warum nicht schwarz oder silber? Werden grüne Autos überhaupt noch gebaut? Was soll ich sagen: Nix wurde wieder gut. Wie auch, wenn ich so blöde Vorgaben hinlege. Weitere Einzelheiten erspare ich euch. Nur soviel: Taxifahrer waren schon immer meine Engel, und der, der in diesem Moment an meiner Bordsteinkante hielt, ebenso. Sie bringen dich artig nach Hause, verteilen auch mal Tempos an eine Bedürftige und haben meistens einen guten Ratschlag parat. In besagtem Fall haute mir der Meister auf die Schulter und sagte: „Mädel, koof dir lieber ‘n Kaninchen. Die machen nich so ville Ärjer!‘ Hm, ob das die Alternative ist, an die ich gedacht hatte? Eher erweitere ich meine CD-Sammlung um ein paar beachtliche Stücke, bade hundert Stunden und verdünne mein Blut mit Rotwein. Als Muddi die Telefonnummer der Anonymen Alkoholiker an den Kühlschrank pappte, bin ich aufgewacht. Ich verstehe schließlich einen verdeckten Hinweis zu deuten. Bei der Taxifahrer-Innung muss ich mich an dieser Stelle trotzdem noch einmal in aller Deutlichkeit bedanken. Ich hatte ja schon immer einen guten Draht zu den professionellen Nachhausebringern. Meistens erzählen wir uns während der Heimfahrt in groben Zügen unser Leben, lachen oder weinen (ich) über die vergangene Nacht und tauschen. Ich gebe einen Geldschein hin und bekomme eine Visitenkarte zurück. Wenn ich nur halb so viele Kontaktadressen von alleinstehenden Männern hätte, ich würde eine Partneragentur eröffnen. Besagter Kaninchen-Tippgeber aber hatte wohl noch etwas mehr Mitleid als üblich. Er guckte seufzend auf die Uhr und schlug eine Kaffeepause vor. „Damitte ’n bisschen uff andere Jedanken kommst“ Mir war alles egal. Er spendierte eine Apfeltasche dazu und erzählte mir ein paar Homestorys. Seit 38 Jahren ist er mit seiner Frau zusammen. Wie ein Ei und ein Kuchen seien sie beide, und von den berühmten Gegensätzen, die sich anziehen, halte er rein gar nichts. „Wir sind uns sogar beim Fernsehprogramm einig, und das will schon was heißen. Weißte Mädel, wie viele sich um so eine Kleinigkeit ihr halbes Leben lang streiten? Manchmal weiß ich schon, was sie als nächstes sagen wird. Wir brauchen uns nur anzusehen. Ich hoffe, unser Leben geht noch ewig so weiter. So was musste dir suchen!" Werde ich. Mittlerweile waren wir zu Hause angekommen. Er zog einen Zettel aus seiner Brieftasche. „Hier Kleene, den geb ich immer in ganz schweren Fällen mit." Ich winkte ihm hinterher, setzte mich auf die Treppenstufen und las: Thomas von Aquin. Fünf Heilmittel gegen Schmerzen und Traurigkeit: Tränen – das Mitleid der Freunde – der Wahrheit ins Auge sehn – schlafen – baden.

Was soll ich sagen? Hat geholfen. Und wenn ich es jetzt noch schaffe, meinen Artikel fertig zu schreiben, bevor der Vogel auf dem Fensterbrett wegfliegt, wird alles wieder gut. Für immer.

Ostern ist eigentlich schön

15. April
Stimmung: Naja. Feiertage. Suizidale Stimmungsschwankungen frei Haus.
News: Ich stelle überrascht fest: Man kann sich auch unter Frauen und (vor allem) mit Herbert Grönemeyer im Gepäck wohlfühlen

Gründonnerstag an der Supermarktkasse. Für die paar Kleinigkeiten brauche ich keinen Wagen, sondern nehme die Abrolltüten vom Gemüsestand. Ein blöder Fehler. Nach zwanzig Minuten habe ich in jeder Hand fünf platzpralle Beutel und sehe aus wie ein Straßenverkäufer auf dem Weg zum Geschäft seines Lebens. Bitte, bitte sei leer!, beschwöre ich schon von weitem den Kassenbereich und linse durch die Menschenmassen Richtung Bezahlzone. Meine Finger sind inzwischen Geierkrallen und vom Gewicht der Tüten ganz taub. Natürlich gleicht der Laden einem Ameisenhaufen. Tausend fröhliche Pärchen-Shopper. Wird Einkaufen demnächst verboten? Meine gute Laune geht zum Teufel. Ich kann Feiertage nicht mehr leiden, seit ich ein Single bin. Seufz. Kurzer Schwenkblick, dann bewege ich mich mit der Präzision eines U-Bootes der Delta-Klasse auf die falsche Kasse zu. Hier geht gar nichts mehr. Kasse 13. Wie konnte ich nur? Ich versuche es mit autogenem Training. Mein linker Arm wird warm (kochheiß), mein rechtes Bein wird schwer (wie in Beton gegossen), ich bin gar nicht hier! Ich stehe am Check-In-Schalter vom Flughafen und in einer Stunde geht mein Flieger nach Marokko. „Schuldigung, steh'n sie hier noch an..?“ Der Dösbaddel hinter mir holt mich aus Afrika zurück. Ich trete artig einen Schritt vor und bin jetzt nur noch zehn vom Laufband entfernt. Kein Zipp Leben mehr in den Fingern. Ich bitte Gott um eine schnelle Kassenabfertigung und kriege prompt ein schlechtes Gewissen deswegen. Da passiert es. Direkt vor mir: Szenen einer Ehe. In den Hauptrollen: Manfred, genannt Schnuppel und Bettina, die eben „blöde Kuh“ gerufen wurde und seitdem heult. Aber spulen wir doch noch einmal drei Minuten zurück, um das ganze Theater einzufangen. Manfred und Bettina planen ein Osterfest in Familie, können aber die Mitglieder der jeweiligen Gegenseite auf den Tod nicht ausstehen. Ein Umstand, den wir, und die Nachbarschlangen von Kasse 12 und 14, ungewollterweise zur Kenntnis nehmen mussten. Manfred redet nämlich gerne laut, und warum sollen die anderen Leute im Laden nicht hören, was ihn bewegt? Im Moment ist die Tatsache, dass Bettina zu viel Rotkäppchen-Halbtrocken für ihre doofe Schwester gekauft hat, Grund genug. Die Gemahlin versucht einzulenken: „Schnuppel", säuselt sie (ICH würde sterben), „reg dich ab und gib mal 2 Packungen Mon Chéri aus dem Regal." Fünfzehn Schlangensteher starren auf Schnuppel. Wie wird er reagieren? Auf alle Fälle laut. „Wieso zwei?" Die Köpfe wandern zu Bettina, während wir mechanisch einen Schritt nach vorn treten. „Eine für mich und eine für die Feier." Betty greift selbst in das Regal und legt zwei Packungen in ihren Wagen. Alle Augen auf Schnuppel. Finale. „Haste im Lotto gewonnen?" Er schüttelt entgeistert den Kopf. „Blöde Kuh." Wahnsinn. Drei komplette Schlangen halten die Luft an, Bettina fängt an zu heulen und Manfred pfeffert die Mon Chéri ins Regal zurück. Lass dir das nicht gefallen, Betty! Los, emanzipiere dich! Aber Betty scheint Kummer dieser Art gewöhnt. Sie schnieft nur kurz: „Dafür versaue ich dir Ostern!" Dann ist der Fall für sie erledigt. Was für eine Show.

Meine Finger sind zwischenzeitlich unbemerkt abgestorben, aber ich freue mich: Mir vermurkst keiner das Osterfest. In meiner Familie habe ich ALLE gern. Und (Trommelwirbel): Ich kaufe mir so viele Pralinenschachteln, wie ich will. Schließlich ist die Fastenzeit vorbei. Während ich die Mon Chéri aus dem Regal ziehe, suche ich Augenkontakt zu Schnuppel. Aber der wuchtet gerade kästenweise Bier aufs Band. Irgendwie hat mich die kleine Showeinlage fröhlich gestimmt. Im Vergleich zu deren Leben, ist meins wie aus Zuckerwatte. Lieber würde ich ganz alleine Ostern feiern, als mit so einem Tyrannen. Aber auch das muss ich nicht. Ich treffe mich mit meiner Singleschwester Evy und vetrödele mit ihr ein Sekt-Ostereier-Frühstück. Wir lassen Grönemeyer laufen und die Welt ist in Ordnung.

Große Erwartungen

20. April
Stimmungslage: (Plus-Seite) erwartungsfroh! Der Sommer naht, da wird frau von alleine glücklich. Danke Sonne! Danke Endorphine! Danke Gott, dass ich als Tagtraumprinzessin auf die Welt kam.
(Minus-Seite) Habe sommer-inkompatible Oberarme.
News: Fliederknospen. Hilfe! Brauche bis zur Blüte dringend einen real-existierenden Mann.

Eine meiner Freundinnen hatte neulich ein Date. Die Glückliche. Mich macht ja allein das Wort nervös, und ich entwickele mich innerhalb von vierundzwanzig Stunden von einer taffen Frau zur Seegurke. Lähmungserscheinungen im Kommunikationszentrum inklusive. Ich sollte eindeutig mehr üben, statt vor jedem Reißaus zu nehmen, der es auch nur ansatzweise versucht. Die Horrorgeschichten der Mutigen machen es mir aber auch nicht gerade leichter. Entweder entpuppen sich ihre Verabredungen als wahre Luftnummern oder man verbringt einen gequälten Abend mit Stockfisch-Konversation. Gruselig. Trotzdem lausche ich ihren Erlebnissen immer wieder gern und versuche, daraus zu lernen.

Erfahrung durch Hörensagen. Ich bin eine tapfere kleine Butterbohne! Zu meiner Entschuldigung sollte ich vielleicht erwähnen, dass ich gerade letztens wieder ein besonderes Erlebnis überstehen musste. In meiner Umgebung fühlen sich alle dazu berufen, meinem Liebesglück auf die Sprünge zu helfen. Verkupplungen inbegriffen. Ich sitze also in einer Bar und warte nichtsahnend auf meine Schwester. Da spricht mich ein kleiner Mann an. Wie klein, merke ich erst, als ich vom Hocker hopse. Er stellt sich vor, faselt etwas von Überraschung und Verabredung, und dass ich nicht so erschrocken gucken soll. Ach, du meine Güte. Was mache ich denn jetzt? Mein Kinn befindet sich in etwa auf Scheitelhöhe. Zwerg Nase grinst mich liebenswert von unten an.

„Ich möchte bitte mehrere Gläser Rotwein auf ein Mal!“, werfe ich dem Barkeeper zu, und in meinem Kopf formieren sich Träume von „In-Luft-auflösen“ und Gewalt in der Familie.

Nach einer Stunde ist es überstanden und ich rufe feuerspeiend meine Schwester an: „Ich unterdrücke gerade den Nervenzusammenbruch, zu dem ich den Berechtigungsschein in der Tasche habe. Was in Gottes Namen fällt dir nur ein? Hast du gesehen, wie klein dieser Mann war? Die Einäugigen waren wohl aus...?“ Ihre Antwort war ein Mittelding zwischen Herumdrucksen und Entschuldigungen aller Art. Kuppelabende sind das Letzte.

Das Date meiner Freundin fand an einem Montag statt. „Falls das Gegenüber ein Reinfall ist, kann man wochentags den Abend kurz halten“, klärt sie mich auf. Ah ja. Man lernt doch nie aus. Wir treffen uns mit Sack und Pack bei mir zu Haus und fangen an, die Garderobe auszuwählen. Nach dreißig Minuten ist noch immer kein passendes Teil gefunden. Unentwegt zetert sie, zu dick, zu aufgedonnert oder farblos zu sein. Wäre Nörgeln eine olympische Disziplin, wäre sie im Kader. „Nun sieh doch nur!“, ruft sie aufgebracht, „Ich sehe aus wie ein Festwagen bei einer Parade.“ Stimmt. Wir schmeißen uns weg vor Lachen. Meine Mutter kommt ins Zimmer, und wir weihen sie ein. „Aus Siegersleben kommt er? Da war doch Tante Ursel evakuiert.“ Unbeschreiblich, wie wir jetzt kreischen. Wir liegen zu dritt auf dem Bett und kriegen uns nicht wieder ein. „Jetzt habt ihr es versaut. Wenn er heute Abend auch nur ein Mal seinen Wohnort erwähnt, rutsche ich vor Lachen unter den Tisch“, jappst meine Freundin nach Luft. „Was macht er eigentlich beruflich?“, will ich wissen und erahne bereits den nächsten Lachanfall. „Außendienstmitarbeiter der Sparkasse.“ Wir liegen flach. „Bankräuber, oder? Das ist doch ein Synonym für einen Bankräuber.“ Eigentlich bräuchten wir ab hier ein 3-Mann-Sauerstoffzelt. Ich muss gestehen, dies ist einer von den Momenten, die ich am Singleleben wirklich liebe. Dieses Heißmachen vor Verabredungen hatte ich davor zum letzten Mal mit Siebzehn.

Das Telefon klingelt, und ich höre meine Freundin: „Ja Papa – ich weiß Papa – werde ich Papa“, sagen. Danach fasst sie das Telefonat in Kurzform zusammen: Ich soll auf mich aufpassen – es laufen eine Menge Idioten rum – denk an die Ansteckungsgefahr – sag Bescheid, falls ich dich abholen soll. Herr im Himmel. Es gibt Dinge, die ändern sich nie.

„Wisst ihr, was er als Letztes gesagt hat?“ Sie grinst tief in sich hinein, dann wiederholt sie es kopfschüttelnd: „... und lieber Gott, lass es bitte einen Handwerker sein!“ Wir lachen uns schon wieder krümelig. Der arme Mann. Wie mein Schwager, der Einzige weit und breit, der für einen Haufen alleinstehender Weibsbilder den Hausmeister spielen muss. Lampen, Regale und Bilder anbringen. Malern, Autos abschleppen, Computer anschließen. Möbel buckeln und zusammenschrauben. Papa kommt nur noch mit der Werkzeugkiste unter dem Arm, und wünscht sich eine Ablösung.

Um es kurz zu machen: Alle guten Wünsche haben nichts genutzt. Er war weder handwerklich noch sprachlich sehr begabt, und auch sonst gefiel er ihr nicht. Aber: Es war einen Versuch wert gewesen. Wie hat Coco Chanel einmal gesagt: „Ich bereue nichts. Außer der Dinge, die ich nicht getan habe.“ Tja.... Da gibt es nichts hinzuzufügen.

Was frau so alles mitmacht

23. April
Stimmung: muss dringend Null-Diät und Triathleten-Training einführen, da schwere Sommerdepression wegen Fettleibigkeit droht
News: Habe mir das Buch von Allan Carr gekauft: „Endlich Nichtraucher" (bin ein bekennender Junkie, was Ratgeberbücher und Nahrungsergänzungsmittel betrifft)

Zum Glück wurde ich mit einer ausreichenden Menge an Single-Freundinnen gesegnet. So bin ich nie wirklich allein und das Beste: Sie versorgen mich pausenlos mit Bonusmaterial. Wie kürzlich. Eine von ihnen rief an und erzählte aufgebracht, sie sei kurz davor, durchzudrehen. „Ich ertrage ja eine Menge und jetzt wieder einen Freund zu haben ist so schön, aber muss man deswegen alles mitmachen? Sozusagen 100% gegen die innere Einstellung?" Ihr Ekel in der Stimme war so stark, dass ich einen großflächigen Lippenherpes befürchtete und mich prophylaktisch salbte. Um es vorweg zu nehmen: Es war nicht von intimen Überraschungen die Rede, die unter Neueroberungen ja nie ganz auszuschließen sind und bei uns Nullachtfuffzehn-Heteros ziemlich weit oben auf der Angstliste stehen. Jeder hat das bestimmt schon erlebt, oder kennt jemanden, der jemanden kennt, der..

Okay, ihr kriegt euer Beispiel: Der Abend war wunderbar, seine Manieren erstklassig, sein Humor umwerfend, diese Augen, diese Stimme, dieser Mann: Alles zum Verlieben. Vor der Tür ein langer Blick, dann versenkte er seine Zunge in ihrem Hals und schlabberte dabei schlimmer als ein Boxerrüde beim Anblick einer Bockwurst. Innerhalb einer hundertstel Sekunde waren alle Glücksgefühle zum Teufel und er unumkehrbar ausgeschieden. Küssen ist nun mal ein sehr wichtiger Faktor, und nur Keanu Reeves hätte in diesem Fall eine zweite Chance verdient. Ihr meint, es geht noch schlimmer? Natürlich.

Anderes Paar: Drei Wochen lang war alles in bester Ordnung. Er war wundervoll und aufmerksam UND konnte küssen! Die

Schmetterlinge flogen in rosaroten Schwärmen hin und her. Wir alle warteten auf das dicke Ende und es kam. Eines Abends, ohne nennenswerte Vorankündigung, betrat er das Zimmer und war von Kopf bis Fuß in schwarzes Latex gepresst. Sie brachte es noch zu einem spitzen Schrei und anschließend auf ihre persönliche Bestzeit im 500-m-Querfeldeinlauf. Mann, oh Mann. Und nun genug der Katastrophen, die einen in zehn dunklen Wintern nicht treffen (toi.. toi.. toi...). Was ich am Telefon zu hören bekam, hatte nichts mit all diesen Dingen zu tun, sondern war viel harmloser, wenn man es aus der Sicht von Reptilienfreunden betrachtet. Der neue Mann im Leben meiner Freundin liebte Schlangen und anderes Gekräuch und hielt Unzähliges davon in seinem Haus. Nahezu jeder Winkel beherbergte ein Terrarium, in dem so possierliche Hausgenossen, wie Stachelleguane, Wüstenspringmäuse und Taranteln untergebracht waren. Letztere hätten ausgereicht, MICH in die Flucht zu schlagen. Ein Albtraum auf acht Beinen. Bäh… Sie war wohl etwas widerstandfähiger und gerade dabei, trotz Schlangenphobie (!), in dieses Horrorhaus einzuziehen. Doch wohin mit all ihren Sachen? Jeder Schrank war mit Futter belegt, das LEBTE! Grillenzirpen aus dem Badschrank, Heuschrecken, Würmer und Larven im Flur. Im Kühlfach neben der Pizza hatte sie gefrorene weiße Mäuse entdeckt, die den hysterischen Grundstein für ihr Durchdrehen lieferten. Sie konnte vor lauter Rotz-und-Wasser-heulen kaum Luft holen. Ein schweres Dilemma, denn ansonsten war er DER Mann: „ ..und Ines machen wir uns nichts v-v-vor, ich warte doch schon sooo lange (schnief), wer weiß, ob, ob, ob ich überhaupt noch mal ei-einen finde.“ Hier wurde der Kontakt durch einen langen Weinkrampfanfall unterbrochen und ich machte mir derweil ernsthafte Gedanken, was in Gottes Namen ich ihr raten sollte? Warum den Spatz nehmen, solange es noch Tauben auf dem Dach gibt? Allerdings: Der Markt diktiert nun mal die Regeln und die besagen eindeutig: Halt fest, was du hast und sei es nur halbwegs gelungen! Punkt. Hindernisse gibt es überall. Warum nicht ein paar Minuspunkte vom Gesamtpaket abziehen? „Mach ihm ne Liebes-Überlebensliste!“, brüllte ich in eine Heulpause, „Die Tiere: JA! Das Lebendfutter: NO! Treffen der Reptilienfreunde: Na gut! Weiße Mäuse im Kühlfach: Niemals! Und sprich das endlich mit dem Sabbern beim Küssen an!“ Meine Güte. Soll er doch verdammt noch mal die Heuschreckenplage im Keller heranzüchten, oder?

Wir Frauen. Immer bereit für die Liebe zu leiden, alles zu geben, vom Besten zu träumen…

Alarm im Kopf

25. April
Stimmung: (Vor-) Sommerdepression ist bereits da, ergo: fresse mir ein dickes Fell an (Gut Ines. Weiter so, du Dummtriene.)
News: Jetzt nicht zu rauchen wäre wie Krücken wegwerfen, bevor der Gips ab ist. Brauche meine Kippen noch ein bisschen. Sorry, Allan.

Manchmal ist mein Kopf ein Universum widerspenstiger Gedanken, die wie ein eingesperrtes Bienenvolk herumschwirren. Ach, könnt ich sie doch frei lassen und mein sorgenleeres Haupt zur Ruhe betten. Seufz. Stattdessen schwillt das Surren stündlich an und türmt die Angst/die Wut/den Kummer zu einem Hügel voller Düsternis. Alaaarm..!

Keine Bange, ich friemel mich da schon wieder raus! Es gibt eben diese Pechtage, an denen einfach alles zusammen kommt. Meine währen schon achtundvierzig Stunden, zwei Anrufe von der Bank, ein Pfund Marmorkuchen, fünf Duplos und einen Becher Nudossi lang. Zuzüglich echter LEBENSmittel. Wenn das so weitergeht, erreicht mein BMI einen historischen Wert. Wie hieß es neulich so schön in einem Buch: „Entweder ich mache mir Sorgen oder was zu Essen". Genau. Nur ICH bin ein Parallel-Sorgenfresser.

Falls ihr euch fragt, warum ich heute so wütend bin, ist das nicht einfach zu beantworten: Da kommen Alltagskümmernisse zu Minderwertigkeitsgefühlen und stressige Tage zu schlaflosen Nächten. Ein bisschen Missgunst hier, ein Haufen Eifersucht dort, und Peng! Am falschen Tag zur falschen Stunde fliegt die Sorgen-Bienenkönigin los und der ganze Schwarm Angst-Drohnen samt Mutlos-Arbeiterinnen donnert aufgescheucht hinterher. Einhunderttausend miese Gedankenflieger und alle Schlechte-Laune-Macher. Jetzt hilft nur die Plünderung des Süßwarenregals bei Muddern überm Kühlschrank und mit dem Löffel im Nuss-Nougat-Glas sortiere ich die Depressionsliste: Was ist der Hauptkummer? (Aufschreiben!) Welches die abzweigenden Nebensorgen (Nach Dringlichkeit gestaffelt notieren!) Was kann ich eh nicht ändern und kicke es aus meinem Hirn? Nach gelöffelten Vierhundertachtzig Kalorien (oder 127 roten Punkten meiner alten Weight-Watchers-Tabelle) habe ich das Knäuel im Schädel entwirrt. Erkanntes Hauptherzeleid: Mein (Ex-) Mann hat schon wieder eine Neue. Krise! Sie ist (natürlich) jünger, schöner, schlanker. Krise!! Sie fahren in Urlaub; in UNSER Hotel! Kriiiise!! Meine Freundin plus Mann fahren mit! KRISE! KRISE! KRISE! Zuzüglich diverser Nebenleiden, wie: Ich bin haushoch überm Dispo und es gibt grad so schöne Schuhe (reduziert!!) – der Monat hat zudem noch 9 Tage ohne Geldzufuhr – die Bank ist so freundlich, mich täglich daran zu erinnern. UND last but not least: Das von mir geborene Kind behandelt mich schlimmer als ein Kohlenkutscher seinen Lehrling (kann mein sorgenschweres Mutterherz jetzt gerade gut gebrauchen). Bleibt einem denn gar nichts erspart?

Mal von den Finanznöten und meiner elterlichen Fehlerziehung abgesehen: Gibt es ein Muster, eine programmierte Verlaufstruktur, nach der Trennungen vor sich gehen? Immer?? Ich hatte eine Freundin, die war mir im Scheidungsablauf ein halbes Jahr voraus. Was glaubt ihr? Das gleiche Prinzip in etwa derselben Reihenfolge: Hören von der Neuen, Sehen der Neuen, Abgeschrieben sein, um Urlaubsziele und andere Gemeinsamkeiten betrogen werden und: Freunde an das neue Glück verlieren. Ergebnis: Heulen, heulen, heulen. Mooonate vergangen und ich schniefe immer noch in die Kissen, während der mir ehemals Angetraute sich den Wolf küsst. Grghh, ist das ungerecht und der Trost: „…dass mich das alles nicht mehr interessieren wird, wenn ich erst mal selbst jemanden gefunden habe“, ist keiner, da ich ja OFFENSICHTLICH niemanden finde. Schnarchnasen.

Hier ist professionelles Krisenmanagement gefordert: Feind erkennen! Ziele schaffen! Fröhlich bleiben! Wie sagt man so schön: Glücklich ist, wer vergisst, was doch nicht zu ändern ist! In diesem Sinne: Raus aus meinem Kopf, ihr Sorgenbienen, Exmänner, Neugirlies und In-Urlaub-Fahrer! Ihr macht mich krank und fett (und arm, wegen übertriebener Lebensmitteleinkäufe). Ich denke jetzt an etwas Schönes und suche mir ein Ziel. Jawoll. Alles, außer Diät. Ein Ziel…

hm. Das kann doch nicht so schwer sein. Ich zünde mir erst mal eine an und gucke den Rauchschwaden hinterher. Ziel. Tja.. Hm..

Mir wird schon etwas einfallen.

Harzer Busenwunder-Märchen

27. April
Stimmung: lenke mich mit Besuchen bei Freunden ab und habe neues Lieblings-Ratgeberbuch: „Sorge dich nicht, lebe!" Jawoll. Mach ich.
News: Hamstereinkäufe von Nikotinpflaster und -kaugummis für den Ernstfall

Freunde besuchen wird mein neues Hobby. Ich sitze von Freitag bis Sonntag auf fremden Sofas und ignoriere die Tatsache, eine Alleinlebende mit eigener Wohnung zu sein. Was ich brauche ist Ablenkung. Aber hopp. Und das Schöne daran: Es gibt immer etwas zu erleben. Jedenfalls, wenn man jemanden wie mich kennt.

Eigentlich überrascht mich ja gar nichts mehr. Passiert irgendwem eine ungewöhnliche Geschichte, dann wahrscheinlich mir. Offensichtlich trage ich eine unsichtbare Antenne auf meinem Kopf, die Signale aus dem Absurditäten-Kabinett auffängt. Selbst wenn in meinem Umkreis jemand durch eine komische Sache auffällt, wie beispielsweise betrunken von einem Barhocker zu kippen, heißt es gleich: „Das wäre doch eigentlich dein Part gewesen", und alle gucken zustimmend in meine Richtung. Macht euch nur lustig. Dafür kann ich auf jeder langweiligen Party ein paar Asse aus dem Ärmel ziehen und die Stimmung retten. Denn es passieren Dinge wie neulich. Ganz einfach so, und ohne mein Zutun.

Am Tisch saßen zwölf Leute, wobei der Anteil endzwanziger Barbiepuppen ohne nennenswerten IQ ungewöhnlich hoch ausfiel. Wo war ich hier nur hingeraten? Die Mädels am Tisch redeten eine derartige Datenmenge an Unsinn daher, dass ich schon besorgt war, ob der Alkohol vor mir ausreichen würde, um das zu kompensieren. Barbie I quatschte ohne Sauerstoffzugabe, frei nach dem Motto: Wer Luft holt hat verloren. Barbie II wartete ungeduldig darauf, ihr ins Wort zu fallen. Sie wollte uns mit Geschichten aus dem Big-Brother-Haus verwöhnen. „Dass diesen Blödsinn überhaupt noch jemand guckt", murmelte ich in mein Glas und machte mich beliebt. „Ist tierisch echtes Leben!" und „Waaaaahnsinnig interessant.", kreischten sie wie ein kleiner Schwarm Wellensittiche durcheinander, und ich hätte zur Beruhigung gern ein paar Jod-S11-Körnchen in die Runde geworfen. Herr im Himmel, war das eine geballte Runde Intelligenzverlust. Ich verfluchte den Moment, an dem ich das Haus verlassen hatte. Wie wunderbar wäre es, jetzt unter meiner Kuscheldecke zu liegen und einen Film zu gucken. „Jenseits von Afrika". Karen steigt in das Flugzeug von Finch Hatton, greift nach hinten zu seiner Hand und fliegt mit ihm über den Flamingoschwarm in die Ngong-Berge, während tausend Geigen schluchzen. Hach ja... Neben mir schluchzte Candy, oder Cindy oder wie auch immer. Sie heulte in ihr Glas, als wäre sie allein auf dem Bahnhofsklo, und nicht auf einer Feier mit Dutzend Leuten, die alle Löcher in den Tisch stierten. Hab ich ein Malteser-Abzeichen auf der Stirn. Ich nahm Candy-Cindy in den Arm und fragte sie pflichtbewusst, was denn los sei?

Hätte ich doch bloß nicht.

„Maik, der blöde A..." (eindeutig ein Fall für die Zensur), schniefte sie, „Maik will, dass ich mir die Brüste vergrößern lasse. So groß wie deine!", und piekte mich in Herzhöhe. Ein Kunststoff-Fingernagel-Zeigestock. Ach du liebe Güte. Ich will hier weg. SOFORT. Scheibenkleister. Ich versuchte, sie zu beruhigen. Zählte alle mir bekannten Nachteile eines künstlichen Busens auf, nannte die Risiken von Schönheitsoperationen und ließ nicht unerwähnt, dass ja gegebenenfalls noch Kinderwunsch bestünde. „Jenau. Da wern die Dinger von allene groß", mischte sich einer der anwesenden Herren stimmungsvoll ein. „Danke Obi-Wan". Ich sandte ihm meinen berüchtigten Todesblick. „Jetzt tu doch nicht so tantenhaft", schnatterten die Wellensittich-Weiber wieder durcheinander, „DEINE sind doch auch nicht echt. Sonst würdest du nicht den ganzen Abend damit angeben!"

„Ich...mache...was?!? Ich...tue...wie...noch mal????" Beam mich hier weg, Scotty. Aber hopp. Ich wünschte mich an einen anderen Ort. Zum Mond. Zu McDonalds. Egal wohin. Nur weg.

Und an dieser Stelle geschah das, was normalen Menschen eben nie passiert. Weshalb ich ein Unglücksrabe bin. Wieso alle zuerst zu mir gucken, wenn es klirrt. Warum ich immer etwas zu erzählen habe: Ich stand auf, stützte mich an der Tischkante ab, klemmte unbemerkt meine Bluse ein und setzte einen Schritt zurück. Mit einem lauten Ssssrrrrrtt...!, öffneten sich alle Druckknöpfe und ich stand vom Kinn bis zum Bauchnabel im Freien. Zwölf Augenpaare starrten auf meinen BH und ich hörte einen von den Wellensittichen noch: „Olle Angeberzicke!“, zwitschern, während ich wie der Wind aus dem Raum fegte. Nun ja. So peinlich der Moment auch war, auf Partys erzähle ich die Geschichte immer wieder gern, die sich so (oder ähnlich) in Blankenburg im Harz zugetragen hat. Zumindest hört man sie dort noch immer besonders gern.

Herzlich willkommen, liebe Mai-Depression

02. Mai
Stimmung: hochexplosiv, weil ein paar von den Hormonen, die ich grad nicht brauche, Purzelbäume schlagen
News: folgende Erkenntnis nach drei Tagen Dauerbeschallung:
Rosenstolz und Xavier Naidoo sind denkbar ungeeignete Stimmungsaufheller

Noch so ein Sonntag und ich laufe Amok. Zwischen Frühstück und Vox-Tours lagen fünf quälende Stunden voller Sonnenschein, die mich in den Stadtpark zu den Pärchen trieben. Für einen Single im Frühling Masochismus der Stufe „Drei". Warum scheint – seit ich alleine bin – sonntags immer die Sonne? Ich will das nicht. Ich will Regen, Sturm und Minusgrade. Dann kann ich auf dem Sofa liegen bleiben, Weiberzeitungen lesen und Kekse knuspern. Aber nix da. Petrus, der olle Unruhestifter, lockt mich ins Grüne und was sehe ich: Knutscher, Streichler, Händchenhalter. In Gedanken reiße ich eine Zwille aus dem Hosenbund und schieße den Kerlen Krampen ans Knie. Junge, tut das gut. Das habt ihr davon, wenn ihr mich alleine lasst. Elende! Wenn ich zu Hause bin, werde ich einen Brief an Kai Pflaume schreiben, in dem ich ganz selbstlos beschreibe, warum ich mich so liebe und es wert bin, mal überrascht zu werden.

Oder soll ich lieber gleich die Seiten wechseln? Ab in den Alice-Schwarzer-Fanclub, mit Emma-Jahres-Abo, und an den Luxuskörper lass ich nur noch Wollenes und Leinen. Khaki- oder schlammfarben natürlich. Ärgerlich stapfe ich die fünf Kilometer von der Elbe bis zu mir nach Hause, und baue Schritt für Schritt Wutpunkte ab. Himmel-Herrgott-Sakrament. Macht endlich Schluss mit diesen Sonn- und Feiertagen, solange ich noch Single bin. Das hält ja kein Schwein aus.

In der Kaffeeröster-Falle

07. Mai
Stimmung: euphorisch, glückselig, himmelhoch jauchzend (Grund siehe News) News: Ich darf meine kleingeistig-literarischen Ergüsse in der Zeitung veröffentlichen. Hurra. Ines schreibt eine Kolumne. Werde die Bestsellerautorin von Stadtfeld-Ost 2006/2007

Bisher habe ich nur für meine Freundinnen geschrieben. Jeden Samstag flatterte eine neue Folge per Post oder e-mail nach Magdeburg und in den Harz. Manchmal auch als Cartoon, denn gezeichnet hab ich auch schon immer gern. Von dort gelangte „mein Werk" zur Mama, zur Nachbarin, zur Arbeitskollegin usw. Ich hab mein kleines Leben kommentiert, als wäre es das einer Chaotenprinzessin von Welt, und jeder hätte ein Anrecht darauf zu erfahren, was Ineskind so alles erlebt, erträumt, anstellt, versaut und besser machen will. „Hallo, ihr Lieben da draußen", schrieb ich ihnen immer als Überschrift, und genau so steht es seit 14 Tagen in der Volksstimme. Wow. Ein Wahnsinnsgefühl. Vom Küchentisch hinaus in die Welt. Sachsen-Anhalts. Nun ja...immerhin.

Seitdem stehe ich samstags um fünf Uhr auf und erstehe die erste Zeitung an der Esso-Tankstelle. Noch an der Kasse werfe ich einen Blick auf „meine Seite". Jippiejajeh. So fühlen sich Könige.

Von nun an ist der Dienstag mein Schreibertag. Davor martern mich tagelang verrückte Gedanken. Ich stehe zu nachtschlafener Zeit auf, versuche sie zu ordnen und gebe den Richtungsbefehl: Auf die Plätze, fertig, los und lauft! Und schon steht die Geschichte. Jedenfalls im Kopf. Noch ein kurzer Blick über die Morgennebeldächer und zu den Bäckersfrauen von gegenüber, dann fliegen die Finger über die Tastatur.

Am liebsten beginne ich immer, als wären wir bereits mitten im Gespräch. So, als würde ich meine Höhenflüge an jeden einzelnen meiner Leser weitergeben. In der Hoffnung, es sind mehr als drei.

Dann sitzen wir am Samstagmorgen-Frühstückstisch, schlürfen

unseren Milchkaffee, klappen raschelnd die Volksstimme auf und unterhalten uns über den Zeitungsrand hinweg. Wie war deine Woche? Wie lief es in Solingen? Was macht der einsame Hobby-Nachbarschaftshelfer, der so gerne meine Zeilen liest? Wie geht es den Mädels in Blankenburg, Pechau und Alt-Olvenstedt? Und während ich so vor mich hinplappern kann, dass euch die Ohren rauschen, seid ihr zum „Zuhören" verdonnert und müsst ungesehen in euren Morgenkaffee grienen. Viele von euch allein wie ich. Andere haben vielleicht eine/n Liebste/n an der Seite und gucken sich das Ganze aus sicherer Entfernung an. Doch Eins haben alle gemeinsam: Wir fühlen uns verbunden, über Straßenzüge und Städtegrenzen hinweg. Ein schönes Gefühl. Und falls ihr euch fragt, woher ich diese Gewissheit nehme, antworte ich mit einem Strahlen im Gesicht: Für mich war „Tag des Leserbriefes". Tataa.. Noch keine zwei Wochen im Amt, und schon darf ich erste Fanbriefe öffnen. Wenn das kein Seelestreicheln ist, weiß ich auch nicht. Besser, als jedes warme Nutellabrötchen am Morgen und unglaublich schön, von „da draußen" zu hören. Dieser Zuspruch hat mich aus dem Miesepeter-Tal geholt. Dort unten werden nämlich Orden verteilt: Für den mürrischsten Mundwinkel, die meisten Pickel und das grässlichste Outfit, und man hatte mich schon aufs Siegertreppchen geholt. Ich war in meiner Vogelscheuchen-Phase mit Gretchenknoten im Haar, Brille und dunklen Wallegewändern. Kurz: Einfach nur Bäh..! Am liebsten hätte ich ein Schild um den Hals getragen: Lasst mich alle in Ruhe. Hab heut meinen pessimistischen Tag!

Mir etwas Gutes zu tun wurde Chefsache. Dabei habe ich für einen Endorphin-Schub normalerweise drei Möglichkeiten: Ich horte Verpflegung für ausgehungerte Bergstämme plus Bücher und CDs. Ich überfalle eine Parfümerie. Ich kaufe Unmengen von Blumen und Schnick-Schnack. Ab jetzt gehören Leserbriefe dazu. Sie ziehen wenigstens keinen bösen Anruf von der kontoführenden Bank nach sich. Doch die hatte ich bis gestern noch nicht erhalten, und so machte mich auf den Weg, meinen Ruf als konsumorientierte Verschwenderin zu verteidigen. Anfangs lies ich es ruhig angehen und durchstöberte den Supermarkt nach Relax-Schaumbädern, Gesichtsmasken und Duftkerzen. Immer einen großen Bogen um Gang Neun machend. Hier befindet sich nämlich der Stand eines Kaffee-Rösters. Dort, wo es alles gibt, außer Kaffee. Oder wie eine Freundin es mal treffend nannte: Dinge, die die Welt nicht braucht. Diesmal nicht! Auf keinen Fall, schwor ich mich ein, da fiel mir an der Kasse eine Frau ins Auge. Sie hievte Karton für Karton aufs Band. Übertöpfe, wie aus der Toskana. Warm gestreifte Vorhänge mit dazugehörigen Stuhlkissen, geflochtene Körbe und farblich abgestimmte Deckchen. Alles passte irgendwie zusammen und zauberte das Wort „Glückseligkeit“ in meinen Dummschädel. Der „Haben-wollen-Blick“ wurde immer größer und Zack! scherte ich aus der Schlange aus und rollte im Galopp zu Gang Neun, insgeheim betend, dass von den Übertöpfen noch ein paar im Regal standen. Sie standen, und zur toskanischen Keramik gesellte sich das komplette Wochenangebot. Meine EC-Karte machte dicke Backen. Beim Einpacken blickte ich einer jungen Frau ins Gesicht, die zerknirscht meine Einkäufe betrachtete. Sie widerstand noch kurz der Versuchung, wohl ahnend, was ihr Mann heute Abend von solch einem Supergau halten würde. Dann drehte sie sich gehetzt zum Hintermann um, murmelte etwas von: „..gleich wieder da“, und raste wie der Teufel zum Ort der Begierde. Für fünf Minuten hatte ich das Gefühl eines erfolgreichen Jägers im Bauch, das auf dem Nachhauseweg einem verflixt schlechten Gewissen wich. Egal. Ich würde daheim meine Schätze verteilen und niemand könnte mir daran die Freude verderben. Manchmal ist Alleinsein doch von Vorteil. Außerdem lasen sich meine ersten Leserbriefe mit den neuen Kissen im Rücken noch mal so gut.

Nur nichts verpassen

10. Mai
Stimmung: nachdenklich und sehnsüchtig verträumt
(verbreitete Single-Krankheit im Wonnemonat)
News: Der Flieder blüht. So ein Mist. Kein Kerl zum Knutschen weit und breit. Habe Lebensmittelwaage und Kalorientabelle an den Herd gelegt. Guter Platz.

Habt ihr auch manchmal das Gefühl, die besten Dinge im Leben zu verpassen? Entweder hat man keine Zeit oder die Kohle ist mal wieder knapp. Wie auch immer. Plötzlich liest man in der Zeitung, dass die roten Busse in London abgeschafft werden und denkt: Toll! Von mir wird es jetzt definitiv kein Foto im legendären Doppeldecker mehr geben. Und dies ist nur ein Beispiel von vielen. Ständig wird mir das Gefühl vermittelt, mich beeilen zu müssen, da sonst unumkehrbar eine tolle Gelegenheit vorbeigesaust ist. Was, wenn am Ende meiner Tage im Seniorenstift plötzlich alle von einem Konzert der Stones schwärmen? So, als wäre es das Beste überhaupt in ihrem Leben gewesen. Ich kenne ein paar Leute, die behaupten das schon jetzt. Noch hätte ich die Möglichkeit dazu. Schließlich befinden sich die „Jungs" auf ihrer hundertsten Abschiedstournee. Oma Ines möchte schließlich nicht wie der allerletzte Looser am Tisch sitzen, ihr Weißbrötchen mümmeln, und den Rest der Rentnergang wegen dieses Highlights beneiden. Bei Freddie hab ich schon zu lange gewartet. Die Gruppe „Queen" ist seit Urgedenken meine Lieblingsband und natürlich wollte ich auch irgendwann einmal eins ihrer Konzerte besuchen. Hab ich 1989 gedacht. Und mir Zeit gelassen. Am 24. November 1991 stand ich in einer Braunschweiger Umkleidekabine, als der Nachrichtensprecher darüber berichtete, dass Freddie Mercury in London verstorben sei. Ich hab mich auf den Hocker fallen lassen, und zum ersten Mal in meinem Leben um einen fremden Mann und eine verpasste Chance geheult. Nie, nie wieder... schluchz. Damit kommen Romantik-Herzchen wie ich nur schwer klar. Soll mir das noch mal passieren? Nein. „Mick, ich komme! Her mit der sauteuren Eintrittskarte!" Herr im Himmel. Für dieses Geld mieten sich andere Leute ein Ferienhaus in Dänemark. Aber dafür kann ich in fünfzig Jahren am Abendbrottisch damit angeben, wenn wir alt, weise und grauhaarig zusammenhocken und unsere Leberwurstbrote in mundgerechte Häppchen schneiden. Jetzt muss ich nur noch jemanden finden, der mit mir dort hingeht. Ein Zeitzeuge sozusagen, falls ich den Eintrittskartenbeweis verbummele. Aber Musik ist ja nur das Eine. Wie oft haben wir schon den Satz gehört: „Das Auswärtige Amt warnt vor Reisen in die Region..." Wieder bin ich zu spät. Verdammt. Da sind schon ein paar ultimative Traumziele von mir dabei gewesen. Entweder, ich habe jetzt bald einen Sechser im Lotto oder ich richte mich dauerhaft auf Balkon-Urlaube ein. Dabei würde ich gern noch ein paar Sehenswürdigkeiten abarbeiten. China zum Beispiel. Dort sind sie dabei, ganze Täler und Tempelanlagen durch den größten Staudamm der Welt zu fluten. Leider passen Asien und mein Kontostand nicht so ganz zusammen und ich muss mich wie immer auf virtuelles Reisen bei Vox-Tours beschränken. Auch schön. Am Sonntagnachmittag gehört beim weiblichen Single die imaginäre Fernreise via Bildschirm zum Leben dazu. Träumen wir uns halt weg. Machen wir Reisen in Gedanken. Was bleibt uns auch übrig, wenn die am Geldausgabeschalter immer so rumzicken. Irgendwie ist es aber auch ungerecht. Jetzt, wo ich noch genug Puste habe, um im Wechselgalopp auf der Chinesischen Mauer entlang zu hüpfen, reicht mein Budget für einen Tagesausflug nach Mecklenburg-Vorpommern. Wenn ich dann in vielen Jahren endlich genug Klimpergeld zusammen habe, tragen mich die Johanniter aus dem Reisebus oder China ist vielleicht längst für ausländische Touristen gesperrt. Wie auch immer. Das Gefühl, etwas zu versäumen, begleitet mich seit der Zeitungsmeldung mit den roten Bussen. Zur Beruhigung lege ich jetzt erst mal schnell eine CD von Luciano Pavarotti ein. Scheibenkleister. Noch jemand, den ich verpasst habe.

Lindenhof-Party

13. Mai
Stimmung: aufgestachelt plus hormongesteuert plus hummelig ist gleich erlebnishungrig
News: dennoch keine, siehe unten

Um es vorweg zu nehmen: Dieser Partyabend endete, wie andere Wochenenden üblicherweise beginnen. An der Tankstelle. Dort reihe ich mich in die Schlange pubertierender Fahranfänger ein, die durchweg Six-Packs und Kippen ordern, und falle mit meiner Bestellung aus dem Rahmen. „Ein Schicht-Nougat und ein Walnuss-Eis bitte", fordere ich und blicke mich entschuldigend zu den Hungerhaken hinter mir um. Vielleicht haben sie es nicht gehört? „Walnuss is nich!", ruft der Kassierer über die Wechselsprechanlage nach draußen und zwinkert mir zu. Er ist ein heimlicher Verehrer, kommt aber wegen grober optischer Mängel nicht infrage. Sorry. Ein ganz klein wenig für's Auge sollte schon dabei sein. Hinter mir kichern sie wie blöde. Oder halluziniere ich bereits? Leider nicht. Ein Dutzend dürre Teenies glotzen die dicke Mutti vor der Verkaufsklappe an und grinsen.

Wie gesagt, so beginnen eigentlich meine Freitagabende, die ich allein mit der Fernbedienung und dem gehorteten Süßwarenvorrat verbringe. Dieses Mal wollte ich ja abfeiern bis zum Morgengrauen und dem Tankwart nur von weitem zuwinken. Hab ich aber nicht, und das kam so:

Ich bin noch ein echtes Lindenhofmädel. Für Nicht-Magdeburger sei hinzugefügt: Der Lindenhof war eine legendäre Diskothek in den achtziger Jahren, die später abgerissen wurde und nun ein Mal im Jahr in einem großen Festzelt aufersteht. Mit allen Machern von früher, den in die Jahre gekommenen Schönheitsköniginnen und alten Ossi-Kultbands. Ein stadtweites Klassentreffen von Berufsjugendlichen. Wir nostalgisieren eben gern und träumen uns zu den Schlangen vorm Einlasser-Gott Wilmar, Wermut-Cola plus Bronski-Beat und der Schwarztaxi-Heimfahrt. Aus diesem Grund fröne auch ich dem alljährlichen Revival-Kult, um mich meiner Hochphase als Glitzertop-Disko-Queen zu erinnern. Auch wenn es über zwanzig Jahre und noch mehr Kilos her ist.

Der Abend begann wie im Bilderbuch: Das Wetter war zum ersten Mal traumhaft, der Sternenhimmel wundervoll und ich hab eine Menge alter Bekannte umarmt. Trotz allem, der Funke wollte einfach nicht fliegen. Irgendwie war es in den vorherigen Jahren aufregender gewesen; im gerammelt vollen Zelt, während es draußen Blasen regnete. Ist man denn nie zufrieden? Muss es ewig etwas zu Nörgeln geben? Ich weiß auch nicht, woran es lag. Ich war wie ausgebremst. Dabei haben wir uns Mühe gegeben, und nicht bräsig in der Ecke gehockt. Haben geschwatzt, unsere Kreise durch das Zelt gedreht und unzählige „Grüne Wiesen“ gezischt. Als die Stimmung gen Null kippte, stürzten wir uns ins Tanzflächengewühl. Links von uns eine wildgewordene Sekretärinnengruppe, mit einem Scheiterhaufen voller Handtaschen in der Mitte, um den sie ekstatisch tanzten. Rechts berucksackte Öko-Paare, die ohne jegliches Taktgefühl Arme und Beine einknickten. Die Mischung macht's halt. Als mein Top-Favorit entpuppte sich jedoch der „Ausflipper“. Er hockte in der Pause neben mir auf der Bank und schnarchte in sein Glas. Wohl schon ein bisschen viel Hopfen, was?, denke ich gerade, da wird AC/DC angespielt. Als hätte jemand eine Münze in einen Schlitz auf seinem Rücken gesteckt, erwachte mein Nachbar mit einem Ruck zum Leben, erhob sich mechanisch und stapfte samt Humpen zur Tanzfläche. Wir starrten ihm gebannt nach und schluckten. Wer hätte das gedacht? Neben mir saß die ganze Zeit unbemerkt der Meister der multiplen Verrenkungen, der Lord der Luftgitarre, der King-of-außer-Kontrolle. T – N – T. Dreieinhalb Minuten hüpfte, zappelte und marschierte er vor der Bühne auf und ab, sang in ein imaginäres Mikrofon und rutsche schwungvoll auf Knien übers Parkett. Das Bierglas immer in der Hand. Nach einer ergreifenden Schlusspose fiel er wieder in sich zusammen und trottete zur nächsten Bank, um weiterzuschlafen.

Das war unser Stichwort. Kurzes Gähnen, dann machten wir

uns auf den Heimweg, und legten zur Ehrenrettung des Abends noch einen kurzen Zwischenstopp an der Tanke ein. Uns fehlten Endorphine. Nichts, was da an Glücksgefühlen aufgekommen war. Es mussten Trostpflaster her, aber dalli.

„Eine Milka-Nuss und ein Eis am Stiel", flüsterte ich verschämt durch die Luke des Verkäufers. Neben mir feixten zwei Jugendliche und bufften sich in die Seiten. Pah, na und? Miss Molly braucht Kohlenhydrate und lässt sich durch pubertäres Gehabe nicht aus der Reserve locken. Ich kaufte meine Einschlafhilfe und dann ging's postwendend in die Heia. Vielleicht wird es ja im nächsten Jahr wieder aufregender, tröstete mich mein Lila-Laune-Riegel.

Am Angelhaken

17. Mai
News zuerst: bin ein Nichtraucher (seit zwei endlosen Tagen)
Stimmung: zappelig und gequält, aber durchhaltewillig. Leider bin ich bei der Suche nach einer akzeptablen Ersatzdroge bei Schokonüssen gelandet

Zuweilen frage ich mich, was das Schicksal wohl für meine Single-Generation bereithält. Beziehungstechnisch gesprochen. Können wir alle den Jackpot erwarten, befinden uns zurzeit nur in einer Art Zwischenleben? Oder krepeln wir am Ende unserer Tage allein und frustriert durch die Welt? Eine Schar zauseliger, alter Giftnattern.

Die Zwischenleben-Version gefällt mir natürlich besser. Doch, das würde ja bedeuten, dass wir jetzt noch gar nicht richtig leben. Erst später. Dann, wenn der Eine, der alles Entscheidende, in unseren Dunstkreis tritt. So ein Unsinn. Die meisten von uns haben sich noch nie so lebendig gefühlt wie jetzt. Sie gehen nach Jahren der Enthaltsamkeit mal wieder zum Tanzen, fahren alleine in Urlaub, knutschen vor Haustüren, kichern mit Gleichgesinnten und schmeißen das Geld zum Fenster raus. Es interessiert NIEMANDEN, mal von der kontoführenden Bank abgesehen. Sie haben wieder gelernt zu träumen. Von Freiheit und Mut, und von der großen Liebe. Eine, die alles möglich macht. Das Beste daran: Sie ist nichts Unerreichbares. Es kann zu jeder Stunde und bei allen Gelegenheiten passieren. Und: (Trommelwirbel) Es ist auch erlaubt, während die Ringträgerinnen nur mal träumen dürfen! Natürlich gibt es da diese Momente. Die, die man gern mit jemandem teilen würde. Und wir alle kennen dieses Gefühl der Sehnsucht, das wie ein Schmerzpfeil Richtung Magengrube zischt, wenn wir ein knutschendes Pärchen sehen, die Liebesgrüße in der Volksstimme lesen oder eine Kollegin gerade die -zigte SMS empfängt. Dann, wenn wir plötzlich merken, dass wir für Niemanden die Nummer Eins sind, Keiner voll Sehnsucht an uns denkt oder einfach mal in den Arm nimmt. Schluchz. Aber Mädels: Kopf hoch, Rücken gerade, Po fest und Brust raus! Wir sitzen doch alle im selben Boot. Wenn es ganz schlimm wird, ist eben Eigeninitiative gefragt und ein bisschen mehr Phantasie, was die Partnersuche angeht. WENN schon gesucht werden muss, dann richtig. Denn, machen wir uns nichts vor: Mit den Auswahlkriterien, die wir im Allgemeinen aufzählen, angeln wir durchweg im selben Teich. Dabei wollen wir doch ein Einzelstück, einen tollen Hecht. Es beschleicht mich jedoch das unbestimmte Gefühl, dass wir alle den Gleichen suchen: humorvoll (aber nicht albern), intelligent (aber kein Besserwisser), liebevoll (aber kein Weichei), zärtlich (und doch männlich), einfühlsam (aber keine Heulsuse), unterhaltsam (aber kein Redenschwinger), verständnisvoll (aber kein Ja-Sager). Kurz: Ein Macho mit Herz, mit dem man über alles reden kann und der uns (3-faches Ausrufezeichen) zum Lachen bringt. Wo in Gottes Namen sollen denn Millionen von diesen Goldfischen herkommen? Möglichst noch gleichaltrig, Einsachtzig groß, schöne Augen, ohne nennenswerte familiäre Vorbelastungen, mit gutem Job und vollstem Verständnis für unsere optischen plus anderweitigen Mängel. Hahaha.. (habe gerade mittelschweren Lachanfall und kann nicht weiter schreiben). Traummann, adieu! Ich verliere die Illusionen. Dabei wäre es so einfach. Werfen wir doch unser vorgefertigtes Suchraster in die Elbe! Gucken ein bisschen mehr in die Ecken, zu unseren Nachbarn und den Leuten auf der Straße. Und vor allem, weg mit der Last, unbedingt jemanden suchen zu müssen und her mit der Lust am Leben. Wer weiß, manchmal sind es die kleinen Dinge, die plötzlich Türen öffnen. Mir hat mal jemand gesagt, ich soll 50 Männer am Tag anlächeln, dann ist irgendwann der richtige dabei. Wisst ihr, wie schwer es ist, nur 20 anzugrienen und wie peinlich mitunter? Aber wenn man es erst einmal versucht hat, macht es richtig Laune in die überraschten Gesichter zu gucken. Außerdem hebt es automatisch die Stimmung. Nach 2 Tagen hatte ich ein Dauergrinsen im Gesicht und war gedanklich nur am Zählen.

Na dann, runter zum Lächeln auf die Straße, Mädels! Guckt auch mal die kleinen Fische an und nicht vergessen: Zwischenversion war gestern, Leben ist heute.

Ich bin der Ronny

21. Mai
Stimmung: von saumutig bis saupeinlich
News: schon sechs Tage Null-Nikotiner

Ich habe es getan! Aber zum ersten und letzten Mal. Punkt. Für mich ist das Thema „Julia sucht Romeo per Zeitungsannonce" abgeschlossen. Dabei muss ich Eines vorwegnehmen: Aufregend ist es allemal. Mein Puls hielt sich für vierzehn Tage konstant im oberen Bereich und ich hab zwei meiner Kuschelkilos allein durch Nervosität verbrannt. So, jetzt hole ich aber erst mal Luft und erzähle der Reihe nach:

Auf meine Anzeige meldeten sich vierzehn Interessenten. Davon drei Heiratsinstitute, die mir klarmachten, dass ich ohne professionelle Hilfe verloren bin. Fünf Kandidaten schieden aus, da sie der Orthographie nicht mächtig waren. In einem Brief lag ein Foto. Es zeigte einen mittelalten Mann mit Hühnerbrust, der in einem beige-braun gemusterten Schlüpfer vor einem Spiegel posierte. Der nächste war verheiratet, bot mir aber das ultimative Sexabenteuer an. Nix da. Ein weiterer sandte mir eine Briefkopie. Sicher aus Gründen der Zeitersparnis. Blieben drei übrig, mit denen ich mich traf. Die Hölle von Alcatraz ist dagegen ein Hühnerschiss.

Man stelle sich folgende Situation vor: Frau (ich) sitzt allein im Café – Mann kommt – sieht nicht annähernd so aus, wie er sich beschrieben hat – Mann redet Blech oder gar nicht – Frau merkt nach drei Minuten, dass hier nichts läuft – Frau will SOFORT weg – Frau muss aber bleiben, lächeln, Smalltalk halten. Junge, war das anstrengend. Ich bin für solche Sachen nicht geschaffen und auch zu ungeübt. Wie bringt man das Gespräch zu einem schnellen Ende? Was sagt man am Schluss? Ich überlege mir das noch mal? Ich ruf dich an? Auweia. Meine Dates hatten allesamt übertrieben. Nummer eins, nennen wir ihn Herrn Meyer, war zehn Zentimeter kleiner als angegeben und nie im Leben Unternehmer. Er fläzte sich breitbeinig an den Tisch, angelte mit gelben Fingern nach einer Zigarette und glitzerte mich mit seinen Ohrringen an. Versteckte Kamera, oder? Leider nicht. Mogel-Meyer riss zur Eröffnung einen obszönen Witz und ich drückte mich etwas tiefer in den Korbstuhl. Wenn mich hier bloß keiner sah. Er musterte mich mit Röntgenblick. „Darf ich Sie zu einem Drink einladen?“ Nee, gib mir lieber das Geld, hatte ich auf der Zunge, nickte aber artig. Mein Gegenüber kratzte sich voll Vorfreude am kleinen Meyer. Oh Gott. Witz Nummer zwei folgte. Ich bog mich zum Schein vor Lachen und schielte dabei auf die Uhr. „Ach, du liebe Güte!“ (aufgesprungen) „Schon so spät!“ (Jacke vom Haken gerissen) „Ich muss leider gehen!“ (im Schal verhaspelt) „Tut mir Leid!“ (losgestolpert) Meyerchen klappte die Kinnlade runter. Wie der Wind raste ich zum Ausgang, quetschte mich durch die Drehtür und war auch schon weg. Die schnellste Maus von Mexiko hatte ihren furiosen Auftritt. Das war nicht ladylike, ich weiß. Aber das war auch kein Mann auf der Suche nach einer Frau. Der wollte nur mal ordentlich rummeyern. Auf Nummer Zwei hatte ich schon gar keine Lust mehr. „Ich bin der Ronny“, sächselte er mich an. Alles in mir grinste. Das war eindeutig mein Highlight des Tages. ..und ich bin de Tschässika, wäre meine Lieblingsantwort gewesen. Dann hätten wir wenigstens beide was zu lachen gehabt. So reichte ich nur brav die Hand, biss mir auf die Lippen und versuchte nicht hinzugucken. Er sah zum Piepen aus, wie eine Drag-Queen in Männerklamotten. Blondierte Haare, Goldschmuck, rosa Hemd und eine Haut wie verbrannter Toast. Der hatte garantiert mehr Hand angelegt als ich. Wir quälten uns durch dreißig endlose Minuten, da summte mein Handy. Muss leider für heute stornieren, teilte mir Date Drei mit. So, so. Der ließ mich also sitzen wie eine Pauschalreisende am Abflughafen. Ich machte einen gedanklichen Haken an diese leidige Heiratsmarktgeschichte. Das war zweifellos nicht mein Betätigungsfeld. Zu ungewiss. Zu aufreibend. Zu peinlich. Bei mir müssen live die Funken sprühen.

Das Prinzesschen kommt in die Jahre

24. Mai
Stimmung: vom Partnersuch-Fiasko erholt
News: habe vorerst die Männerbegutachtungslupe abgesetzt

Wochenend-Stimmung in Magdeburg und was macht unsere Majestät: Gibt sich ihrer häufiger werdenden Unlust hin und hütet den heimischen Thron. Habe die Ehre. Wie lautet die Definition von alt? „Wenn die Frage „Ausgehen oder Sofa" gegen das mögliche Abenteuer und für die verdiente Ruhe ausfällt." Oh Gott, das heißt: Ich bin alt, madig, grau und hab Sand in den Taschen, denn ICH bin der klassische Sofa-Entscheider.

Ich buche ohne Umschweife das Kombi-Relaxprogramm zum Selbermachen. Variante 1: DVD's ausleihen, an der Tankstelle die Familienpackung Mövenpick einladen, rauf aufs Sofa und nach zwei Stunden einpennen. Variante 2: Erst ins Kino, an der Tankstelle Kekspackung plus ein halbes Dutzend Illustrierte, rauf aufs Sofa und nach zwei Stunden einpennen. Variante 3: Enthält die vorgenannten Komponenten und wird ergänzt durch ein opulentes Schaumbad plus Telefonorgie mit der besten Freundin. Ein einfaches Baukastenprinzip also, in welchem die Bestandteile „Teuer-Tankstellen-Einkauf" und „10.000-Kalorien-Aufnahme" in jedem Fall enthalten sein müssen. Befinde mich ohne Zweifel im Diabetes-Vorstadium zuzüglich einschleichender Muskelverkümmerung. Bleibt die Frage nach dem Warum? Und: Habe ich was verpasst? Mit Sicherheit einen entsetzlichen Kater. Solche Nächte enden meist im Nimmerland, ohne jegliche Erinnerung wann, wie und mit wem in Gottes Namen ich nach Hause gekommen bin. Eine endlose Kette peinlicher Auftritte, Brech-/Kopfschmerzattacken und Gedächtnislücken. Gut, ich könnte es natürlich etwas ruhiger angehen lassen, aber dann fange ich nach einer Stunde an zu gähnen, schiele auf die Uhr und höre mein Sofa rufen. Immer lauter und LAUTER! Ich brauche offensichtlich Enthemmerdrogen (Attention please: hier ist nur von Wein und Sekt die Rede!), die mich aufgekratzt und wie ein Flummy durch die Gegend springen lassen. Zeitvergessen, Schranken überwindend und Stimmung machend. Ansonsten blümel ich auf der Mauer vor mich hin, laaangweile mich zu Tode und der Rest der Truppe mit mir. Garnisonskoller. Gähn... Tja, Mädels, wir sind hier nun mal nicht im Rheinland oder im Skiurlaub an der Schirmbar, wo unsereiner (egal wie alt und figürlich geformt) keine fünf Minuten allein bleibt. Da sind die Männer mutig, da wird noch angemacht und eingeladen, geschunkelt, getrunken und Spaß gehabt. Einfach so, ohne den Gedanken an sofortige Bindung. Aber hier? Erzähl mir noch einer was von Ausstrahlung. Pah.. Was zählt sind Schmollmund, Hintern, lange Beine und die Nichtüberschreitung einer gewissen Altersgrenze. Bei den Normbrechern ist Eigeninitiative gefragt und die braucht (zumindest bei mir) eine gewisse Vorglühphase, gefolgt von mehrstündigem Zwischenhoch und anschließendem Absturz.. Hab nun mal nicht dieses Putzi-Putzi-Barbie-Aussehen, Größe 34 plus Wallemähne plus Körbchen-Größe C. Dann wäre es egal wer den Anfang macht. Hier reicht ein Auftritt und die Drohnen umschwirren das Licht. Wir restlichen Bienen im Saal müssen uns schon etwas einfallen lassen, um Aufmerksamkeit zu erregen. Nur einfaches Dasitzen und der Dinge harren, die da kommen, reicht nicht. Außer man wartet bis um Drei. Dann sind die Barbies mit den Siegern abgezwitschert und der Rest der Herrschaften blickt sich lallig nach Alternativen um. Nachts um Drei kannst du alles und jeden kriegen. Da bin ich aber meist schon weg ODER jenseits der Promille-Grenze, umgeben von einer Spaßmachertruppe (von außerhalb!), die für kein Geld der Welt aufhören will zu trinken, zu tanzen, zu übertreiben. Fazit: Ich/Wir haben einen aufregenden Abend, wenn ich alkoholtechnisch angetrieben für Remmi-Demmi sorge. Im andern Fall lungern wir gähnend am Tresen rum und beobachten die Anderen. Dabei wechseln wir sicherheitshalber mehrmals die Raumposition, um besser gesehen zu werden. Aufregend. ODER: Ich besteige mein

Loddersofa, umgebe mich mit Hochkalorischem, schlummere süß und selig und träume von der verpassten Chance, der Drohne meines Lebens zu begegnen. Was, ihr Lieben, ist nun das Beste? Ich sage es euch: Prinzesschen hat sich für 80% Abschlummern, 20% Abfeiern und 0% Rumstehen entschieden. Ein besseres Verhältnis schaff ich nicht, bin wohl offensichtlich doch schon ganz schön alt.

Wir sind Helden

27. Mai
Stimmung: ziemlich gut, Erfolg beflügelt (s.u.)
News: Ich kann eine Waschmaschine reparieren oder um es mit den Worten meiner Freundin Kirstin zu sagen: „Nenn mir eine Sache, die Mutti nicht kann!"

Ich bin eine Heldin. Ich habe (Trommelwirbel) ganz allein meine Waschmaschine repariert. Anschließend sah ich zwar aus, wie Adolf Hennecke auf dem Foto im Heimatkundebuch, aber die Kochwäsche war gerettet. Hurra. Ich bin die Hobby-Ich-AG-lerin des Jahres. Schlagt mich für den Hausfrauen-Schrauberwettbewerb vor. Diese außerordentliche Belobigung habe ich mir verdient. Eigentlich bin ich nämlich weder ein Handwerkerkönig noch Technikfreak. Ganz im Gegenteil. Alles, was eine Verbindung zur Steckdose hat, verlangt meinen unbedingten Respekt. Ich möchte keinen Schlag kriegen und anschließend eine lebenslange Edward-mit-den-Scherenhänden-Frisur tragen, oder schlimmer: Vorzeitig unter den Radieschen ruhen. Der Stecker ist also gezogen, wenn ich mit meinen popeligen Behelfswerkzeugen am Außengehäuse des corpus delicti rumwerkele. Ein Auge schielt unsinnigerweise dennoch zum Verteilerkasten. Meine Elektro-Angst kann nur eine Freundin toppen. Als ich ihr erzähle, dass ich gern ein Handy mit MP3-Player hätte, meint sie entsetzt: „So etwas würdest du dir kaufen? Um Himmels willen. Ich hätte immer Angst, dass da irgendwas explodiert!" Ja, ja, wir Frauen. Nur nicht soviel Schnickschnack. Schön aussehen soll es, funktionieren möglichst auch, aber ansonsten macht uns zu viel Drumherum nervös. Ich weiß bis heute nicht, wie an meinem Haustelefon Gespräch „A" zurückgestellt wird, um Gespräch „B" entgegenzunehmen. Von der möglichen Dreierkonferenz ganz zu schweigen. Die Bedienungsanleitung ist so dick wie der Duden. Wer in Gottes Namen liest so etwas? Mir wäre es am liebsten, andere würden das durchackern, und dann in einfachen Worten erklären: „Hier musst du drauf drücken und hier!" Fertig und Ende. Man muss Prioritäten setzen können. Wer sich schon um

Geldverdienen, Nahrungsbeschaffung, hygienische Verhältnisse, Kinder, romantische Stimmungen und alles Schöne im Leben kümmert, kann nicht auch noch für das Feintuning der Stereoanlage verantwortlich sein. Das ist Männerdomäne. Natürlich blöd, wenn grad keiner da ist. Dann muss man, wie ich, allein an der Waschmaschine rumschrauben. Nun ja. Nicht wirklich. Aber Fehlermeldung E20 (verstopfte Laugenpumpe) kriege ich nun mittlerweile behoben, inklusive Nacharbeiten. Laugenpumpe pumpt, Tatort beräumt, das Bad ist wieder ein Bad und keine Mechanikerwerkstatt. Voilá. Gerade mit neuen Sachen geht frau ja gern ein bisschen pfleglich um. Deshalb ist mir am Wochenende auch die Kinnlade runtergeklappt (Tierschützer und Weichherzen jetzt lieber weghören!). Bei einem befreundeten Paar herrschte Ungeziefer-Alarm. Die Beteiligten: Der Mann des Hauses, die Ehefrau, eine Maus und ein nigelnagelneuer Staubsauger. So ein modernes Teil, ohne Filtertüten und mit durchsichtigem Auffanggehäuse. Der wurde bis dato noch nach jedem Durchlauf mit Feuchttüchern gereinigt. SIE geht zur Arbeit, ER übernimmt die gefährliche Jagd. Uns schwante schon Fürchterliches. SIE: „Hast du die Maus gefangen?“ ER: „Hm...“ SIE: „Und was hast du mit ihr gemacht?“ ER: „Sie ist im Staubsauger.“ Alle Anwesenden zogen hörbar die Luft ein, um dann laut loszuquieken. Ein genaues Bild vor Augen, wie der graue Feldnager nach diesem 2000-Watt-Angriff im Plastikgehäuse aussah. Wir machten ein Gesicht, als würde gleich jemand das grauenhafte Ergebnis unter dem Tischtuch hervorzaubern. Genau mit diesem Ausdruck in den Augen hatte SIE sich dem Staubsauger genähert. Entwarnung: Speedy Gonzales linste lustig auf dem Hintern sitzend durch die Kunststoffhülle. Puh.. ER machte sich daraufhin dünne. SIE brachte heldenhaft die Maus nach draußen und schrubbte den Behälter Mäuseköttelfrei. Nach ihren Aussagen hängt seitdem nach jedem Staubsaugen ein Geruch von Zootierkäfigen in der Luft. Und ich? Habe doch tatsächlich diese Woche von einem Mann eine Werkzeugtasche geschenkt bekommen. Damit ich bei zukünftigen Reparaturen mit besserem Equipment dastehe.

Warum wir sie so lieben

31. Mai
Stimmung: Ich habe den Mai überstanden, schlimmer wird's nimmer.
News: Null Zigaretten, Null Alkohol (weil DER Appetit auf Fluppen machen würde)

Ich glaube, ich bin euch ein bisschen Wiedergutmachung schuldig. Zumindest denen, mit dem höheren Testosteronanteil im Blut. Irgendwie ist wohl in letzter Zeit der Eindruck entstanden, dass wir Frauen – und insbesondere ich – ganz gut ohne das andere Geschlecht auskommen. Männerverachterin war noch das Harmloseste, was man mir um die Ohren haute. Unglaublich. Ich bin entsetzt. Natürlich kann ich das nicht im Raum stehen lassen. Ich liebe Männer. Sie sind großartig. Sie bringen uns zum Lachen und schlimmstenfalls um den Verstand. Aber in jedem Fall sind sie der beste Grund für schlaflose Nächte. Ohne Männer, würden Frauen mit fünf Minuten Redezeit am Telefon auskommen. Ohne Männer, wäre die letzte Reihe im Kino nur eine Stuhlreihe. Ohne Männer, müssten wir immer mit Sommerreifen fahren und hätten keinen Grund zur Beinenthaarung.

Oh je, gut genug für grobe Arbeiten und ein hoher Unterhaltungswert? So sollte es nicht klingen. Indianerehrenwort. Ich habe unter meinen Geschlechtsgenossinnen eine kleine Umfrage gestartet, warum wir Männer lieben, und bekam dies als Antwort:

- Weil wir Sex mit Frauen nun mal nicht mögen.
- Weil sie UNS lieben, obwohl wir oft nervtötend sind.
- Weil sie Videorecorder programmieren können.
- Weil sie ein Grund sind, die Wohnung aufzuräumen.
- Weil sie einen Grill anzünden können.
- Weil wir ihretwegen eine Diät durchhalten.
- Weil sie 60-Liter-Säcke Hasenstreu schleppen können.
- Weil Jonny Depp einer ist.
- Weil sie so schöne Erklärbären sind.

Stimmt. Fragt einen Mann, wie sein neues Telefon funktioniert. Oder wo die Galapagos-Inseln liegen, und ihr werdet eine exakt technisch/topographische Information erhalten. Zur Not schlägt er noch mal schnell im Atlas nach und macht dabei dieses überlegen-erhabene Gesicht. Warte Kindchen, Papa erklärt dir die Welt. Hurra..

Für uns Frauen muss ein Telefon schön aussehen und Westen ist einfach nur links, egal wo wir uns im Bezug zum Nordpol gerade befinden. Geographielehrerinnen und erdkundlich-Interessierte mögen mir diese Unterstellung verzeihen. Gönnen wir unserem weisen Männerfreund doch ruhig seinen kleinen Auftritt. Er erklärt nun mal für sein Leben gern. Manchmal ein bisschen umständlich und langatmig, aber mit ganzem Körpereinsatz. Besser als jedes Buch. Begriffe wie: Bluetooth, Mobilitätsgarantie und Abseitsfalle sind nur für Männer erfunden worden. Damit sie uns bei einem Glas Rotwein erläutert werden, und wir so tun, als hätten wir von Nichts eine Ahnung. Egal. Allein das Gefühl, dass ER uns zur Not bei „Wer wird Millionär" raushauen könnte, ist ein beruhigendes. Und allen Alice-Schwarzer-Fans zum Trotz: Ich lasse mir liebend gern die Tür aufhalten, in den Mantel helfen und mich beschützen. Niemand ist darin so gut wie ein Mann. Manche meinen ja, ein Schäferhund täte es zur Not auch. Aber die müffeln und dürfen nicht mit ins Kino. Keine Frau hätte je den „Weißen Hai" oder „Friedhof der Kuscheltiere" gesehen, ohne Schulter zum Verstecken. In solchen Momenten sind Männer einfach heldenhaft. Mit Sicherheit gibt es jetzt ein paar Frauen mit verschränkten Armen, die lauthals rufen: Dafür brauche ich keinen Mann! Ich gucke nie Horrorfilme und kann alleine Frostschutzmittel auffüllen. Klar. Von KÖNNEN war ja auch nicht zwingend die Rede. Und: Was ist mit Lieben? Küssen? Kindern? Warum wir Männer lieben? Darum. Und dafür natürlich auch:

Sie bringen uns nach Hause, und warten bis wir im Hausflur sind. Sie warnen uns per Telefon vor glatten Straßen und Radarfallen. Sie kaufen Sicherheitsschlösser und Wegfahrsperren. Sie brennen uns CDs und heben uns bei Konzerten hoch, damit wir besser sehen können. Sie retten uns vor Spinnen und räumen tote Mäuse aus der

Falle. Sie halten unsere Hand. Und wofür lieben sie uns? Wir malen Wände zimtfarben an, kaufen hübsche Kissen und Tulpensträuße, und lassen sie bei uns wohnen. Und viele wundersame Dinge mehr.

Sommer

...oder die Frage:

Wie überlebt man Sternschnuppennächte auf dem einsamen Balkon und sollte man einer Frau das Steuer überlassen, wenn es um so wichtige Dinge wie Fußball geht?

Pfingsten und der heilige Geist

03. Juni
Stimmung: In Eroberungslaune. Ich hab mir „Heute-kann-mir-alles-passieren-Schuhe" gekauft (spitz, schick, gefährliches Leoparden-Muster, rrrrrr..)
Gefahr: Fressbudenalarm! Boulette, Bratwurst, Schokospieß. Die Waage ist zugeklebt
News: Da waren es schon fünf. Evy, Andrea, Conny, ich – und nun auch Kirstin. (Willkommen im Club)

War das mal wieder ein verdammter Mist. Das Stadtfest zu Pfingsten sollte eigentlich Abwechslung im Single-Einheitsbrei bedeuten. Aber Nix da. Hab mich tagelang auf ein bisschen Spektakel in der Landeshauptstadt gefreut, und dann so etwas: Das Wetter läuft 100 Prozent entgegen meinem Aktionspotenzial. Freitag und Sonnabend war ich in Partylaune – Petrus nicht. Sonntag und Montag lag ich halbtot auf meinem Sofa – die Sonne strahlte sich den Wolf. Geht es noch ein bisschen gemeiner?

Schon zu Wochenendbeginn die erste Schlappe. Die Wettervorhersage prophezeite: „Sonne und Wolken wechseln von der Altmark bis zur Saale ab." Da wollte uns wohl jemand optimistisch stimmen? Die Sonne wechselte – und zwar sehr energisch – auf ein Einsatzgebiet jenseits dieses Breitengrades. Was soll's. Noch waren wir motiviert, trotzten der Novemberkälte mit Erdbeerbowle und froren uns auf dem Domplatz von Magdeburg die Popos ab. Wo Christin, die Sängerin der Gruppe „Juckreiz", den ihrigen freilegte und damit ganze Heerscharen angedönster Männer zu Begeisterungsschreien hinriss. Jahr sechzehn nach der Wende und der Homo Sapiens (masculinus) tickt noch immer beim Anblick erogener Zonen völlig aus. Als hätten sie noch nie im Orion-Katalog geblättert. Schade, dass ich diesen Zeilen keine Hörkassette beilegen kann. Meine Stimmimitationen sind legendär. Stellt euch einfach grölende Fußballfans mit 2,8 Promille im Turm vor. Augen glasig, Mund trichterblöde offen, Arme zum Himmel und los: „Du trägst die Haare schön, du trägst die Haare schön, DU BIST SOOOOO GEEEIL....!!" Und dann alle im Chor: „Ausziehn, Ausziehn, Ausziehn!" Christin überhörte ihre

Fans souverän, und hämmerte mit festgefrorenem Grinsen auf ihr Schlagzeug ein. Ich sehnte mich nach Glühwein im Mai.

Nächster Schauplatz einen Tag später, mit einer von Galgenhumor geprägten Wettervorhersage: „Am Vormittag wechseln sich Sonne und Wolken ab, besonders im Süden Sachsen-Anhalts gibt es einzelne (!) Regenschauer." Mir kam es eher wie im afrikanischen Busch zur Regenzeit vor. Klar gibt es Allwetter-Bekleidung. Aber wir hatten uns auf Open-Air-Party, Um-die-Wette-flirten und tolle Begegnungen an Bierbuden und Bühnen gefreut. Wisst ihr, wie ich mit Regenjacke und zugeschnürter Kapuze aussehe? Eine 80-jährige Ödlandbäuerin mit Kopftuch ist eine Miss World dagegen.

Wir zogen dennoch in die City und hatten nach 30 Minuten klatschnasse Hosen und keine Farbe mehr im Gesicht. Gute Voraussetzungen für Null-Kontakte und eine satte Blasenentzündung. Alle 2 Minuten piekte mir jemand eine Schirmspitze in die Augen, und selbst die Aussicht auf einen hemmungslosen Fressbudenrausch konnte mich nicht milde stimmen. Hier musste etwas passieren, und zwar hoppla. Die Abstimmung ergab einen kleinen Interessenkonflikt. Während die einen Richtung 80er-Jahre-Party abzogen und es bitter bereuten (Durchschnittsalter 18 Jahre), stürmten wir in ein Bierzelt. Holla, die Waldfee, waren die dort in Stimmung. Wir standen einen Moment lang wie die Ölgötzen herum, und peilten als einzig Nüchterne im Saal die Lage. Von jetzt an gab es nur 2 Möglichkeiten: Ratz-Fatz den Alkoholpegel angleichen oder SOFORT verschwinden. Ich plädierte für „Bleiben" und bestellte gleich mal drei Halbe plus Brandbeschleuniger. Was kann so ein kleiner Feigenschnaps schon ausrichten? Fatale Fehleinschätzung. Ab Numero fünf programmierte sich mein Schädel völlig selbsttätig auf Dauerschmerz ab dem nächsten Morgen. Das würde ich noch bereuen, aber vorerst verfiel ich in Schunkellaune. Zwei halbe Liter später gesellte sich eine Männertruppe zu uns und wertete den Abend auf.

Was doch so ein bisschen Hochprozentiges, ein paar Holzbänke und die Anwesenheit von Testosteron ausmachen. Keine Rede mehr von einem Pfingst-Reinfall; uns war der heilige Geist erschienen, und wir huldigten ihm bis vier Uhr früh. Gerüchten zufolge, sollen einige erst bei Tageslicht zu ihren Wohnungstüren gefunden haben. Ich kann mich an solcherlei Spekulationen nicht beteiligen. Ab etwa drei Uhr verlässt mich mein Erinnerungsvermögen, und der Rest der Pfingsttage fand im abgedunkelten Zimmer und unter Aspirinmissbrauch statt. Durch die zugezogenen Vorhänge konnte ich das grelle Sonnenlicht sehen, und zuweilen frage ich mich, ob Petrus in direkter Linie mit Rumpelstilzchen verwandt ist, und aus purer Boshaftigkeit ein paar Gemeinheiten ausheckt.

Im Kaufrausch

06. Juni
Stimmung: gut, bis der Anruf vom Kundenberater meiner Bank kam
News & Weisheit des Tages: Frauen versuchen einen Sinn zu sehen, wo es keinen gibt. Das nennt man „positiv denken".

Ich litt gestern an einer Art Sauerstoffmangel im Gehirn. Einem Vakuum. Dem großen Nichts, wo eigentlich der Verstand sitzen müsste. Frau Bauernschlau bemerkte das Ganze jedoch erst zu Hause, als es bereits zu spät war. Mit dem Auspacken der Tüten begann der Katzenjammer: „Oooohhhh...", jaulte ich bei jedem einzelnen Teil, das ich aus seiner Verpackung befreite und aufs Bett warf. „Ooo-ohhhh...!!" Nein, welcher Teufel war nur wieder in mich gefahren. Hatte ich nicht genügend frische Luft? Zu wenig Schlaf? Irgendwas im Frühstücksei? Oder versprühen sie über die Klimaanlage Suchtbeschleuniger? *Ein heimlicher Verdacht von mir, den ich eines Tages beweisen werde!* Bis dahin muss ich davon ausgehen, dass ich an einer großen Portion Realitätsverlust leide. Denn eins steht fest: Ich kann mir solch einen Supergau nicht leisten. Das hatte mir meine Bank schon im letzten Brief klipp und klar mitgeteilt. Mist, verdammter. Ich ließ mich auf die Bettkante sinken und betrachtete, ohne Besitzerstolz, meinen Fang. Wie konnte das nur passieren?

Meistens beginnen solche Beutezüge völlig harmlos. Ich streife durch ein Kaufhaus, befühle ein paar Blusen, streichele über wollweiche Jacken, schnuppere an Parfümflaschen, lege mir einen Schal um die Schulter und sauge den Duft neuer Lederschuhe in mir auf. Ich bin halt ein sinnliches Menschlein. Dann entdecke ich eine Tasche. DIE Tasche. So eine wollte ich schon immer. Oder doch eine andere? Ich wühle mich eine Stunde durch den Taschenberg, und wähle die erste. Jetzt noch passende Schuhe dazu. Wie schön. Was für eine Auswahl. Die sehen ja ALLE gut aus. Da passiert es. Der gemeine Kaufrauschteufel legt einen riesigen Hebel um. Rumms. Alle Antennen auf: Kann ich gebrauchen. Kriege ich so günstig nie wieder. Und dann noch in meiner Größe. Die Farbe habe ich schon ewig gesucht. Ist ein Schnäppchen. Haben wollen, haben wollen, haben wollen. Ob ich in solchen Momenten so einen irren Blick kriege? Wie Kathy Bates, kurz bevor sie in „Misery" den Fuß des Autors abhackt? Oder verwandele ich mich von Dr. Jekyll in Misses Hyde? Fakt ist, irgendetwas geschieht mit mir. Fremdgesteuertes Wahnverhalten. Hilfe. Verrammelt die Ladentüren! Lasst mich nur noch in Begleitung einer Shopping-Nanny in die Stadt! Zu spät. Leider bin ich in diesen kritischen Phasen oft allein unterwegs. Eine Chefeinkäuferin mit dem Gehirn einer Seegurke. Hier gestöbert. Da befummelt. Und hast du nicht gesehen, belade ich meinen linken Arm mit ganzen Kollektionen. Von wegen maximal fünf Teile in der Umkleidekabine. Pah. Wie oft soll ich denn hin und her sausen? Und eins ist so unumstößlich, wie die Tatsache, dass es an Weihnachten nicht schneit: An solchen Tagen steht mir einfach alles. Ich sehe in Fußballrasengrün genau so atemberaubend aus, wie in Knitterfaltengrau. Es gibt Accessoires zum Endlos-Kombinieren. Passende Schuhe. Hosen, die nicht kneifen. Jacken, die vorn zugehen und Pullis, die schlank machen. Herrgott noch mal. Wieso nur alles an einem einzigen Tag? Und warum setzt in diesem Fall niemals mein schlechtes Gewissen ein. Dafür meldet sich Muddis Stimme im Kopf: „Kind, das kannst du zu allem tragen." Prima. Na, das nenne ich doch mal ein Anti-Kauf-Argument. Ich trage alles. Zur Kasse. Haha.. Das wäre doch gelacht. Ich bin die Dispo-Queen. Und Trommelwirbel. Vor der Preisgabe des Gesamtbetrages bin ich noch zu gedanklichen Späßchen aufgelegt. Kurz danach einer schwindeligen Ohnmacht nahe. Der beim Heimfahren ein dumpfes Erwachen folgt. Woraufhin zu Hause alle Dämme brechen. Mit einem Ruck strömt wieder Sauerstoff in mein Gehirn. Der Hebel fliegt zurück in Nullstellung und ich betrachte das Desaster. Oh, mein Gott. Und da wären wir wieder am Anfang der Geschichte. In meinem Schlafzimmer, umgeben mit den Resultaten einer Shopping-Orgie allererster Güte und keiner Antwort auf die Fragen: Wie? Warum? Weshalb? Und vor allem: Wovon...?

Fußballweiber on tour

10. Juni
Stimmung: Fußball-WM in Deutschland, eine einzige Super-Sommer-Single-Party.
News: Männer, ihr hattet recht! Ausnahmslos recht. Frauen (insbesondere ich) werden manchmal von abenteuerlich-hirnrissigen Ideen heimgesucht. Null-Komma-Null ergebnisorientiert. Ich gelobe, beim nächsten Mal auf euch zu hören. Ganz bestimmt.

Wisst ihr, wie ich es garantiert schaffe, alle gegen mich aufzubringen? Ich komme zu spät. Leider bestrafe ich mich an manchen Tagen damit am meisten selbst. Wie am gestrigen Freitag, beim Eröffnungsspiel der Fußball-WM. Zartbesaitete Männerseelen, die angesichts der folgenden Ereignisse in Tränen ausbrechen könnten, werden gebeten, jetzt lieber nicht weiterzulesen.

Um es vorwegzunehmen: Nein, ich hatte keine Karte. Ich glaube, dann würden jetzt einige von euch die Gewehre schultern. Ähnlich schlimm war es dennoch, aber der Reihe nach:

Meine Mädels und ich, wir sind keine großen Fußballfans. Immerhin kennen wir David Beckham, und eine von uns (Fingerzeig auf mich) kann die Abseitsregel erklären. Aber wenn es um die Wurst geht, wird das Fan-Gen aktiviert. Dann sind wir Sofapatriotinnen, die Schnittchenteller in Landesfarben servieren und kaltes Bier trinken, bis uns davon schlecht wird. La-O-La-Welle inclusive. Noch lieber in trauter Gemeinschaft, in Kneipen und vor Riesenleinwänden. Genau aus diesem Grund wollten wir nach München fahren und irgendwo in der Innenstadt zusammen mit Tausenden anderen die Daumen drücken. Wir sind Deutschland. WM-Feeling der besonderen Art. Um sieben Uhr sollte die Reise losgehen. Um acht Uhr dreißig war Ines endlich abfahrbereit. (Achtung, Männer! Warnung. Letzte Möglichkeit noch schnell die Zeitung aus der Hand zu legen!) Wir hatten uns ein Cabrio ausgeliehen. Das Wetter war traumhaft und die Fahrt ein Erlebnis. So der Plan. Die Entdeckung der Langsamkeit. Der Weg ist das Ziel. Unser Weg hieß Landstraße. Knapp Sechshundert Kilometer im Zuckeltempo. Mein Nachbar zeigte mir angesichts dieser Schnapsidee einen Vogel, andere sahen aus, als benötigten sie ein Sauerstoffzelt. Mir war das egal. Einmal etwas ausgemalt, bin ich beratungsresistent. Dann ist mein Kopf wie eine leere Halle, durch die der Wind pfeift. Anfangs war auch alles wunderbar. Die ersten hundert Kilometer ein Traum. Schäfchenwolken, Klatschmohn am Feldrand und Schmuselieder zum Mitsingen aus dem CD-Player. Am Auto pappte die erste Deutschlandfahne weit und breit, und brachte uns scheele Blicke ein. Uns doch egal. Wir grölten ein paar Gassenhauer und hupten die Kühe an. Die LKW ignorierte ich tapfer. Manchmal brachten wir es tatsächlich auf rasante achtzig Stundenkilometer, meistens jedoch blieb die Tachonadel bei sechzig hängen. Meine Mitfahrerinnen zogen die Augenbrauen hoch. Nach fünf Stunden sprach kein Mensch mehr ein Wort. Wir hatten verbrannte Gesichter, Dieseldreck in den Nasen und waren noch nicht mal in Bamberg. Dreieinhalb Stunden bis zur Eröffnungsfeier und noch weit mehr als 300 Kilometer vor uns. Ich schlug ungefragt den langen Weg zur Autobahn ein und verteilte Mortadella-Stullen zum Launeheben. Irgendwie hatte ich mir das Ganze entspannter vorgestellt. Vor meinem geistigen Auge erschienen die Nörgler der vergangenen Tage mit ihren Wir-haben-es-genau-gewusst-Gesichtern. Mist. Ich musste es einfach schaffen.

16.00 Uhr. Noch 150 Kilometer. Die Autobahn wie leergefegt. Klar, saßen ja auch schon alle in den Startlöchern. Ich umklammerte das Lenkrad und raste an den erlaubten Stellen mit 200 Stundenkilometern Richtung bayrische Landeshauptstadt. Cabriodach natürlich offen. Reine Zeitverschwendung, für so eine Kleinigkeit jetzt noch mal anzuhalten. Unsere Haare standen senkrecht.

17.00 Uhr. Der Radiomoderator verkündet euphorisch den Start der Eröffnungsfeier. Wir sind 15 Kilometer vor München und verfahren uns zwei Mal. Beim ersten Tor der deutschen Mannschaft biegen wir in die Straße unserer Unterkunft ein. Die Lippen zum Strich und mit Frisuren wie die Leningrad-Cowboys. Meine Oberarme sind aus Blei. Die Innenstadt erreichen wir zehn Minuten vor Spielende und irgendwie bin ich auf der Hut vor Faustschlägen ins Gesicht. Zum Glück sind die Mädels nicht nachtragend. Wir stellen den Schunkelschalter auf „ON“, betrinken uns ein bisschen und feiern ekstatisch mit Bayern, Australien und Mexiko. Ob wir nach Berlin zum Finale fahren? „Nein..!“, kommt es wie aus einem Mund und ich ernte böse Blicke. Hm. Noch mal und noch mal: Sorry, ihr Lieben.

Liebesrausch im Sonderangebot

14. Juni
Stimmung: trotz mickriger Erfolge beim nachfolgenden Test, gut. Was daran liegen mag, dass Schwesterherz heute Geburtstag hat und mich ein überdimensionales Stück Maulwurfskuchen erwartet.
News und Satz des Tages: „Es tut mir Leid, dass Sie so offensichtliche Schwierigkeiten haben." (Bandansage meines Telefonanbieters, während ich vergeblich versuche, alle Angaben zu befolgen. Nächstens wird es wohl heißen: „Drücken Sie die Sieben, falls Sie ein kompletter Versager in allen Lebensbereichen sind!")

Kann man die Liebe seines Lebens zwischen Schnittbohnen und Landleberwurst finden? Statistisch gesehen klappt das wohl bei Nullkommanochzig Prozent der späteren Pärchen tatsächlich. Sie stoßen versehentlich mit ihren Einkaufswagen aneinander. Finden, dass SEIN Becks-Bier und IHRE Oetker-Pizza kompatibel sind, und Rumms!, ist es Liebe. Jedenfalls im Märchen. Doch gilt das auch für ein absichtliches Projekt? Sollte man dem Zufall überhaupt auf die Sprünge helfen? Ich hege da ein gewisses Misstrauen, hab aber dennoch die Probe aufs Exempel gemacht, und mich dem Abenteuer „Flirt-Einkauf" gestellt. Ausgerechnet ich. Wo ich doch ein klassischer Schisshase bin, und so gar nicht cool. Aber ich will der Reihe nach erzählen.

Ein Magdeburger Einkaufsmarkt hat uns Alleinlebende als Super-Zielgruppe entdeckt. Kein Wunder. Wir sind die neuen Massenverbraucher. Dank fehlender Alternativen lenken wir uns mit den Freuden des Essens ab, bei uns vergammeln Familienpackungen in Rekordzeit, und wir sind viele.

„Jeden Donnerstag ab 17 Uhr Single-Einkauf", lockte mich ein Schild, und ich steckte klopfenden Herzens den Chip in den Einkaufswagen. Aus dem Kassettenrekorder schnarrte mir der Titelsong aus „Dirty-Dancing" entgegen, während ich mich dem Stand näherte, an dem baumelnd eine Traube Herzchen-Luftballons hing. Einen davon knipperte man mir samt zwei Meter Schnur an den Wagen, dann wurde mir hastig ein Glas Sekt in die Hand gedrückt. Mach schnell Mädel! Sauf dir lieber einen an, bevor dich der Mut verlässt. Hier und heute könnte der Mann deiner Träume am Schnapsregal stehen. Die Standbetreuerinnen lächelten mir tapfer zu. Ich kam mir vor wie vergammelnde Ware im Sonderschlussverkauf. „I've had the time of my li-hi-hife..", dudelte es. Wenn DAS die Zeit meines Lebens ist, bekomme ich Angst vor dem Rest.

WAS IN GOTTES NAMEN TUE ICH HIER? Eine Frau in den besten Jahren. Nicht hässlich, nicht dumm, nicht problembehaftet, Eigenversorger. Für mich müsste doch auch in freier Wildbahn was zu machen sein? Gott. Nur nicht anfangen zu grübeln. Kein Rückzieher. Im Affenzahn das Glas Sekt hinuntergestürzt, apathisch die Liste ergriffen, die man mir reichte, und in dem Moment, als Patrick Swayze zur Hebefigur ansetzt durchbreche ich das Drehkreuz. Wo ist das Loch, in das ich meinen Wagen schieben kann?

Hinter dem nächsten Regal fand ich Deckung und die nötige Ruhe, um einen Blick auf den Zettel zu werfen. Eine Single-Einkaufsliste mit neun Stationen. Anlaufpunkt 1 hatte ich bereits passiert, Nr. 2 konnte ich von meinem Beobachtungsposten aus einsehen: den Geschenkeshop. „Hier erhalten Singles ein Kerzenlicht gratis", versprach meine Liste. Offensichtlich ließen alle diese großartige Gelegenheit ungenutzt verstreichen. Gähnende Leere. Pestgebiet. Überall Einkaufswagen nur nicht hier. Ich traute mich nicht in den Gang. Der war plötzlich zum Laufsteg geworden und mein Luftballon zeigte aus 2 Metern Höhe wie ein riesiger Leuchtpfeil auf mich: DIESE FRAU SUCHT EINEN KERL. Blink-blink-blink.

Vorsichtig dröselte ich die Schnur von meinem Wagen, blickte mich nach einem geeigneten Versteck für „Master Luftballon" um, und traute meinen Augen nicht: Dutzende rote Herzchen wiegten sich einsam im Wind der Klimaanlage. Festgezurrt an Bierkästen und Colaflaschen. Auch ich ließ mein Herz schnöde im Stich. So, so. Ihr seid also da, wollt euch aber nicht zu erkennen geben. Woll'n doch mal sehen, ob ich einen von euch erwische.

Ich schielte auf den Zettel. Station 3: Verkostung von Wassermelone. Uihh, da hatte sich aber jemand ein paar echte Knaller einfallen lassen. Entsprechend groß war der Andrang. Null. Ich schob weiter. Übersprang die Käsetheke („kleine Überraschung"), machte aus diätetischen Gründen einen Bogen um den Backshop („Pfannkuchen") und fand mich in der Fleischabteilung wieder. Dem Ort für echte Kerle. Seit sie nicht mehr jagen müssen, erbeuten sie mit Vorliebe Holzfällersteaks und Großpackungen Grillwurst. Aber wo ich auch hinsah, nur Paare, Muttis und... Hoppla, da waren doch welche, oder? Ein paar auffällig Geföhnte schoben scheinbar gelassen ihren Wagen an Station 6 vorbei. Aus den Augenwinkeln hektisch ihre Umgebung checkend. Man verweigerte mir die „Salami in Herzform", da ich mein Single-Dasein wegen des fehlenden Erkennungsballons nicht legitimieren konnte. „Aber ich bin doch wirklich einer", maulte ich und ließ meinen Magen knurren. Die Fachverkäuferin für Fleisch- und Wurstwaren blieb hart, und ein paar Rentner musterten mich offenen Mundes, bevor sie in ihre Gratisbockwurst bissen.

Ich flüchtete zur nächsten Station. Seelachsbrötchen. Gute Idee. Fisch- und Zwiebeldunst machen sich hervorragend beim Kennenlernen. Der Planer dieser Route musste schon lange verheiratet sein oder ein 68er Alt-Revoluzzer. Die haben zwar gute Manieren beigebracht bekommen, verzichten aber absichtlich darauf. Revolte im Kleinen. Freiheit für die Zwiebelringe. Mein Bauch gehört mir. Missmutig trollte ich mich zur Kasse. Vor mir ein Mann mit einem Tiefkühl-Kirschkuchen im Wagen, dem ich schon ein paar Mal über den Weg gelaufen war. Wir grinsten uns an und übersahen geflissentlich, die „Single-Gratis-Trucks mit Hasseröder Aufdruck", die sich an der Kasse stapelten. Er warf beim Weggehen einen sehnsuchtsvollen Blick zurück. Auf die Autos, nicht auf mich.

Guten Tag, Mr. Clooney

20. Juni – Mamas Geburtstag
Stimmung vor dem Sturz : euphorisch, da Endorphintrubel wegen sportlicher Betätigung)
Nach dem Sturz: weinerlich, brauche Männerschulter zum Ausweinen (Sofort!)
News: nach 6 waagenlosen Tagen =minus 2 kg!!! Was ist passiert? Werde am Ende noch magersüchtig und bekomme neuen Spitznamen: Ines-the Weberknecht-Möhring

(Merke) Geh nie unvorbereitet aus dem Haus (hat Oma schon gewusst)! Soll heißen: saubere und musterpassige Unterwäsche, lackierte Zehennägel, rasierte Achselhöhlen (Tetanus kommt in den Oberarm!) und ein Tic-Tac für alle Fälle. Aber lest selbst...

Ich bin eine Mimose. Es genügt ein Seitenblick auf meine Oberschenkel und ich weide mich in Selbstzerfleischung und verordne mir trocken Brot und Triathleten-Training. Bei mir gibt es nur ganz oder gar nicht, volle Tabletts oder vollen Körpereinsatz. Den letzten habe ich mit drei Stunden Notaufnahme bezahlt und das kam so: Ich rollte in Gedanken versunken auf der Warenhaus-Treppe in die erste Etage, als mich ein Blick in die verspiegelten Seitenwände erschrecken lässt. Huch..! Die Augen Untertassen-groß, Mund blöde offen. So gleite ich nach oben und werde über den Rand geschoben. Kruzi-Sakrament: So dick bin ich zu Hause nicht. Oder doch? Offensichtlich haben die letzten faulen Sommerwochen Spuren hinterlassen. Alle meine inneren Alarmgeber rissen die Stopp-Schilder hoch und ich gehorchte. Weg mit Bauchspeck und Zwillingskinn und her mit den Sportklamotten. Das Verhängnis nahm seinen Lauf. Fünf Tage später hatten sich neunzig Prozent Motivation in Luft aufgelöst, aber noch keins meiner Kilos. Die üblichen Trostsätze: Du bist eben keine Zwanzig. Du trinkst zu wenig. Du isst zu viel. Du isst zu wenig. Begreife das, wer will. Durchhalten, dann kommt's mit einem Ruck! Ich wartete. Auf den Ruck und das Verebben meines Süßzahns. Just in diesem Moment entdeckte ich den neuen Riegel: >White chocolat-limited edition< und begann, mit meinem Schicksal zu hadern.

Weiße Schokolade in begrenzter Stückzahl. Genau so gut hätten sie auf die Packung: Greifen Sie jetzt zu oder Sie werden es ewig bereuen, drucken können. Murrend verzichtete ich, schwang mich auf mein Rad und fuhr meinem Schicksal entgegen.

Zwei Stunden später lag ich unterm Röntgenapparat. Zuvor hatte ich geschmeidig eine Treppe hinabrollen wollen. So, wie vor und nach mir andere Radler auch. Nur, dass keiner von ihnen einen doppelten Salto hinlegte und zermatscht auf dem Asphalt lag. Notaufnahme. Mit mir ein Dutzend Leidensgenossen, die Füße scharrend den Warteraum bevölkerten. Neben mir ein weiterer Fahrradunfall. Anfang Dreißig und wirklich süß. Leider weder meine Alters- noch Gewichtsklasse. Mir gegenüber eine Schnittwunde, zwei Knochenbrüche und ein riesiger, randvoll bestückter Süßwarenautomat. Meine Augen hefteten sich an ein Mars und brannten sich durch das Papier. Die Schnittwunde humpelte an das Gerät und zog einen Riegel aus dem Kasten. Rumpelnd landete er im Auswurffach und meine Speichelproduktion fuhr eine Sonderschicht. Zur Ablenkung quetschte ich den Fahrradunfall aus. Muddi, meine Händchenhalterin, buffte mich an und flüsterte: „So kann man auch einen Mann kennen lernen!“ Bedeutungsschwerer Blick auf den Schicksalsgefährten. Ich war gehemmt. Jemanden unter Zeugen anbaggern und dann noch in meinem desolaten Zustand: Blutig, staubig, verknittert und schock-blass. Mein Name wurde aufgerufen. Ich schlurfte Richtung Arztzimmer und verlor den letzten Rest Farbe aus meinem Gesicht. George Clooney im weißen Kittel lächelte mir entgegen. Hatte ich Verletzungen an unwürdigen Stellen? Gedanklich überflog ich die Schmerzorte, die ich nun auf keinen Fall angeben konnte. Mist. Heute war aber auch wirklich nicht mein Tag. Hätte ich wenigstens den Lippenstift erneuert und ein Tic-Tac eingeworfen. Zu spät. Stattdessen ließ ich meine Wunden beäugen, grinste wie ein Vollidiot und zog den Bauch ein. Dr. Clooney warf einen seiner Glutaugen-Blicke auf das Röntgenbild, verneinte schwere Verletzungen, rammelte mir eine Spritze in den schwabbeligen Oberarm und verabschiedete mich mit sanftem Händedruck. Ich hörte seine Stimme wie durch Watte und wünschte mich zum Mond. Einer meiner Albträume wurde gerade wahr: Ich musste aufstehen und die massige Kehrseite schwenkend aus diesem Raum gehen. Grggh.. Kam Rück- oder Seitwärtsgehen infrage? Kurzer Check up. Natürlich nicht, zu langer Weg. So stand ich auf, drehte bei und schenkte Georgie-Boy einen Blick auf den dicksten Hintern von Magdeburg, Stadtfeld-Ost. Draußen angelte ich mir ein Trost-Mars aus dem Automaten und schwor eisenharte Disziplinarmaßnahmen.

Die ewige Schuldfrage

23. Juni
Stimmung: mein Rapunzelturm im 5.Stock ist eine Grübelfalle
News: Frauen sind definitiv ungeeignete Partner für Männer, viel zu weich, viel zu nachsichtig, viel zu schuldbewusst. Muss dringend einen Emanzenkurs im Frauenzentrum buchen

Endlich hat der Sommer uns gefangen. Wer Lust hat, sitzt am Fluss und ignoriert die Mücken. Wer schlaflos ist wie ich, guckt in den Himmel und zählt die Sterne. Ich kann bei diesen Temperaturen nichts anderes tun, als herumzugeistern. In der Feuchtsauna, die früher mal meine stinknormale Wohnung war, sind gefühlte achtzig Grad. Also lege ich mich auf den Balkon, bewaffnet mit eisgekühltem Rosé, und starre Löcher in die Luft.

23.30 Uhr. Irgendwo ist ein Fußballspiel zu Ende. Die siebenundzwanzig Trinidad-Tobago-oder-sonstwas-Anhänger böllern Raketen ab und hätten mich jetzt sowieso geweckt. Ich ploppe den Prosecco auf und denke über Klimaanlagen und eine mittelgroße Anzahl Vanilleeiskugeln nach. Von Müdigkeit keine Spur. Könnte jetzt noch locker die Chef-Animateurin für eine Silberhochzeitsfeier geben. Selbst Schuld, gratuliere ich mir und stelle gedanklich auf Beifallrauschen. Applaus aus allen Hirnwindungen für den zweistündigen Nachmittagsschlaf von heute, der mich jetzt wach hält. Dabei war er nur als Ersatz für die gestrige schlaflose Nacht gedacht. Offensichtlich ein Teufelskreis. Bravo, Ines. Weiter so! Dann kannst du den Balkon schon mal fest buchen.

00.45 Uhr. 29 Grad Küchentemperatur. Vom Schlafzimmer-Hochofen ganz zu schweigen. Ich denke über Schuld nach. Das Wort ist einmal in meinem Kopf und ein unerschöpfliches Thema. Fühlen wir Frauen uns nicht permanent an irgendetwas schuldig? Also, ich für meinen Teil entschuldige mich etwa hundert Mal am Tag. Sogar, wenn MIR jemand auf die Füße tritt und dabei stolpert. „Oh...sorry", entfährt es dann meinem Mund. Da hab ich wohl mal wieder blöd im Weg gestanden. Und so ließe sich das fortsetzen: Wenn ein Mann mich nicht versteht, habe ICH es falsch rübergebracht. Wenn etwas total daneben geht, habe ICH es falsch verstanden. Oder zu viel hineininterpretiert. Wie auch immer: Selbst Schuld. Ich schüttele den Gedanken ab. Der Wunsch nach einem Rieseneisbecher nimmt Wahnvorstellungen an. Nix da. Ich will nicht wieder den lieben langen Sommer mit Rummelringer-Armen herumlaufen. Draußen singen jetzt nur noch vereinzelte Restfanatiker ihr Fußballlieder-Repertoire ab. Ich bin wach, als hätte ich reines Koffein im Blut. Wovon wird man müde? Heiße Milch mit Honig. Hilfe...allein der Gedanke an warme Getränke katapultiert meine Körpertemperatur in Fiebernähe. Ich hole Eiswürfel für den Wein und für die Zinkwanne mit den Seerosen, in der ich alle fünf Minuten stehe, um abzukühlen. Herr im Himmel. In fünf Stunden klingelt mein Wecker. Mach, dass ich müde werde.

02.00 Uhr. ER macht nichts. Durch ein Nachtsichtgerät betrachtet hätte ich jetzt wahrscheinlich Augen so groß wie Kopfsteinpflaster. Ich versuche es mit Sternezählen. Null-Erfolg. Die einzige Frage, um die meine Gedanken kreisen, ist die ewige Schuldfrage. Eine Freundin hat sich gerade von ihrem Mann getrennt. „Er kann nichts dafür", sagt sie. „Ich habe ihn mit unserer kleinen Familie plus Baby total überfordert." Ist das so? Sind wir es immer, die es vorausschauend besser wissen müssen? Ist die Frau als solche, mit ihren Wünschen, Träumen und Zielen, die Ursache allen Übels? Würde sie sich etwas mehr zurücknehmen, gäbe es dann all diese Enttäuschungen gar nicht? Aber würde dann nicht auch der ganze Zauber fehlen? Das Luftschlösser bauen? Ich gebe auf und hole ein Magnum-Mandel aus dem Eisfach. Bravo, Ines. Eine kleine, mausgroße Kapelle zieht marschierend durch meine Küche. „Na und", rufe ich den imaginären Schadenfreudigen zu: „Entweder man lebt, oder man ist konsequent." Hat Erich Kästner schon gesagt.

04.00 Uhr Ich hypnotisiere den Wecker und denke an eine Textstelle in meinem Lieblingsbuch: „Vier Uhr morgens war die dunkelste Zeit, dann sind wir an unserem absoluten Tiefpunkt. Um vier Uhr morgens sterben Kranke. Um vier Uhr morgens bricht der Widerstand der Gefolterten.“ Na, prima. Ich wanke ins Bett. Noch knapp zwei Stunden Schlaf.

Morgen werden wieder alle sagen: „Konntest du nicht EINMAL pünktlich ins Bett gehen? Selbst Schuld.“ Von wegen.

…und freitags grüßt das Murmeltier

30. Juni
Stimmung: Irgendwie ist die Luft raus. Hatten wir uns von diesem Sommer zu viel versprochen oder wohnen wir nur im falschen Bundesland? Aber dann würde es in Rheinland-Pfalz ja keine Singles geben. (muss dringend die Statistiken prüfen)
News: Ich hab kapiert, wir Frauen verstehen wohl eher den Gesang der Pottwale, als auch nur einen Mann.

Freitagabend und was mache ich…? Während draußen das Leben tobt, liege ich auf dem Sofa und zappe zwischen Riverboot und NDR-Talkshow hin und her. Seit Wochen geht das so.

S-T-I-N-K-L-A-N-G-W-E-I-L-I-G und nur von einer Sache übertroffen: wenn der Samstag genauso verläuft. Kind, vor die Tür stellen sie dir Keinen..!, hab ich Muddi im Ohr. Hast ja recht, aber habe ich überhaupt Lust vor selbige zu gehen? Tobt es da, das Leben?

Ich weiß nicht. Für Singles meiner Altergruppe gibt es kaum eine Handvoll Anlaufplätze und die sind a) überbelegt, b) tausendmal abgegrast und c) auch nicht viel interessanter als ein Choco-Crossy-Talkshow-Abend mit mir allein. Gut, von Vorteil ist, dass ich angetüdelt und sorgenfrei in die Kissen falle und das Gefühl habe, es wenigstens versucht zu haben. Außerdem hält sich durch außerhäusigen Aufenthalt mein Süßwarenkonsum in Grenzen. Aber rechtfertigt das den Kater am nächsten Morgen und mein leeres Portemonnaie?

Es läuft doch eh immer nach dem gleichen Schema ab. Wir ziehen los – wir treffen ein – wir werden keines Blickes gewürdigt – wir ziehen weiter – wir treffen ein – wir werden keines Blickes gewürdigt – wir ziehen weiter… ICH BIN ES SOO LEID! Am Ende qualmen die Füße vom vielen Stehen/Gehen/Stehen und Müüüüdigkeit macht sich breit. So breit, dass man beim nächsten Mal erst gar keine Lust mehr verspürt, überhaupt los zu ziehen. Woran mag das nur liegen? Wir sind nicht unansehnlich, noch relativ jung (Gut! Kommt drauf an, wen man fragt!), nicht übertrieben aufgedonnert, intelligent, lustig und auf KEINEN Fall unnahbar. Wir lächeln nämlich in die Runde, als gäbe es dafür Dollars. Aber wir lächeln in den leeren Raum. Echt. Alle anwesenden Männer sind ausschließlich mit sich selbst beschäftigt. Sie erscheinen, schlängeln sich in einer langen Reihe einmal durch das Gedränge, stellen sich im Kreis auf und reden MITEINANDER. Ja, halloo…?!? Ich weiß nicht, wann mich zum letzten Mal einer auf einen Drink eingeladen hat. Dabei fallen Ihnen tagsüber im Vorbeifahren fast die Augen raus und sie pfeifen hinterher (Zugegeben, nur ein paar. Aber immerhin.). Ist nachts der Geschmack ein anderer? Die Auswahl eben größer? Der Mut kleiner? Mann, Mann, Mann, welch rätselhaftes Wesen du doch bist und wieder einmal müssen wir alles selber machen. Aufgepasst! Mission Ich-erobere-mir-einen-männlichen-Gesprächspartner beginnt wie folgt. Meine Schamgrenze fällt proportional zur fortschreitenden Alkoholisierung (Tipp: mit Caipirinha geht's schneller!). Auf zur Bar, zwischen die Herren gedrängelt und irgendetwas, egal was, zum Nebenmann gesagt. Beispiel? ICH: „Fünf Bacardi-Cola? Das schafft aber..!" (übersinnlich!) ER: Hebt die Drinks über alle Köpfe hinweg und entschwindet. Penner. Großer Schluck aus meinem Glas, zum Nachbarn rechterhand umgedreht und neuer Versuch. ICH: „Wow, tolle Uhr/tolles Feuerzeug/tolle Brille." (Merke: Männer wollen IMMER bewundert werden!) „Kann ich mir die mal angucken?" Bingo.

Wir tauschen die Sehhilfen aus. Von da an entspannt sich ein unendliches Gespräch über Gleitsichtbrillen, Kunststofffassungen und Optiker im Allgemeinen, in dessen Verlauf ich etliche Weinschorlen spendiert kriege, allen Kumpels vorgestellt werde („..das ist Ines, die hat 35 Brillen zu Hause. Für jede Stimmung eine. Harr.. harr.. harr..") und am Ende so blau bin, dass der Rest des Abends in völligem Dunkel versinkt. Aber wenigstens war's lustig bis dahin. Eins noch: Die Optik eures Anmach-Opfers sollte euch völlig schnurz sein, er ist nämlich nicht zum Heiraten, sondern Spaß haben ausgesucht worden. Punkt. Schade nur, dass solche Abende mit meinem Trinkverhalten stehen und fallen. Wenn ich nicht den Anfang mache mumifiziere ich vor dem Tresen, bevor auch nur einer den Mund aufmacht. Seufz. Dann ziehen wir wieder los – treffen ein – bleiben unbemerkt – ziehen weiter – treffen ein – bleiben unbemerkt… Grghh…

Indianerherz

02. Juli
Stimmung: Mir geht es schlecht, schlecht, schlecht. Brauche auf der Stelle einen kompetenten Ines-Versteher zum Händchenhalten und Aua-wegpusten.
News: Von einem Körperteil verlassen zu werden sorgt für Phantomschmerzen, die augenblicklich auf alle anderen Regionen übergreifen. Folge: Die ganze Frau fühlt sich verloren, verraten und verkauft. Ach du Scheiße...

Es gibt drei Dinge, die ich fürchte, wie der Teufel das Weihwasser: Ich habe Angst vor Spinnen, versperrten Notausgängen und vorm Zähneziehen. Letzteres hat mit albtraumhaften Erinnerungen aus der Kindheit zu tun, in denen zwei Schwestern meine Gliedmaßen einklemmten, während Dr. Quälmeister auf der Suche nach einer Erdölader in meinen Kopf hineinbohrte. Ich wurde ein Zahnarztverweigerer, der sich schwor, eine Praxis erst wieder aufzusuchen, wenn es dort Vollnarkosen oder wenigstens Betäubungsspritzen gibt. Leider hielten sich meine 32 Beißfreunde nicht an diese Abmachung und forderten ihr Recht auf regelmäßigen Bohrerkontakt ein. Da halfen über kurz oder lang auch keine Nordhäuser-Doppelkorn-Spülungen oder Gewürznelken mehr, auf denen ich nächtelang herumkaute. Ich musste, ob ich wollte oder nicht, zum Plombenleger. Aber, wer dabei war, weiß: Notdienstsprechstunden in den siebziger-achtziger Jahren sind in etwa mit der Hölle vergleichbar. Der arme Doktor hatte es nur mit Katastrophenfällen zu tun, die im Endstadium ihrer Leidenszeit eintrafen. Entsprechend war seine Laune. Obendrauf: Zwei Dutzend Angsthasen, die mit mir auf engstem Raum zusammen hockten und bedrohlich schwiegen. Über uns das Presslufthammer-Geräusch eines Bohrers wie ein Damoklesschwert; nur übertönt vom Geschrei des aktuell Gequälten. Mein Schmerz, den ich davor schon mindestens vierzehn Tage ausgehalten hatte, verschwand wie von Geisterhand. Und ich wie der Wind durch die Ausgangstür. Ein Desaster. Meine Gebete zu jener Zeit befassten sich je nach Bedarf hauptsächlich mit folgenden Dingen: Lieber Gott, mach, dass ich nicht schwanger bin! Bitte, lass meinen Vater schon schlafen, wenn ich jetzt zu spät komme! Oder:

Ich flehe dich an, schick mir eine Freundin, die zufällig Zahnmedizin studiert hat! Ich scheine einen guten Draht nach „Da oben“ zu haben. Mitte der Neunziger tauchte sie auf und verjagte das Zahnwehmännlein-Gespenst. Aus dem kreidebleichen Schlotterbolzen wurde eine Furchtlose. Allerdings eine, die schon an der Schwelle zum Behandlungszimmer das „Bitte-mit-Spritze-Schild“ hochhält. Wenn schon. Immerhin hopse ich seitdem wie ein Indianer auf den Behandlungsstuhl. Ganz, ganz mutig. In einem Punkt bin ich jedoch unbeirrbar hasenherzig: Beim Anblick der Zange. Auch wenn ich sie lange nicht zu Gesicht bekommen hatte, es existierten noch diese Urangst und ein Zeitzeuge von damals, der nun auf der Abschussliste stand. Nummer Drei-Sechs hinten, unten, links meldete sich zur Exekution an, indem er leise anklopfte. Nix da. Tapfere Niesprimel, die ich eine bin, strafte ich ihn mit Nichtbeachtung. Eine kleine Weile ließ er sich besäuseln. Dann holte er den Höllenhammer raus. ABER JETZT, dachte er sich wohl und machte einen auf Ungeheuer. Zwei Tage hielt ich wacker stand und die Schmerzmittelproduktion des Landes am Laufen, dann flüchtete ich Richtung Praxis. „Na, wie sieht’s aus?“, fragte mich meine Zahnarztfreundin puppenlustig und warf schon mal die Zange in die Luft. Ich holte die weiße Fahne raus. Kapitulation. „Los mach! Heut kann mir nichts passieren. Ich hab in Drachenblut gebadet.“ Mund auf, Augen zu und durch. Zwanzig schweißgebadete Minuten später war „Drei-Sechs“ Geschichte und wurde auf meiner Karteikarte gestrichen. Ich hatte Wackelbeine und weinerliche Gedanken. Einer der Momente, bei denen ich es wehleidig vermisse, dass zu Hause keiner wartet, der sein Mitleid über mich ergießt. Der Händchen hält, den Kopf streichelt, Eisbeutel holt und einen Pudding kocht. Zumal ich leide und mir dann komische Gedanken kommen: Bin ich auf der Hälfte vom verflixten Altersweg? Von den Ersten zu den Dritten? Vom Milchzahn zur Vollprothese? Nun ja, eins ist jedenfalls sicher: Ich bin eine Frau, die nicht nur von allen guten Geistern, sondern auch von ihrem Zahn verlassen wurde.

Das Glück an der Leine

04. Juli
Stimmung: Habe das Zahnweh-Männlein verjagt und bin auf der Suche nach alternativen Kennenlernmethoden bei meinem Vierbeiner gelandet
News: Mein Sohn geht zum Studieren nach Berlin. Noch 2 Monate und 27 Tage, dann gehört die Bude mir. Mir und Hermann. Wahnsinn.

Was meint ihr, wie oft ich zu hören kriege: „Du hast es gut mit deinem Hermann. Musst dich nie alleine im Park rumdrücken und blöde anstarren lassen. Von deinen Flirtchancen ganz zu schweigen." Ha.. Wenn ihr wüsstet. Zugegeben. Mein Hermann liebt mich, ist ein grandioser Zuhörer, eine lebende Biotonne und treu, bis dass der Tod uns scheidet. Aber er ist eben nur ein Hund, und ein ziemlich anstrengender dazu. Dauernd am Rumwuseln und Betteln um Futter. Öffne ich meine Kühlschranktür, schauen immer vier Augen hinein. Ich von oben, er von unten. Wenn er könnte, würde er sicher einen Pfoten-Türöffner zum Patent anmelden. So aber ist er auf meine Gnade angewiesen und die schwindet, sobald wir öffentlichen Raum betreten. Denn hier hat die Chef-Nervensäge ihren großen Auftritt. Jeder Rüde, der irgendwann vor sieben Jahren einmal an einen von Hermanns Bäumen gepinkelt hat, wird erschnüffelt und gnadenlos verfolgt. Mein Dr. Holmes macht da weder vor Pudeln noch Punkerhund-Rotten halt. Ich werde samt Einkaufstüten in die Springerstiefel-Meute gezottelt und latsche dabei knöcheltief durch Dobermannschiete. „EyhAlte.nimmdeinKöterhierweg…!" Toll. Die schwarz gekleideten Irokesen üben sich im kollektiven Angröhlen. Ich ziehe – mit üblen Mordgedanken gegen meinen Vierbeiner im Kopf – selbigen aus dem Kampfgeschehen. Der Ober-Irokese brüllt einen Zauberspruch (ganz bestimmt) und ich sehe fasziniert, wie alle zehn Hunde der gegnerischen Mannschaft lammfromm erstarren. Ohne Leine! Ohne alles! Wie kriegen die das nur hin? Hermann macht weiter den Lauten und ich trolle mich lieber. Von wegen flirten. Ich bin ja schon froh, wenn keiner von uns beiden aus Versehen im Getümmel gefressen wird. Einer mit Hund sollte mir also besser gar nicht erst gefallen. Er hätte eh keine Chance. Denn andere Fellträger werden von meinem kleinen Stinkbolzen nicht geduldet. Er ist die Stadtfelder Kampfmaschine, der König der Knurrer und Kläffer. Wenn er mal nicht die Zähne fletscht, zerrt er mich im Affenzahn um die Bäume und ich hänge mit ausgestrecktem Arm am Ende der Leine wie ein Fähnchen. Jegliches Anbändeln UNMÖGLICH. Dabei könnte es so schön sein. Jeder zehnte Mann und jede zwanzigste Frau, so eine Umfrage, lernt seinen Traumpartner über Bello und Co. kennen.

Ach ist der süß? Was ist das denn für einer? Kann ich den mal streicheln? Nur zum besseren Verständnis: Mein Herrmann sieht ein bisschen aus wie Snoopy. Schwarzweißes Kuschelfell, lange Schlappohren, treuer Blick. Komplimente um seinetwegen wären daher nicht einmal ungewöhnlich. Ja, ich wage sogar zu behaupten, es könnte ein piepeinfaches Vergnügen sein, mit so einem drolligen Kerl Kontakte zu knüpfen. Doch leider trügt der Schein. Ich habe den Terminator an der Leine, und darf aus sicherer Entfernung beobachten, wie andere sich finden, auf Hundewiesen treffen oder gemeinsam Gassi gehen. Mit Susi und Strolchi im Schlepptau. Gemeinheit. Für alle, die jetzt trotzdem denken: Wäre das schön, einen Hund zu haben, der beim Kennen lernen hilft. Hier ein Tipp:

Unter www.date-a-dog.de kann man das Foto seines Vierbeiners in einer Single-Börse vorstellen. Aber keine Sorge, auch von Herrchen erfährt man Einiges. Außerdem ähneln sie sich ja bekanntermaßen nach einiger Zeit. Für mich kommt das mal wieder nicht in Frage. Hermann sähe zwar auf Fotos knuddelig aus, aber wehe mein Auserwählter nennt kein williges Weibchen – egal welcher Rasse – sondern einen ausgewachsenen Rüden sein eigen. Es würde bei einer Fernbeziehung bleiben. Liebe im Cyberspace. Adé Spazieren gehen in einem echten Park. Nee, nee, da such ich mir lieber gleich einen Haustierlosen. Nur eine Tierhaarallergie darf er nicht haben, und Hunde muss er mögen, und Würstchen muss er teilen, und Gassi muss er gehen, und ...

Ich merke schon, das erschwert ja schon wieder alles. Mann, Mann, ob das jemals etwas wird? Oder gehe ich am Ende als erste Frau der Welt in die Geschichte ein, die gemeinsam mit ihrem Hund und ihrem Kühlschrank eine glückliche Dreierbeziehung pflegt? Hermann würde es freuen.

Pech für Eva Einstein

10. Juli
Stimmung: Wie soll die schon sein? Nachdem der Läuse-Opa als Kuppler ausgefallen ist und gleich auch noch feststeht dass ich sowieso nicht die geringste Chance habe. Ich bin zu alt, zu dick, zu hochnäsig, kurz: ein drolliger Ladenhüter mit überhöhtem Anspruchsdenken
News: Plötzlich braucht Sohnemann tausend Sachen (ich hab' s geahnt). Eine Bude in Berlin (natürlich in Mitte, Altbau – saniert! – mit Balkon und Wanne und gemütlich usw.) dazu Möbel, Waschmaschine, Kabelfernsehen, Telefonanschluss, DSL, ein Auto, ...
Kann man sich zum Bankräuber ausbilden lassen? Wenn ja, von wem? Und gibt es mildernde Umstände für überbesorgte Mütter?

Weibertreff letzte Woche. Nach dem üblichen Getratsche und Diätmisserfolgs-Austausch kamen wir auf das unvermeidliche Thema Männer und der Frustpegel stieg erwartungsgemäß parallel zum Nuss-Nougat-Pralinen-Verbrauch. Dabei begann es ganz harmlos mit den typischen Diskussionsbeiträgen:

Wortmeldung 1: „Ich verstehe einfach nicht, warum wir schon seit Jahren alleine rumkrebsen, während die uns ehemals Angetrauten ihre Jaquelines, Janines und Nancys schneller austauschen, als Formel-1-Fahrer ihre Reifen." Sprach's und tat einen beherzten Wutgriff in die Chipstüte.

Wortmeldung 2: „Wenn ich schon diese Namen höre! Da macht sich sofort ein Fenster mit der dazugehörigen Berufsbezeichnung bei mir auf: „Dschackeline (23), Naildesignerin."

Wortmeldung 3: „Und? Was sagt uns das? Hauptsache jung, saftig und nix in der Birne. Wenn du mehr als drei Bücher im Schrank hast wirst du doch sofort als Klon von Barbara-Besserwisser-Eligmann abgestempelt und stehst auf der schwarzen Liste. Ich hab neulich einen Bericht über Speed-Dating gesehen. Da wurden Männern anschließend Fragebögen gegeben, auf denen sie angeben mussten, nach welchen Kriterien sie ihre Favoritinnen ausgewählt haben. Nun ratet mal? Als Erstes: nach dem optischen Eindruck. Wobei das Gesicht Platz 1 belegte, gefolgt von schlanker Figur und Busen plus Po. Als Zweites zählte der optische Eindruck, mit hübschem Gesicht, schlanker Figur, Busen plus Po, und als Drittes (Trommelwirbel) der optische Na-ihr-wisst-schon. Von wegen Witz, Charme und Ausstrahlung. Pah.. Und dein Abitur samt Sprachschatz gibst du lieber gleich an der Garderobe ab."

Ab hier eskalierte es und ich warf zur Beruhigung ein paar Toffifees in die Runde. Trifft es zu, dass Männer oberflächlich sind, was ihre Partnerwahl betrifft? Zählen Bildung und Schöngeist auf fraulicher Seite wirklich nicht und müssen vielmehr als Minus verbucht werden? Wie ungerecht. Wir haben eh schon ein viel kleineres Auswahlfenster, allein was die Altersbegrenzung angeht. Während ein 40-jähriger Mann einen Suchbereich von 20 bis 39 Jahren abgrast (wobei er späte Vaterfreuden einkalkuliert) würden sich Frauen gleichen Alters eher auf eine Skala von 38 (schon mit Fragezeichen) bis 45 einlassen. Auf keinen Fall zu jung und mit Babywunsch. Wer will, nachdem die eigenen Kinder bereits Teenies sind, noch einmal Windeln wechseln? Zusätzliches Manko: 30-Jährige haben wahrscheinlich einen Bekanntenkreis mit Leuten um die Ende 20 und dazu passenden Problemen, wie Erst-Entbindungen, Auto tiefer legen und Halli-Galli-Urlaub auf Ibiza. Himmel und Hölle. Nie im Leben mehr. Welche (erwachsene) Frau will denn so etwas Unbehagliches: sich als „Mutti" zwischen Jungspunden fühlen? Dazu kommt noch der Bildungsanspruch, der uns Frauen die Suche verfinstert. Wehe dem, ER schreibt seine erste SMS nicht in einwandfrei durchartikuliertem Hochdeutsch, mit tadelloser Groß-/Kleinschreibung und Leerzeichen hinterm Komma. Der kriegt doch keinen Fuß durch unsere (anspruchsvolle) Tür.

Dabei hat das Ganze einen Haken. Der Mann mit der Eins in Rechtschreibung und dem (jetzt mal vorausgesetzten) Doktortitel verzichtet gern auf überdurchschnittliche Deutschkenntnisse seiner Angebeteten und wildert ohne Vorbehalte unterhalb seines Bildungsniveaus. Ärzte nehmen Schwestern, Lehrer Verkäuferinnen und Botschafter verlieben sich in Kosmetikerinnen aus dem KaDeWe.

Aber kennt ihr auch nur eine Ärztin, die einen Pfleger geehelicht hat oder eine Studienrätin mit verzehrender Liebe zu einem Maurer? Wir Frauen gucken IMMER nach oben oder zumindest auf unsere Ebene. Männern ist das gelinde gesagt sch..egal. Fazit unseres Weibergipfels zum Thema: Warum findet die gebildete Frau mittleren Alters keinen Mann? Weil die gebildeten Männer, von denen wir träumen, fünfundzwanzigjährige Kellnerinnen mit Knackpo bevorzugen. Punkt.

Wenn jetzt Sommer wär...

16. Juli
Stimmung: sagenhaft gut. Die Sachsenmetropole hat es wieder mal geschafft, mich glücklich zu machen. Nachts in Leipzigs Gassen, streichelwarmes Wetter, ein Glas Champagner auf dem Augustaplatz – das Leben ist schön.
News: Kann auch heute noch meine Schwester in den Wahnsinn treiben. Klasse.

Manchmal muss ich ja auch ein wenig Glück haben, oder? Ich finde, das habe ich mir ohne Wenn und Aber verdient. Normalerweise gönnen es mir auch alle, oder zumindest bilde ich mir das ein. Aber in diesem Fall? Es gibt eben Grenzen. „Sag, dass das nicht wahr ist", flüstert mein Lieblingsschwager atemlos ins Telefon und beruhigt nebenher meine Schwester, die anscheinend neben ihm am Ohr klebt. Ich höre, wie er beschwörend auf sie einredet. Bestimmt hält er den Hörer zu, denn sein Gemurmel dringt wie unter Wasser an mein Ohr: „Ganz ruhig. Noch hat sie nicht bestätigt. Jetzt lass mich doch erst noch mal fragen!" Kurzes Gerangel, dann Räuspern, bevor er wieder mit mir spricht. „Und?", lauert er in den Hörer, „Jetzt sag schon! Ist der Mann auf dem Foto echt??" Ich muss grinsen. Was für eine Show. Da werde ich ein Mal in männlicher Begleitung abgelichtet, schon ist die ganze Familie in Aufruhr. Ich bin eben immer noch für eine Sensation gut. „Achtung, Achtung", ahme ich das Geräusch eines Megafons nach, „Ines wurde zusammen mit einem Mann fotografiert. Wie kam es zu diesem ungewöhnlichen Ereignis?" Am anderen Ende der Leitung poltert es. Klingt nach Kampfgetümmel, dann ist meine Schwester dran. „Nun erzähl schon", bettelt sie. Aber ich lasse mich nicht so schnell erweichen, und missbrauche den Umstand, ein Geheimnis zu haben, für einen Erpressungsversuch. Schließlich habe ich gerade den Sommer entdeckt. So schön, so warm und so sonnig war er ja ewig nicht. Da möchte ich nicht allein auf meinem Balkon liegen und Löcher in die laue Sternennacht stieren. Ich will raus. An die Elbe, in den Park, auf die Picknick-Decke, an den Badesee. Egal wann, egal wohin, egal ob fünftes Rad, Hauptsache draußen. Sie werden mich zum Italiener an der Ecke einladen müssen, überlege ich mir. „Haaaallo...?“, ruft es aus dem Hörer, „muss ich erst Geld einwerfen, damit du mit mir redest?“ Mein Schwesterherz ist einer Ohnmacht nahe. Was ich verstehen kann. Immerhin hatte ich ihnen am Morgen ein Handyfoto der besonderen Art geschickt. Aufgenommen in der Nacht zuvor. In Leipzig. Nach dem Depeche-Mode-Konzert. Auf ihm hält mich ganz offensichtlich Dave Gahan im Arm, der Sänger der Band. Von diesem Bild würde sich jeder Fan zehn Rollen Fototapete drucken lassen. Meine Schwester aber gäbe die Hälfte ihrer inneren Organe, plus den Auszahlungsbetrag der Lebensversicherung und ihre Barbiepuppensammlung obendrauf. „Wie wäre es, wenn ihr in einer halben Stunde an der Elbe seid“, schlage ich ein konspiratives Treffen vor. „Wir könnten eine -Berliner Weiße- trinken.“ Ich höre gerade noch ein knappes: „Okay“, dann knallt der Hörer auf die Gabel. Wahrscheinlich sind sie schon aus der Tür. Wie wunderbar. Ein Sonnenuntergang am Flussufer. Ein bisschen Live-Musik dazu und ein eiskaltes Waldmeisterbier. Kann es etwas Schöneres geben? Nun ja, Hand in Hand mit einem Liebsten wäre jetzt die Zugabe. Aber auch so bin ich nicht mehr zu halten. Seitdem ich dieses „Wenn jetzt Sommer wär“ – Lied gehört habe, fühle ich mich wie eine Kugel im Flipperautomat. Ich muss, solange es noch irgend geht, diese Sonnentage aufsaugen. Denn, wie heißt es da so schön: „...und wenn bei dir jetzt gerade Sommer ist, und du zu Hause sitzt und nicht rausgehst, weil du mal wieder vorm TV klebst, dann denke daran, wenn der Tag dich verliert, dass sich das Wetter ändern wird.“ Wie wahr. In sechs Wochen haben wir schon wieder September. Dann halten wir in den Geschäften nach Stiefeln Ausschau und kaufen Winterheide für den Balkon. Es wird es um acht Uhr abends zappenduster sein und wir haben mit viel Glück noch 15 Grad Außentemperatur. Also, ihr Lieben, genießt die schöne Zeit! Fahrt mal ins Autokino. Besucht ein Open-Air-Konzert. Seht euch Shakespeare unterm Sternenhimmel an. Trinkt euren Rotwein auf der Terrasse oder fahrt für einen Tag ans Meer. Einfach, weil jetzt Sommer ist. Ich geh jetzt auch los, meine Schwester beruhigen, dass dies (leider) nur ein Double war.

Post aus dem Märchenland

21. Juli
Stimmung: oberromantisch angehaucht, was ein bisschen Sehnsuchtsziepen mit sich bringt, seufze im Sekundentakt
News: mein Flo hat eine Wohnung in der Hauptstadt. Zweier-WG, Mitte, 11. Stock, Blick auf den Fernsehturm zum Neidischwerden. Danke an Marion, die sich drum gekümmert hat. Der Nestbau beginnt. Jetzt sind Mutti-Qualitäten gefragt. Doch vorerst wird's turtelig

Mein Briefkasten ist ein Ort des Grauens. Er enthält an neunzig Prozent seiner Tage Rechnungen, Mahnungen und blöde Schreiben von der Bank. Am liebsten würde ich ihn ignorieren, zwinge mich diesbezüglich jedoch zur Disziplin. Ein Ritual, das folgendermaßen aussieht: Am Kasten vorbeilaufen – stoppen – genervten Blick zum Himmel werfen – umkehren – Schlüssel ins Schloss – Klappe aufreißen – Luft anhalten – mit einem Ruck herunterbeugen – Habichtblick ins Innere werfen – Rosa Briefumschlag erspähen (???) – ausatmen – auf die Treppe setzen – Kreislauf beruhigen. Schreiben von der Hausverwaltung kommen definitiv nicht in rosa Seidenpapier. Sollte mich meine Hausärztin eines Tages fragen, warum ich meinen erhöhten Blutdruck nicht in den Griff kriege: Briefkastenentleerungen sind EINE mögliche Erklärung. Nicht heute. Ich habe richtige Post, mit meinem Namen in Schnörkelschrift darauf. Wie schön. Ich streichele den Umschlag und schnuppere daran. Irgendwie denke ich immer, dass schöne Dinge auch gut riechen müssen. Gelesen wird aber erst zu Hause. Die guten Sachen am Schluss, mit ein bisschen Brimborium drum herum, so halte ich es gern. Ich stelle Kaffeetasse und Piccolo bereit, lege eine Klassik-CD ein und freue mich. Schließlich weiß ich, seit meinem Blick auf den Absender, was mich erwartet. Eine Hochzeitseinladung der besonderen Art. Hach ja.. Wundervolles Büttenpapier, aus dem beim Aufblättern kleine weiße Täubchen fallen, durchzogen von einem Duft nach Rosenbeeten. Ein Häkchen an jeden Punkt auf der „An-alles-gedacht-Liste". Ich bin bezuckert und fange an zu lesen: Hätte uns jemand gefragt: „Warum sie, warum gerade er... ?“, hätten wir einstimmig und ohne jeden Zweifel in der Stimme geantwortet: „Nicht Zeit noch Ort, nicht Zufall und nicht Tod, kann uns in unseren Wünschen schwankend machen.“ Hoppla. Tränchen verschleiern mir den Blick und ich zerschnaube ein halbes Dutzend Taschentücher. Ach, wie wunder-wunder-wunderbar. Aus einem so schönen Grund habe ich schon lange nicht mehr geheult, und proste dem künftigen Brautpaar aus der Ferne zu. Hochzeitsfeiern haben etwas Magisches. Man kann ein schönes Kleid anziehen, die Augen nach Junggesellen aufhalten und Verwandte aus dem Mansfelder Land und Buxtehude kennen lernen. Man trinkt mit Onkeln und Vettern um die Wette, tanzt sich die Schuhe vom Leib, dreht beschwipst ein paar Walzerrunden und fällt – wenn man Ines heißt – samt Tanzpartner ins Orchester. Ich liebe Hochzeiten. Schließlich hatte ich ja auch schon mal das Vergnügen und betrachte das Ganze unverkrampft und nicht aus Ladenhütersicht. Ich weiß, dass Frauen sonst ab Mitte Dreißig das Restpostengefühl beschleicht. Eine Freundin hat mir erzählt: „Spätestens wenn es gilt, den Brautstrauß zu fangen, zerren dich wohlmeinende Tanten aus jeder noch so sicheren Ecke hervor und platzieren dich in der ersten Reihe. Und wehe, du fängst das doofe Gestrüpp. Dann heißt es, deinen langjährigen Lebensgefährten mit Entschuldigungsmiene zum Brautstraußtanz zu bitten und die ganze Zeit beschwörend auf ihn einzumurmeln, dass er um Himmelswillen keine Angst zu haben braucht: Das mit dem Heiraten ist nicht ernst gemeint. Und heimlich, ganz tief innen drin, vergießt du dabei ein paar Tränen, und die Feier ist versaut. Schlimmer aber ist noch die Variante, wenn du nach dem Fangen erst einmal auf die Suche nach einem geeigneten Kandidaten gehen musst, der sich Deiner erbarmt.“

Puh.. Zum Glück bin ich aus der Heiraten-und-Kinderkriegen-müssen-Nummer raus. Ich darf völlig entspannt dem Treiben zusehen, vielleicht ein bisschen Sehnsucht kriegen, aber im Großen und Ganzen einfach nur ausgelassen herumtoben. Und das werde ich. Ich übe mich schon mal in Vorfreude.

Taugenichtswochen adé

23. Juli
Stimmung: wehleidiger Urlaubsabschied, bräuchte mal 6 Wochen am Stück
News: Passe erstaunlicherweise noch in dieselben Hosen, wie vor dem Urlaub. Das gab es noch nie. Zur Feier des Tages gleich mal ein großes Stück Pflaumenkuchen mit Butterstreuseln (und Sahne!) gegönnt.

An diesem Morgen werde ich mit dem erschreckenden Gefühl erwachen, dass meine freien Tage gezählt sind. Drei Wochen Heimaturlaub sind vorbeigesaust, als wären die Zeiger meiner Uhr ein Flugzeugpropeller. Am Dienstag ist Finito: Dann muss ich wieder rauf auf die Galeere und mit den anderen Sklaven rudern. Dabei war es so befreiend, wie ein Taugenichts in den Tag hineinzuleben. In der ersten Woche hatte ich beschlossen, ausschließlich herumzugammeln. Meine großen Vorhaben in punkto Ordnung und Sauberkeit konnte ich schließlich auch noch später erledigen: Küchenschubladen entkramen und Teer vom Backofen kratzen. Herumliegende CDs in Hüllen sortieren und Schreibtischhaufen abheften. Fliesenfugen entkalken, Garderobenhaken vom Ballast befreien und schließlich und endlich den Schuppen aufräumen. Ja, mein Schuppen. Seufz. Wer ihn kennt, weiß wovon ich rede. Ein Ort des Grauens. Die Antwort auf die Frage: Wie bekomme ich drei Kubikmeter Haus- und Unrat auf genau drei Kubikmetern unter? Grob beschrieben, sieht es so aus, als würde jemand die Tür zu einem Altstoffcontainer öffnen, und das Teil wäre bis unter die Ladeluke zugestopft. Absolut kein Platz mehr für einen blinden Passagier. Ich beneide ja immer diese untadeligen Hausfrauen, die ohne Voranmeldung ein Kamerateam in ihre Wohnung lassen können. Bei mir müssen Überraschungsgäste mitunter vor der Tür bis tausend zählen, bevor ich sie einlasse. Dabei ist mein Zuhause nicht viel größer als ein Eierkarton. Zwei Zimmer, Küche, Bad und besagter Schuppen. Wobei diese Bezeichnung wie immer von grenzenloser, aber ererbter Übertreibungssucht zeugt. Schon meine Eltern nannten ihren Gartenhäuschen-Anbau „Ostflügel". Da braucht man sich über meinen Größenwahn nicht wundern. Leer wäre er nicht mal groß genug, um Angela Ermakowa ganze Arbeit leisten zu lassen. Ihr wisst schon, die Boris-Becker-Besenkammer-Beziehung. Aber leer war er nur am Tag vor dem Einzug. Jetzt stapeln sich darin einfach ALLE Dinge, die ich nicht täglich brauche. Aber selbst WENN ihre Benutzung dringend erforderlich wäre, ich käme im Leben nicht an sie heran. Alles was weiter als eine Unterarmlänge von der Tür entfernt ist, entzieht sich meinem Zugriff. Zu vieles Wühlen verschärft zudem die Vor-Ort-Situation, da der ganze Aufbau mittlerweile einem Mikadospiel gleicht. An der falschen Stelle einen verklemmten Schrubber entfernt, und es entsteht eine dramatische Einsturzproblematik. Folge: Niemand, wirklich niemand, öffnet freiwillig diese Tür. Und sollte es ein Fremder unbedacht wagen, ertönt ein Aufschrei, den er sein Lebtag nicht vergisst. Freunde behaupten immer, mein Sternbild wäre Schütze, Aszendent Schlampe. Wenn ich mich entrüstet dagegen wehre, weil doch zumindest der Rest der Wohnung ganz gemütlich ist, deuten alle mit hochgezogenen Augenbrauen Richtung Schuppentür, und ich verstumme. Dagegen musste ich also in meinem Urlaub etwas unternehmen. Aber wie das mit notorisch faulen Menschen so ist: Die erste Woche zog ins Land. In der zweiten war dann das Wetter so schön, und der Himmel so blau, und mein Buch grad so spannend. Letzten Samstag sollte es endgültig losgehen. Aber ein Wochenende damit versauen? Am Montag war dann das Wetter so schön, und der Himmel so blau, und mein Buch grad so spannend. Dienstag, Mittwoch, Donnerstag? Gestern erhielt ich einen Anruf. Meine Mutter sagte genau vier Worte und ein Ausrufezeichen in den Hörer: „Komm nach Hause, SOFORT!“ Sie hatte, ganz in Gedanken, die Luftpumpe aus dem Schuppen holen wollen. Diese aber war mittlerweile zu einem festen Stützpfosten für den oberen Quadranten geworden. Der Inhalt meiner Abstellkammer ergoss sich wie ein Wasserfall aus der geöffneten Tür, und begrub Muddi unter sich. Scheibenkleister. Ich musste meine herzzerreißendste Entschuldigungsmiene aufsetzen, mit der ich noch immer herumlaufe. Sorry, sorry, Mama.

Magdeburg, Lessingplatz

28. Juli
Stimmung: Verwirrt trifft es – glaube ich – am besten. Eigentlich wollten wir zum Mückenwirt an die Elbe. Dann kam der Regen. Dann die Unlust. Dann doch Sonne. Alternativ gehen wir kurz zum Kneiper um die Ecke. Was für ein Glück.
News: Gibt es nun Zufälle oder nicht? Oder ist im Leben doch alles vorbestimmt und hat seinen Sinn?

Wenn ich zauselige Haare habe, ist die Wahrscheinlichkeit am größten, einem interessanten Mann zu begegnen. IHM zu begegnen. Ich gehe nicht mal ungeschminkt zum Bäcker, wasche und föne täglich. Aber wenn ich ein einziges Mal eine nachlässige Hochschnuddel-Frisur als Kopfputz trage, läuft er mir über den Weg. Garantiert. Was die These belegt, dass es sinnlos ist, sich auf etwas vorzubereiten, dem Schicksal unter die Arme zu greifen, Liebe zu erwarten. Sie sucht sich ihren Zeitpunkt selbst und unverhofft.

Wie schreibt Anna Seghers in „Das siebte Kreuz“: „Der Zufall, wenn man ihn wirklich walten lässt, ist gar nicht blind, wie man ihm nachsagt, sondern schlau und witzig. Man muss ihm nur wirklich ganz vertrauen. Pfuscht man ihm ins Handwerk und hilft selbst nach, dann kommt Stümperhaftes heraus, woran man ihm fälschlich Schuld gibt. Wenn man ihn ruhig alles machen lässt und ihm vollkommen gehorcht, dann erreicht er meistens das Richtige, und zwar rasch und wild und ohne Umwege.“

Bluenote. Jazzkneipe. Ich sehe gar nicht schön aus – in meinen Augen – und werde trotzdem angelacht. Küsschen rechts-links-rechts. Ich komme durcheinander und gucke verwirrt. Meine Schwester auch. Sie bufft ihrem Mann in die Seite und zieht bedeutungsschwer die Augenbraue hoch. Über ihren Köpfen schwebt ein riesiges Fragezeichen. Über meinem schwebt Amor mit dem Flitzebogen. Unbemerkt.

Ich werde in Beschlag genommen. Nicht zum ersten Mal und nicht ungern, aber irgendwie befangen. Nach fünf Stunden und zwei Flaschen Wein habe ich verloren. Oder gewonnen? Ich weiß es nicht..

Der Mann redet mich besinnungslos. Im reinen Wortsinn.

Sternenklare Sommernacht. Rotwein, der nach Nuss und hellem Pfirsich schmeckt. Spaziergang vom Keller aufs Dach, Mark Knopfler auf der Treppe, Vorlesen und Lachen bis zum Morgengrauen. Man behauptet, ich könne jede Glucke vom Nest quatschen, hier habe ich meinen Meister gefunden. Redezeitverteilung 9 : 1. Für Ihn.

Später werde ich immer misstrauisch werden, wenn er länger als einen halben Tag einsilbige Antworten gibt. Doch vorerst sehen wir uns nicht wieder.

Garantiert kein Seemannsgarn

29. Juli
Stimmung: immer verwirrter, mein Liebesleben ist sowieso schon eine einzige Katastrophe, nun habe ich noch einen hoffnungslosen Fall obendrauf gesetzt
News: bin kopfgesteuerter als ich dachte, kann mich tatsächlich halbwegs ablenken, gute Voraussetzung, um eine gelassene, megacoole Braut zu werden. Endlich.

Zum Glück habe ich für den heutigen Tag Pläne, denn einfach nur herum zu sitzen, würde mich frei Haus in den Irrsinn treiben. Die Grübelmaschine hat sich selbsttätig in Gang gesetzt und zieht mich per Zahnrad auf die Achterbahn. Mir summt der Kopf und ich bin völlig durcheinander. Was war das gestern Nacht? Will ich etwas von diesem Mann? Wieso sehe ich ihn monatelang kaum an, und plötzlich kommt dieses zwanghafte Gefühl angerauscht und schiebt mich mit aller Macht in seine Richtung? Ich bin erst in der Morgensonne verschwunden. Es wäre so leicht: Brötchen kaufen, hundert Schritte zurück, Treppe rauf, klingeln und lächeln? Nein. Bleib cool, Ines, und denk nach!

Ich beruhige mich wieder. Für Spielereien aller Art bin ich nicht geschaffen. Und etwas Ernsteres? Kann daraus nicht werden. Oder doch? Das muss mir heute egal sein. Ich packe meine Sachen und düse für einen oder zwei Tage ans Meer. So war es geplant und so wird es gemacht. In Rostock-Warnemünde läuft an diesem Wochenende die „Hansesail". Schon wieder Warnemünde. Scheitelpunkte meines Lebens finden offensichtlich hier statt. Viele hundert Schiffe und die größten Segler der Welt sollen dort sein. Auch die Gorch Fock. Da kann ich einfach nicht widerstehen und muss-muss-muss dort hin. Ich träume schon so lange davon, einmal zu segeln. Und selbst, wenn ich nur Zuschauer sein sollte, ein atemlos-staunender mit Sicherheit. Allein die Worte Gaffelschoner, Brigg und Bark wecken Fernsucht in mir und ich muss unweigerlich an den „Seewolf" denken. Niemals werde ich diese Szene vergessen: Raimund Harmsdorf, alias Kapitän Wolf Larsen, betritt Mugridges Kombüse, greift sich eine der Kartoffeln, die van Weyden gerade schält und zerdrückt sie mit der bloßen Hand. Die Stimme des Filmsprechers habe ich noch heute im Ohr. Und seit damals will ich segeln. Außerdem, ich getraue es mich ja fast nicht zu sagen: Ich bin schachmatt von der ersten Arbeitswoche.

Erste Wochen sind immer die schlimmsten. Man muss sich mühselig an den Rhythmus gewöhnen, und guckt fünf Mal am Tag in den Kalender, wie lange es noch bis zum nächsten Urlaub ist. Nach ein paar Tagen ist dieser Spuk vergessen, aber noch sind Ferien. Man wird also das Gefühl nicht los, der Einzige zu sein, der mitten in der Nacht aufsteht. Mein selbstgemachter Stress als Krone obendrauf. Ich bin Zuspätkommer-Ines, die lebende Langsamkeit am Morgen. Ich fummele hier, und räume da. Bügele noch schnell meine Klamotten; stelle fest, dass die Hose einen Fleck hat, und suche verzweifelt eine neue. Noch ist Zeit. Dann föne ich stundenlang Haare, hänge Wäsche auf und trinke zwei Milchkaffee im Stehen, mit dem Rücken zur Spüle. Dabei gucke ich Frühstücksfernsehen und das Verhängnis nimmt seinen Lauf. Ach du Schreck, schon so spät. Schnelle Galopp-Runde mit Hermann um den Platz. Doch mein Hund hat die Lizenz zum In-den-Wahnsinn-treiben. Zottelt er mich sonst im Affenzahn um die Bäume, hat er nun garantiert die Energie eines phlegmatischen Faultieres. Er steht bewegungslos am selben Fleck und steckt schniefend seine Nase in die Erde. Ich ziehe ihn wie einen Holzhund auf Rädern hinter mir her. Jetzt aber los. Wo ist mein Schlüssel? Bügeleisen aus? Zeitung und Brötchen vor Muddis Tür werfen und im D-Zugtempo die Treppen runter. Handy vergessen. Herr im Himmel. Treppen wieder rauf. Ich bin schon kochgar. Was jetzt kommt, hat nichts mit dem Gemütlich-zur-Arbeit-Radeln zu tun, das meine Freundin Andrea immer beschreibt. Neulich hat ihre Mutter mich morgens an der Ampel vorbeifliegen sehen, und besorgt ihre Tochter angerufen, ob mit mir alles in Ordnung sei. Ja, liebe Frau Ehrke, das ist mein ganz normaler Wahnsinn. Wenn ICH mit dem Rad zur Arbeit fahre, ist das immer wie ein Zeitfahren bei Jan Ullrich. Ich kippe am Ziel aus dem Sattel und glühe noch zwanzig Minuten lang nach. Meine Kollegin Heike, an solcherlei Kummer gewöhnt, hat es längst aufgegeben, mich nach stichfesten Gründen für mein Zuspätkommen zu fragen. Tagtäglich haste ich als Letzte herein, und versuche, sie aufzumuntern. „Hast du den Knall gehört?“ Sie guckt mich fragend an. Was jetzt wohl wieder kommt. „Ich habe gerade die Schallmauer durchbrochen.“ Na, wenigstens haben wir was zu Lachen, und mein rotes Putergesicht gibt noch eine Stunde lang Anlass, für verwunderte Blicke.

Ist es angesichts dieser Tatsachen ein Wunder, dass ich mich nach einem Wochenende voll Ruhe sehne? Meeresbrise, Wellenrauschen, Segelschiffe. Hach ja.. Das Leben kann so schön sein, wenn man mal nicht unter Zeitdruck steht. Ich werde mich durch die Menschenmassen zum Leuchtturm schieben, ein bisschen an ihn denken, alle zwanzig Minuten an einer Fressbude stehen und ausnahmsweise gerne Seemannslieder hören. Mit viel Glück ergattere ich einen Platz auf einem der Segler. Dann werde ich am Bug stehen, die Arme ausbreiten und rufen: „Ich bin der Trödelkönig der Welt“.

Nie mehr Maffay

01. August
Stimmung: immer noch durch den Wind, herztechnische Ablenkungsmanöver nur temporär wirksam, sitze die Angelegenheit aber erfolgreich aus – ihr werdet schon sehen
News: lasse ab jetzt auf meinen MINI null-komma-nüscht mehr kommen

Grundgütiger, war das wieder ein Himmelfahrtskommando. Eine dieser hirnverbrannten Hauruck-Aktionen, die Menschen in meiner Umgebung stetig dazu veranlassen, mir einen Vogel zu zeigen. „Findest du nicht auch, dass du ein bisschen kindisch bist?", fragt mich ausgerechnet mein Sohn und schlägt sich entsetzt an die Stirn. „Lass mich kurz nachdenken. Nein!", antworte ich schnell. „Ich liebe das Meer, meine Freundin urlaubt gerade dort und es ist Sommer. Also werde ich hinfahren. Nur für einen Tag. Basta." Außerdem brauche ich Zeit zum Nachdenken, muss einen bestimmten Mann aus meinem Kopf kriegen, der sich ja doch nicht meldet. Aber das sage ich nicht laut, behalte es lieber noch für mich.

Hinzu kommt: Ganz so dramatisch wird es ja gar nicht. Evys Zimmer verspricht eine Schlafcouch für die Nacht und der Wetterbericht einen fantastischen Tag. Warum also zu Hause hocken, Illustrierte auswendig lernen und mir hundertunddreiunddreißig verschiedene Begründungen ausdenken, die gegen mich und ihn sprechen. Nix da, jetzt wird das Ablenkungsprogramm hochgefahren. Und zwar hoppla.

Ich schmierte ein paar Brote, lud mein Bettzeug plus Wein für den Abend ins Auto und winkte zu Muddi, die ihrer Tochter wie immer kopfschüttelnd hinterher sah. „Auf nach Laramy, die Sonne putzen", rief ich mir im Rückspiegel zu und brauste davon. Morgens um sieben ist die Welt noch in Ordnung. Kein Verkehr, kaum Lkws und der ganze Tag liegt vor einem ausgebreitet, wie ein frisches Laken. Nur, dass es nicht morgens um sieben war, sondern bereits kurz vor zehn. Ehe Ineskind aus der Hüfte kommt, ist die erste Reisewelle nämlich üblicherweise vorbei und Deutschland packt sein Knoppers aus. Was soll's. Dann war ich eben erst nachmittags da. Meiner Freude darüber tat das keinen Abbruch. Ich warf die Maffay-CD ein und grölte mich durch neunzig Minuten Deutschrock. Es gibt nichts Besseres auf langen Autofahrten, als Musik zum Mitsingen. Dann bin ich Karaoke-Star, Howard-Carpendale-Fan und Anna von Rosenstolz. Samt theatralischem Gehabe. Gerade intonierte ich inbrünstig: „..und als ein Mann sah ich die Sonne aufgehn", als vor mir nicht die Sonne, sondern Warnblinker aufleuchteten. Der erste Stau. Egal. Ich war in Sommerwindlaune und zwinkerte einem Hamburger Pärchen zu, das mich gerade als Peter-Maffay-Verschnitt bewundert hatte.

Zwei Stunden später waren die Hamburger meine Grüß-Freunde, und das linke Bein reif für eine orthopädische Generalüberholung. Noch ein einziges Mal Kupplung treten, und ich könnte mich für eine Knie-Version aus Kunststoff und Titan anmelden. Ich sehnte mich nach Vollgas geben, Beine ausstrecken, einem Sandsack zum Draufschlagen und nach einer Toilette. Letzteres rückte gerade auf Platz Numero Uno meiner Prioritätenliste vor. Die Hose war bereits offen und mein Luftholen erinnerte sehr an das Veratmen von Presswehen. Kein Baum, kein Strauch weit und breit. Und selbst wenn: Die Kolonne setzte sich im Minutenabstand in Bewegung. Mein stehen gebliebenes Fahrzeug würde einen Rückstau bis Kleinmachnow auslösen. Ich hielt bis zum nächsten Rastplatz durch und wankte breitbeinig zum WC wie ein Cowboy, der nach einer Woche vom Pferd gefallen ist. Um drei Uhr nachmittags bin ich dann endlich über die Düne gerannt. Da waren die Eltern meiner Freundin längst eingetroffen und hatten die Schlafcouch besetzt. Kein freies Zimmer im Umkreis von zehn Meilen, außer der Grand-Hotel-Suite zum Preis einer Neckermann-Kreuzfahrt. Ich musste passen und die Kuschelkissen im Auto verteilen. Mein linkes Knie verweigerte mir sowieso die Heimreise-Erlaubnis. Also verdunkelte ich die Seitenscheiben mit Handtüchern, ploppte den Rotwein auf, drehte mein Radio auf leisen Empfang und simste ein paar Freunde an. Ein bisschen kam Ferienlagerstimmung wie um 1978 auf. Aber ich kann euch versichern: Die Rücksitzbank im MINI ist eine Herausforderung. Ein einziger Schlafversuch reicht auf Lebenszeit. Alle halbe Stunde schliefen meine Beine ein und jedes Umdrehen glich einer Darbietung aus dem chinesischen Staatszirkus. Irgendwann gegen Morgen hörte ich Stimmen: „Ob da einer drin liegt?“ Hilfe. Haut ab! Mein Blutdruck katapultierte sich in die bedenkliche Zone. Vorsichtig linste ich am Frottee vorbei und entdeckte zum Glück nur zwei Rotznasen mit Brötchentüten. Der Rest des Tages war wunderbar. Die Rückfahrt eine Katastrophe. Dieses Mal brauchte ich sieben Stunden, davon zwei durch finstere Wälder und unter permanenter Wildwechsel-Bedrohung. Ich hatte in einem Anfall von Größenwahn die Stau-Autobahn verlassen, um über Landstraßen nach Hause zu düsen. Die blödeste Idee meines Lebens, da mir bekanntermaßen das Orientierungs-Gen fehlt. Irgendwann zwischen Herzsprung und Genthin ist mir das Singen vergangen, und ich hab Maffay durchs Auto gepfeffert.

Jubel, Trubel, Lachverbot

08. August
Stimmung: hochgradig angespannt, nix gelingt, alles geht schief (Murphys Gesetz)
Erkenntnis Nr. 1: schnell wie die Feuerwehr ist nicht nur ein Slogan
Erkenntnis Nr. 2: es gibt mehr humorlose Menschen, als ich dachte

Schon in „Jenseits von Afrika“ sagt Karen Blixen: „Wenn die Götter dich bestrafen wollen, erhören sie deine Gebete.“ Ich hatte mir nach den öden Urlaubswochen etwas mehr Trubel gewünscht. Und Peng! Der Wunschbriefkasten war anscheinend geöffnet, die gute (oder böse?) Fee auf Empfang. Ich bekam Trubel für Zehn. Letzter Montag. 13.00 Uhr. Treff ich doch zwei „Freundinnen“ auf der Straße, partnerputzig aufgemacht in Minijäckchen, Gucci-Brille und Designerjeans. In Kindergröße versteht sich. Ich komme mir mit meinen klimpernden Flaschenbeuteln und dem Altpapier unterm Arm wie Hein Blöd vor. Nach dem üblichen Bussi-Bussi werde ich gemustert und höre den Satz, der als mein schönstes Ferienerlebnis Einzug in diese Geschichte hält: „Iiiines...! Was ist denn mit deinen Hüften passiert?“ „Mit meinen was...?“ Ich sehe über den Stapel Zeitungen hinweg an mir herunter. „Ach so,“ sage ich, „das meint ihr. Ich nenne es immer gern „Miss Molly Classic“ oder „Michelin-Mann-reloaded“, und grinse dazu wie blöde. Käpt'n Blaubär hätte seine Freude an mir gehabt. „Aber du wolltest doch abnehmen?“ Hab ich doch, ihr Hühner, liegt mir auf der Zunge und ich mache die Augen schmal. Mein Essverhalten erörtere ich mit denen garantiert nicht. Wir plänkeln noch ein bisschen, dann trolle ich mich zum Sero-Container und beginne, eine Weinflasche nach der anderen polternd in den Einwurfschlitz zu werfen. „Sind Sie Analphabet?“ Vor mir steht ein Polizist und tippt auf einen Aufkleber, der sich unterhalb der Luke befindet. Ich trete näher heran, kniepe die unbebrillten Augen zusammen und lese, dass die Benutzung in der Mittagszeit nicht gestattet ist. Vorsichtig ziehe ich den Arm mit der letzten Flasche zurück und griene schuldbewusst. „Ja, was soll ich sagen? Schuldigung, kommt nicht wieder vor.“ Ich mache mein Sieben-

Tage-Regenwetter-Gesicht. „Das wird nicht reichen“, poltert er mich an. Von weitem erklingt ein Martinshorn. Toll, jetzt kommt bestimmt die Verstärkung, um die Ruhestörerin einzukreisen. Er guckt irgendwie übertrieben streng, was mich stutzig macht und ich lasse mich zu einem Scherz hinreißen: „Der Chef vom Polizeirevier und ich, wir sind so...!, und ich zeige eine Entfernung mit Daumen und Zeigefinger, zwischen die kein Blatt Papier passen würde. Es stellt sich jedoch heraus: Der Staatsdiener ist einer von den Humorlosen, die zum Lachen in den Keller gehen. Sherlock Holmes zückt seinen Notizblock. „Könnte ich bitte Ihren Ausweis sehen?“, ruft er über den Lärm hinweg. Die Sirenen sind jetzt schon ganz schön laut. „Hab ich nicht dabei, aber ich wohne gleich da drüben“, brülle ich und deute über die Straße zu der Wohnung im fünften Stock, über deren Balkon schwarzer Rauch wabert. Ach du liebe Güte. Ich werfe mein Altpapier in die Luft, sprinte los und treffe gleichzeitig mit dem Trupp an der Schlauchspitze im Hausflur ein. „Das ist kein Feuer“, keuche ich, „das sind nur Nudeln, die anbrennen!“ Hoffentlich, hoffentlich, hoffentlich. „Ist da noch jemand drin?“ „Ja“, schreie ich, und meine den Hund. Wir hasten 10 Treppen nach oben. Fahrstuhlbenutzung im Brandfall verboten. Drinnen ist alles blau. Der ehemalige Nudeltopf mutiert gerade zum Teerkessel. Vor meinem Balkon schraubt sich just in diesem Moment ein Fahrkorb mit zwei Feuerwehrmännern in die Höhe. Was für eine Show. Ich kann mir das Lachen nicht verkeifen und ernte bitterböse Blicke plus einen Vortrag über die Herbeiführung einer Gefahrensituation. Hat euch euer Lehrer jemals verboten zu lachen? Unmöglich. Ich hab mir von innen auf die Wangen gebissen. Meine Hand vor den Mund gehalten. Die Lippen zusammengekniffen. Alles umsonst, mein unausweichlich bevorstehender Anfall war nicht zu übersehen. „Offensichtlich haben Sie den Ernst der Lage nicht erkannt“, niest mich der Einsatzleiter an, und ich breche in hysterisches Lachen aus. Meine Mutter schiebt mich beiseite und meint: „Entschuldigen sie bitte, das war ein bisschen viel Trubel auf einmal.“ Wie recht sie hat. Zukünftig bin ich vorsichtiger mit meinen Wünschen.

Transsylvanischer Exzess

13. August
Stimmung: anfangs noch etwas niedergeschlagen, weil offensichtlich gerade mal wieder Liebesfunkpause besteht, später bombastisch
News: Warum gerate ich immer an Männer, die sich nicht melden? Kein Anruf. Keine SMS. Keine Mail. Ganz prima.

Eigentlich hatte ich schon gemütlich in der Küche gesessen. Füße hoch, Kerzen an und Finger auf der Tastatur, um ein bisschen zu schreiben. Alle Körperregionen auf Wohlfühl-Freitagabend eingestellt. Da klingelt das Telefon, meine Freundin Andrea ist dran. „Los komm", bettelt sie, und sagt die Zauberworte: „Depeche-Mode-Party!"

Na aber. In diesem Fall wehre ich mich nicht lange. Wir sind schließlich Pioniere der ersten Stunde und waren schon in den Gründerzeiten der Band am Glühen. Mittlerweile sind 25 Jahre ins Land gezogen, aber diese Verbindung ist für die Ewigkeit. „Zieh dir etwas Schwarzes an!", ruft sie noch in den Hörer. Als ob ich das nicht wüsste. Black Celebration. Ich groove mich schon mal ein. Um Zehn stehen wir am Eingang eines auffällig stillen Clubs und sehen den Kartenverkäufer mit fragenden Augen an. „Ist noch Platz an der Bar", zwinkert er uns zu. Wir sind die Ersten. Scheibenkleister. Um diese Zeit ziehen wohl bloß die Muttis los. Wir sind enttarnt. Der gemeine Wochendpartygänger der Neuzeit verlässt erst nach 24 Uhr das Haus, wenn wir schon dem prä-senilen Sofaschlaf erliegen. Der DJ hat Mitleid. Er belebt die Videoleinwand, dreht die Regler auf und alles ist gut. Dave Gahan und Martin Lee Gore auf 2 x 2 Metern zum Anstarren. Ich wippe mit den Füßen und stürze zwei Gin-Tonic in atemberaubendem Tempo hinunter. Wenn schon Revivalstimmung, dann richtig. „Tolle Musik", brüllt Andrea mir zum fünfzehnten Mal ins Ohr. Ich nicke begeistert zurück. Zwei Stunden später bebt der Keller, vibriert die Luft, haben wir – und alle um uns herum – die Zeit-bleibt-stehen-Maschine gestartet. Eine in Trance wogende Masse schwarz-gekleideter Menschen mit schwarz geschminkten Augen und schwarzen Haaren.

Wir beiden Blonden sehen aus wie vom anderen Stern und liegen mindestens 10/15 Jahre überm Altersdurchschnitt. Aber hier scheint alles egal. Die Menge ist begeistert, die Menge tanzt und tobt, die Menge ist textsicher. Alle paar Minuten zischt die Nebelmaschine einen Dampfstoß dichter Schwaden über die Tanzfläche und taucht uns bis zum Bauch in waberndes Weiß. Alles wirkt völlig irreal. Wer eine Depeche-Mode-CD hat, legt sie jetzt bitte ein, der Rest stellt sich einfach folgende Szene vor: (für Insider) „Everything counts" in der Live-Version wird eingespielt. Der Anfang geht im Jubel der Massen unter. Erhobene Arme, entrückte Gesichter und Jungs in schwarzen Muskelshirts, mit Bierflaschen in der Hand. Jeder ein kleiner Solokünstler. Sie singen Wort für Wort mit. Neben uns knutscht ein Pärchen seit Stunden, während es tanzt, als wäre Dirty Dancing nach dieser Musik gedreht worden. Zum Neidischwerden. Nebel, Nebel, Nebel.

Da entdecke ich ihn: Langer schwarzer Mantel, Antonio-Banderas-Haare, Augen geschlossen. Breitbeinig und mit ausgebreiteten Armen schwebt er in anderen Sphären. Gleich fährt ein beleuchtetes Podest mit ihm in die Höhe, denke ich noch, da dreht er sich, die Rockschöße schwingend, im Kreis. Es würde mich nicht wundern, wenn jetzt ein Schwarm Fledermäuse aufsteigt. Ich fühle mich wie im Film „From dusk till down". Die tanzende Menge im Titty-Twister-Club und plötzlich – hast du nicht gesehen – schlägt die Stimmung um, und alle sind blutrünstige Vampire. Ein schneller Blick zu Antonio. Er singt unbeirrt sein Solo-Playback und macht auf große Pose. Eckzähne sehen normal aus. Ob ich gleich ins Delirium falle? Egal. Wir tanzen noch einen Titel, und noch einen. Dann wanken wir zur Bar und stellen fest, dass unsere Füße gefühllos geworden sind. Es ist halb Drei. Wir sind am Ende. Noch immer dröhnt ein Titel nach dem anderen aus den Boxen. Aber wir sehnen uns nach kurzem Weg zum Auto plus schneller Fahrt nach Hause plus kuschelweichwarmem Bett. Schluss mit lustig. Mutti ist müde. Mich wird noch Tage später ein schlimmer Muskelkater quälen. Aber, was soll ich euch sagen: Ich hab schon Ewigkeiten nicht mehr so schön getanzt.

Die Liebe und das Leben

21. August
Stimmung: Habe noch nicht wieder auf den Boden zurück gefunden. Nicht, dass ich den lieben langen Tag warte, aber so ganz geht er mir trotzdem nicht aus dem Kopf.
News: Natürlich keine. Jedenfalls nicht auf dem weiten Beziehungsfeld zwischen Mann und Frau. Grübele mir immer noch den Wolf, dabei weiß ich nicht mal, wo der Kerl steckt. Klasse, Ines! Das hast du wieder ganz toll hingekriegt. Null, aber auch NULL-Coolness

Ich hab mal gelesen, wenn Leute anfangen über das Schreiben zu schreiben, fällt ihnen nichts anderes mehr ein. Natürlich hoffe ich, ihr denkt das jetzt nicht auch, denn eigentlich ist meine Motivation eine ganz andere. Ich werde nämlich permanent gefragt, wie ich das in Gottes Namen mache? „Ich verstehe das nicht", sagte zum Beispiel meine Freundin Andrea neulich, „Wir waren auf derselben Party, haben das Gleiche erlebt und gesehen. Aber mir würden keine fünf Sätze dazu einfallen."

Ganz einfach: Ich sehe mit anderen Augen oder, um es mal hochtrabender mit Thomas Mann zu sagen, ich mache mir mehr daraus. Er meinte nämlich: „Phantasie haben heißt nicht, sich etwas auszudenken, es heißt, sich aus den Dingen etwas zu machen."

Für mich kann eine kleine Begebenheit der Auslöser sein, um über die Liebe, Zusammengehörigkeit und das Leben im Allgemeinen nachzudenken. Wie letztens, als ich zufällig Zeuge wurde, wie ein älterer Herr verzweifelt zur Krankenschwester sagte: „Ich gehe hier nicht ohne meine Frau weg!" Sie versuchte ihn, zu beruhigen. Es handele sich doch schließlich nur um eine Untersuchung und es könne gut und gerne zwei Stunden dauern. Aber er blieb stur. „Ich habe ihr versprochen, hier (er klopfte auf seinen Stuhl) auf sie zu warten. Was ist, wenn sie eher fertig ist und ich bin nicht da? Kommt nicht infrage. Ich gehe hier nicht weg!" Zur Unterstützung haute er bei jedem Wort seinen Gehstock auf das Linoleum. Rums. Rums. Rums. Weißer Adler (80) hatte gesprochen.

Ich schwöre euch, ALLE Frauen im Raum haben Opa selig angelächelt. Und ich wette außerdem, die Hälfte davon schwärmte davon am selben Abend einer Freundin oder ihrem Mann etwas vor. Ich dagegen habe in Gedanken bereits diesen Text verfasst. Habe gesonnen darüber, was wir für den Rest unserer Tage ersehnen? Mit wem wir alt werden wollen? Ob dies die Antwort ist auf die Frage: Was ist Glück? Erstens gehen bei solcherlei Überlegungen Wartezeiten in Windeseile vorbei und zweitens, wurde mir mal wieder klar, dass ich genau DAS will. Keinen Urlaub in der Karibik. Kein Katalog-Haus. Keinen Don Johnson an meiner Seite. Sondern einen Mann, der mich liebt und hält, was er verspricht. Punkt.

Manchmal müssen es aber nicht einmal Begebenheiten sein, die mich animieren, zum Stift zu greifen. Ein schönes Wort tut es mitunter auch. In meiner Schublade liegt ein „Hexenbuch", in das ich alles, alles hineinschreibe, was ich aufschnappe, lese und erlebe. Mein Skurilitätensammelbuch. Primärkontakt, Niesprimel, Chefromantikerin; alles Begriffe, die ich darin aufbewahre und irgendwann verwende.

Aber natürlich passieren mir auch einfach unentwegt ungewöhnliche Dinge. Wie heute morgen zum Beispiel. Mein Sohn (20 und nervensägig) treibt mich mitunter in den Wahnsinn. Eher laut und temperamentvoll veranlagt, knallt er gern mal Türen und macht Muttern deutlich, dass sie diejenige ist, die nicht mehr alle beisammen hat. Irgendwann reicht es dann selbst mir. Ich bin EXPLODIERT. Die Detonation einer Feuerwerksfabrik ist ein Hühnerschiss dagegen. Mitten im größten Donnergebrüll öffne ich die Tür, um etwas in den Hausflur zu stellen: Da steht ein Mann im schwarzen Anzug mit ausgestrecktem Arm davor, gerade im Begriff, meine Klingel zu betätigen. Hinter ihm zwei weitere Dunkelanzugträger, die synchron zusammenzucken. Eine Szene von Loriot, denke ich gerade, da reicht mir Anzug Nummer Eins ein Glaubensheft und faselt von Liebe, Vergebung und friedlichem Zusammenleben. Zwei und Drei nicken gütig aus dem Hintergrund. Hallo? Hier speien gerade zwei Drachen Feuer! Seid ihr taub? Die Flammen schlagen noch aus meinen Nüstern, wenig Blut in meinem Adrenalin, Blick wild. „Ruhe", fauche ich, und unterbreche die Auserwählten-Wiederauferstehungs-Geschichte. Dann knalle ich den Jüngern die Tür vor der Nase, lehne mich von innen dagegen und muss lachen. Na bitte, denke ich und vergesse darüber den Blitzkrieg mit Sohnemann. Ist doch wieder ein schönes Beispiel, wie ich zu meinen Geschichten komme. Aus dem Leben heraus. Ohne Zipp und Zapp.

Musikladen extra

25. August
Stimmung: Eine Mischung aus „Ich bin beleidigt"(20%), „Ich bin verwundert" (30%) und „Kann mir das vielleicht mal einer erklären?" (50%)
News: Auch wenn im Text nicht erwähnt, mein absoluter Favorit ist zurzeit Roger Cicero. Klasse Mann. Mörder Swing. Hippe Texte.
Liebestechnische Neuigkeiten: Keine. Nachrichten: Keine. Aussicht auf Besserung: Null.

Manchmal würde ich mein Leben gern mit einem Soundtrack unterlegen. Schlechte Laune? Aerosmith. Lebenskrise? Rosenstolz und Grönemeyer. Himmelhoch jauchzend? Alles von Ray Charles bis Fettes Brot. Wer sich gern vorher informieren möchte, wie ich so drauf bin, holt einfach nur die CD aus dem Auswurffach. „Ach, du liebe Güte. Es ist Maria Callas", höre ich meine Freundin Evy schon rufen, „Kinder, stellt die Weinflaschen kalt. Da ist Kummer im Anmarsch!" Schon als Kind war das so. Hatte ich ein Lied als Favoriten für eine bestimmte Stimmung auserkoren, durfte es mich begleiten. Den ganzen Tag. Der Titel war zu Ende, ich spulte zurück. Zu Ende – zurück. Zu Ende – zurück. Nach einer Stunde rannte meine kleine Schwester heulend aus dem Zimmer. Nach dreien stand meine Familie in der Tür. Sie hatten Gewehre in der Hand und drohten, mich zu erschießen, wenn ich noch ein einziges Mal den Rückspulknopf betätige. Natürlich übertreibe ich wieder. Aber sie bekommen noch heute dieses mordlüsterne Funkeln in den Augen, wenn „Bohemian Rhapsody" von Queen im Radio läuft. Dieser Titel wird auf ewig mit einem Nachmittag in unserem Leben verbunden sein. Muddi stöhnt dann: „Weißt du noch? Damals waren wir kurz davor, dich umzubringen?" Und ich knirsche: „Wie könnte ich das vergessen." Sie hatten mir meinen Minett-Recorder entzogen. Und nun? Der Walkman war schließlich noch nicht erfunden. Jedenfalls nicht in unseren Breitengraden. Auch die Kassetten, meine selbstaufgenommenen Schätze, waren weg. Dabei hatten sie solche Mühen gekostet. Montagabend in den Siebzigern. Der Kassettenrecorder auf meinem Schoß, linker und rechter Zeigefinger abdrückbereit in Stellung. Ich wartete. Auf die Bay

City Rollers, Electric Light Orchestra und Jean-Michel Jarre. Die Finger wurden taub. Dann endlich: Play und rote Taste genau zeitgleich drücken und atemlos auf das Schnarren des Bandlaufwerkes lauschen. Geschafft. Anfang und Ende des Titels waren meistens trotzdem nicht ganz drauf, oder mit der Stimme des Moderators verziert. Drei Tage später erbettelte ich mir meinen Recorder zurück. Freddy musste im Karton bleiben, das war so ausgemacht und auch nicht weiter schlimm. „I'm not in love" von 10cc war mittlerweile meine Nummer Eins. Genau die richtige musikalische Untermalung für eine heimlich Verliebte in einen Jungen aus der Neunten. Und diesmal war ich schlauer. Ich nahm den Titel dutzende Male hintereinander auf. So wurden meine Tagträumereien nicht von lästigem Spulen unterbrochen. Heute drücke ich einfach die Repeat-Taste und höre eine Robbie-Williams-Schnulze im Dauerbetrieb, wenn mir danach ist. Am besten im Auto. Von Männern wird ja oft behauptet, dass sie gern sinnlose Dinge tun. Angeln, und die Fische anschließend ins Wasser werfen, zum Beispiel. Oder ins Auto steigen, und einfach so herum fahren. Das mit dem Angeln wäre nichts für mich. Zu still. Aber ziellos durch die Straßen fahren und laute Musik hören, ist wie eine Gratisstunde beim Seelendoktor. Hab ich nach einem Streit schon immer gern getan. 23 Uhr auf der Autobahn, ein bißchen zu schnell und Silly in Endlosschleife. Im ersten Rausch möchte ich immer bis zur Ostsee fahren, dann reicht meine Wut doch nur bis zur Stadtgrenze, und ich kehrte kleinlaut grummelnd nach Hause zurück. Mein derzeitiger Wutkiller sind die Böhsen Onkelz mit „Eine Nacht die niemals endet". Schaurig, schräg und laut. Ein prima Antiaggressionstraining. Neulich habe ich es sogar mal wieder mit PUR versucht. Vor ein paar Jahren noch für jede Lebenslage gut. Aber irgendwie sind wir Frauen doch ein bisschen angepieselt, dass unser Hartmut alle Nase lang für eine Andere Liebeslieder trällert. Wo kommen wir denn hin, wenn nicht mal ER die Worte „für immer und immer" auch so meint? Was ich mir wünsche? Immer ein Lied zur rechten Zeit und genug Sprit im Tank, falls es doch mal bis zur Küste reichen muss.

Nostalgiewelle

27. August
Stimmung: Aus Mangel an glücklich machenden Alternativen, beschäftige ich mich mit Blödsinnigkeiten – melancholischen Filmen, gedanklichen Trips in die Jugend, drögen Hirngespinsten.
News: Keine. Verschimmele einsam und von Selbstzweifeln zernagt in meiner Bude. Der Sommer geht – die Depression kommt. Schon die zweite in diesem Jahr.

Wenn ich abends allein auf meinem Balkon abhänge, Weißwein schlürfe und in die Sterne gucke, kommen mir die absurdesten Ideen. Neulich habe ich mir aus reinem Paralleldenken den Film „Sommer vorm Balkon" ausgeliehen, Fernseher und Rekorder nach draußen geschleppt und von der Gartenbank aus eine Flimmerstunde abgehalten. Schließlich ist auch vor meinem Balkon noch Sommer. Warnung, Mädels! Guckt diesen Film NIEMALS allein, unter Alkoholeinfluss und wenn ihr schon langjährige Singles seid. Traueralarm der allerersten Güte, dem eine Heulorgie und besinnungsloses Besäufnis folgen können. Nirgendwo kriegt man besser vor Augen gehalten, wie beschissen es einem wirklich geht. Alles Schönreden sinnlos: Wir sind verloren, Traumprinzen gibt es nicht, die Welt ist schlecht für romantische Frauen im mittleren Alter. Es zu ahnen ist das eine – es in Farbe an den Kopf geworfen zu bekommen, etwas ganz anderes. Mir war hundeelend.

Heute liege ich hier und denke lieber über alte Zeiten nach. Montagabend in den Siebzigern. Wie hieß nur diese Sendung, in der ich immer meine Musikkassetten aufgenommen habe? Und der Moderator? Irgendetwas mit „Wolf", das wusste ich noch. Aber dann lies mich mein berühmtes, nicht vorhandenes Gedächtnis im Stich. Kennt ihr das kribblige Gefühl, wenn euch der Name eines Schauspielers partout nicht einfallen will, oder der Titel eines Buches? Zum Wahnsinnigwerden. Ich grübele dann bis spät in die Nacht, rufe alte Freunde an, schreibe e-mails und gucke unter Google nach. Mangelnder Gehirninhalt wird wenigstens durch Ergeiz ersetzt. Nach zwei Tagen erhielt ich Post von einer sehr netten Frau Wollnik aus der

Rechercheabteilung des Deutschlandfunks, die mir mitteilte, dass diese Anfrage sie des öfteren erreiche, da besagte Sendung seinerzeit sehr beliebt war. Ich hielt den Atem an, las weiter und war mit einem Schlag dreizehn Jahre alt.

1977 in einer Magdeburger Altbauwohnung. Drei Zimmer, Küche, Bad. Eins davon teile ich mir mit meiner achtjährigen Schwester, die mich bei Mutti verpetzt, wenn ich so spät noch Musik höre. Also liege ich unter der Decke und atme heiße Luft, während ich das Radio an mein Ohr presse. Es ist ein MIKKI-Miniradio mit schwarzgelochter Kunstlederhülle und Handschlaufe. Auf der rechten Seite ein gezahnter Drehknopf zum Anschalten und Lauterdrehen. Darüber das Drehrädchen zum Sendersuchen. Ich schnarre mich durch die unendlichen Weiten des Mittelwellenradios, bis ich am Deutschlandfunk hängen bleibe. Montagabend, 20.15 Uhr bis 21.30 Uhr: Erkennungsmelodie „Apollo-Flight" von der Boston Show Band. Schagerderby auf DLF. Der Moderator heißt Karl-Ludwig Wolf und ist meine erste große Liebe. Eine Stimme zum Niederknien und gesegnet mit Verständnis für die wirklich wichtigen Probleme des Universums. Die Beantwortung der Frage: Welches ist die beste Band der Welt? Sweet oder die Bay City Rollers? Diese Thematik scheint eine Nation zu spalten, und nicht nur in Ost und West. Entweder man ist erbitterter Sweet-Fan und hasst die smarten Schotten-Jungs oder umgekehrt. Alle vier Wochen gibt es anstelle der Hitparade ein „Intermezzo", das auch „Zwischen den Rennen" heißt. Hier werden Wunschtitel gespielt und Leserbriefe vorgelesen. Auch einige aus dem Osten, die auf abenteuerliche Weise zum Sender gelangten. Omas schmuggelten sie in ihren BHs, Westbesuche versteckten sie in der Seitenverkleidung ihres Audi 100 oder man schickte die Briefe aus dem Ungarn-Urlaub ab. Wie auch immer, sie erreichten ihr Ziel. Meine nicht. Ich schrieb Karl-Ludwig, genannt Carlo, mehr als ein Mal auf dem üblichen Postweg. Eifrige Kontrolleure fingen die pubertären Liebesbriefe immer wieder ab. Sicher wurden sie in einem Ordner abgeheftet: Landesverräterische Sabotageschreiben von Thälmannpionieren. Meiner Liebe tat das keinen Abbruch. Ich lauschte atemlos seiner Zauberstimme und wartete auf die Platzierungen. Die „Charts“ waren noch nicht erfunden. Junge, muss ich schon alt sein.

Am nächsten Tag auf dem Schulhof wurde ausgewertet. War genügend auf die alles entscheidende Frage (siehe oben) eingegangen worden? Hörte sich das neue Lied von Slade nicht grausam an? War Karl-Ludwig Wolf nicht süß-süß-süß??? Abba-Fans wurden milde belächelt. Nichthörer waren Looser. Oder in der damaligen Sprache: Urst unfetzig. Während wir wild diskutierten und schmachteten, liefen wir zu zweit untergehakt in großen Kreisen über den Schulhof. Als wäre Freigang im Knast. Vorbei an den Zehntklässlern, die knutschten und rauchten. Vorbei an den Knirpsen aus der Dritten, die Gummitwist spielten. Vorbei, vorbei.. Unsere Kreise sind größer geworden. Runter vom Schulhof, ab ins Leben und später sogar raus in die Welt. In eine, die das Wort Westradio nicht mehr kennt und in der man seine Briefe zur Not persönlich im Kölner Sender abgeben kann. Was für ein unbeschreibliches Glück.

Eine Reise mit Erdbeeren in der Hand

31. August
Stimmung: Letzter richtiger Sommertag. Plane mit den Mädels eine Sause, das lenkt ab.
News: Habe SMS geschickt (dumme, unverbesserliche Romantiktussi, die ich eine bin). Mitten in der Nacht, nachdem die Flasche Rose' geleert war und ich eine Stunde am Stück geschluchzt hatte, wegen des „Balkonsommer"-Films. Wusste am anderen Morgen nichts mehr davon, Text stand aber noch im Display. Schande, lass nach. Natürlich keine Antwort bekommen. Ganz finster.

Während ich diese Zeilen an euch schreibe, fliegen Rapsfelder und ein Tiefdruckgebiet an mir vorbei. Ich sitze im Zug und nippe – ganz Frau von Welt – an meinem Coffee-to-go. Nix los in meinem Holzklasse-Abteil. Mir gegenüber ein Sakkoträger, der abwechselnd Sabberblasen schnarcht oder das Wirtschaftsmagazin auswendig lernt. In der Sitzgruppe nebenan fläzen zwei Frauen, die ihre Gewichtsproblematik zum Thema haben. „Ich bin einfach mit der Gesamtsituation unzufrieden", jammert die eine. „Morgens rolle ich mich aus dem Bett, blicke in den Spiegel und was muss ich sehen: Ich bin dick, dick, dick. Da ist die Stimmung halt im Eimer." „Und jetzt ist es Sommer", grätscht die andere mit einem Anflug von Panik in der Stimme ein. „Bei dreißig Grad im Schatten kannst du keine Jacken mehr anziehen, die das Gröbste bedecken. Aber die Blusen kleben am Körper und fressen sich in die Rückenrollen." Ich grinse hinüber. Eine Tunneldurchfahrt später hocken wir zu dritt auf der Bank und mümmeln Donuts. „Ich werd ja eigentlich schon vom Hingucken...", lässt eine von ihnen den Satz unvollendet, und wir wissen alle, was sie meint. Ich deute auf meine zwei Bauch-Schwimmringe, die ich insgeheim als Cordula und Marlies bezeichne. Cordula, auch „die gemeine Magenrolle" genannt, hat sich besonders breit gemacht. Ich dürfte sie eigentlich nicht mit Donuts füttern, tue es aber gelegentlich. „Ich hol uns mal 'nen Kaffee", möbele ich die Stimmung auf und ziehe los. „Aber bitte mit Sahne von schlanken Kühen!“, rufen sie lachend hinterher. Als ich wieder eintreffe, ist der Tisch mit dem Inhalt ihrer Rucksäcke beladen. „Grundgütiger“, staune ich, „dazu braucht man aber eine Bauchspeicheldrüse, die mit einem fröhlichen ‚JA‘ zum Leistungsdruck durchs Leben geht.“ Weißbrot, Remouladensauce, Mayonnaisensalat, Leberwurst und Schmalz. „Nur ausnahmsweise. Wir kommen grad von einer Hochzeit auf dem Lande“, freuen sie sich, und stellen noch eine Flasche trüben Apfelmost und Kirschwein dazu. Ich seufze kurz und hake den Tag als „Zunahmetag“ vom ewigen Diätkalender ab. „Ich will dir mal was erzählen.“ Die sich mir als Anja vorgestellt hat, rutscht ein bisschen näher an mich heran, und flüstert leise auf mich ein, damit die anderen Mitreisenden nichts davon mitbekommen. Manche machen nämlich mittlerweile lange Ohren. „Ich war schon als Kind pummelig. Nicht schlimm, aber für meine Mutter immerhin dick genug, um mich mit zwölf auf Magerkost zu setzen. Du musst auf dich aufpassen! Das einzig Schlanke an dir sind deine Füße, mahnte sie immer, und nahm mir den Teller weg. Dann tat sie meinem Bruder ordentlich auf (schließlich sollen Jungs ein bisschen was auf den Rippen haben) und ich lernte dabei Folgendes: Frauen müssen hungrig sein – Männer dürfen sich satt essen. Ich habe eine Karriere als Teilnehmerin eines jeden Diätclubs der Stadt hinter mir. Was in dem einen erlaubt war, wurde im nächsten garantiert verboten: nie Fett – viel Öl, kein Obst – jede Menge davon, drei Mahlzeiten am Tag – fünf Mahlzeiten am Tag, vier Stunden Pause dazwischen – gar keine Hungerpausen, Kartoffeln satt – alles, außer Kartoffeln. Dazwischen magische Kohlsuppe oder die Glyxdiät. Ich hab Unmengen bezahlt für Vitamin-Protein-Shakes und die erforderlichen Diätgruppenzubehörteile: passende Kochbücher, Messlöffel, Lebensmitteltabellen, Küchenwaagen, Schrittzähler und Shakerbecher in rot und grün. Ich kann mit Fug und Recht behaupten, über das unglückliche Zusammenspiel aller Lebensmittelgruppen Bescheid zu wissen. Trotzdem esse ich gern fetten Käse zu Rotwein. Basta. Und soll ich dir sagen warum?“ Ich nicke, unfähig ein Wort zu sagen, weil ich meine Weight-Watchers-Gruppenstunden vor meinem geistigen Auge sehe. „Ich hab alles bekommen: einen dicken Bauch, ein zweites Doppelkinn und Frust, aber keinen Hühnerpopo. Seit einem Jahr esse ich, was und wann ich will und hab schon dreizehn Kilo abgenommen. Allerdings ist jetzt das Beste gerade gut genug. In meiner Handtasche trage ich immer dies hier ..." Sie kramt einen Zettel hervor, und ich lese:

Das Leben sollte keine Reise ins Grab sein, mit dem Ziel, wohlbehütet und in einem attraktiven, gut erhaltenen Körper anzukommen, sondern eher ein seitwärts Hineinschlittern, Chardonnay in einer Hand, Erdbeeren in der anderen, den Körper total verbraucht und abgenutzt, und dabei jubelnd: „Woohoo! Was für ein Ritt!"

Das wird ab jetzt mein neues Lebensmotto. Ich will mit siebzig auch so aussehen. Glücklich verlebtes Leben im Gesicht, tausend Runzeln vom vielen Lachen, Knie und Füße beim Tanzen verbraucht, die Stimme heiser geschwatzt, das Herz noch übervoll vom vielen Lieben und ruhig ein bisschen rund vom guten Essen. So soll es sein.

Amen!

Herbst

...oder die Frage:

Was wollen Männer wirklich im Rapunzelturm und wäre eine Weiber-WG nicht doch die bessere Lösung?

Martha, Martha

01. September
Stimmung: prächtig, wir sind ein wunderbarer Weiberhaufen. Party wird toll, keine Frage. Bin auch sonst wieder fast die alte. Grübeleien sind Geschichte.
News: Schlafe zum ersten Mal seit Wochen wie ein Bär. Andere Mütter haben auch schöne Söhne. So.

Manchmal sehe ich meine Freundin Martha acht Wochen lang nicht. Wir halten auch keinen täglichen Telefonkontakt oder schreiben uns endlose Mails. Bei uns ist es wie mit dem Spruch im Poesiealbum: Gute Freunde sind wie Sterne. Du kannst sie nicht ständig sehen, aber sind immer da. Doch wenn wir uns dann treffen, wird aufgeholt. Dann haut sie mir in die Seite und ruft: „Los, Möhre...kurzer Abriss. Ich will alles wissen! Mein letzter Stand ist der und der. Was ist seitdem passiert?“ Und dann werfen wir beim Quasseln Blasen. Wir reden und tanzen und lachen und trinken, bis mir irgendwer um fünf Uhr morgens das Glas aus der Hand nimmt, und mich Richtung Gästebett schiebt. Widerstand zwecklos. Genau wie der Versuch, beim nächsten Mal maßvoller zu sein. Denn eins ist gewiss: Der folgende Tag wird mit jedem Jahr grausamer und die Nachwehen halten unverschämt lange an. Mittlerweile kämpfe ich achtundvierzig Stunden unter Aspirinmissbrauch um den aufrechten Gang. Mein fortschreitender Alterungsprozess äußert sich eben auch in verlängerten Rekonvaleszenz-Zeiten.

Beim letzten Mal lagen wir bewegungslos auf der Wiese, schauten in den Himmel und warteten auf den Wirkungseintritt der Schmerztabletten. „Guck mal“, hauchte sie matt, „die Wolken da oben sehen aus wie wir.“ „Hm. Wie wir vor einer Million Jahren.“ Über diese Feststellung hinweg dösten wir ein. Wie lange wir uns schon kennen? Das kann ich euch genau sagen: Als Martha in mein Leben trat war ich sechzehn Jahre alt, hatte lange blonde Haare und wog dreiundfünfzig Kilo. Bei ihr waren die Verhältnisse ähnlich, obwohl sie bis heute ihr Gewicht nur verraten würde, wenn ihr jemand rostige Eisennägel in die Fußsohlen hämmert. „Ich habe einen schweren Knochenbau“, pflegt sie in solchen Momenten zu sagen und zeigt demonstrativ ihren Unterarm. Was wohl bedeuten soll, dass man die schlimmste anzunehmende Zahl noch mit einem Vielfachen multiplizieren kann. Mir ist es ja piepegal, und damals, 1981, hatten wir sowieso andere Sorgen. Woher bekomme ich einen Ostfriesennerz? Welches Mittel überdeckt am wirksamsten Zigarettengeruch, damit unsere Eltern nicht ausflippen? Wer kennt den Einlasser vom Cafe Impro? Sorry, es an dieser Stelle sagen zu müssen: Aber ich mochte Martha nicht. Sie hatte so etwas Lautes, Chefmäßiges. Dauernd meldete sie sich zu Wort und ließ sich in jeden Posten wählen, den es zu vergeben gab. Umgekehrt war es genau so. Ihr war ich zu dünn (!!) und affektiert. Ich weiß noch, dass sie an unserem ersten Schultag auf dem Weg zur Straßenbahn vor mir lief; mit weit ausholenden Schritten und Collegemäppchen unterm Arm. Ihre dicke, blonde Glattmähne wippte bei jedem Schritt wie in einem Werbefilm aus dem Gard-Haarstudio. Nein, ich konnte sie nicht leiden. Was aus heutiger Sicht wohl auch daran lag, dass der Chefposten sonst immer mein Part war. Ich wollte sie meiden: Ging nicht. Ihrem ansteckenden Lachen widerstehen: Absolut unmöglich. Ich wollte so wenig wie möglich mit ihr zu tun haben: Wir wurden unzertrennlich. Bis heute. Seit 25 Jahren teilen wir Liebesschmerz, Kinderkummer, Bankgeheimnisse und Gewichtsprobleme. Und jeden glücklichen Moment. Wir sind Simson gefahren und Fahrrad, Porsche und Bus, zu Fuß gelaufen und geflogen, auf störrischen Pferden geritten und mit Booten geschippert. Wir haben öffentliche Diätgruppen bereichert und im selben Schicksalsjahr Söhne geboren. Heute ist ein besonderer Tag: Wir feiern Silberhochzeit, mit Toast Hawaii und Wermut-Cola. Ein Nostalgie-Doppel mit Kopfschmerzgarantie. Aber es wird ganz ohne Zweifel und jegliche Reue einer von den guten Abenden. Wir müssen uns nicht mehr jede Woche sehen, um zu wissen, was wir aneinander haben. Denn eins ist mal klar: Wir haben unsere ersten Brillen gemeinsam gekauft, und werden es auch mit den letzten so halten.

Die Hochzeit des Jahres

08. September
Stimmung: Endlich mal wieder exorbitant fröhlich.
News: Heute gibt's eine Party, die hat die Welt noch nicht gesehen. Bin in der Abteilung Spaß, Unterabteilung Mädchen-Spaß, gelandet. Kein Platz für Männerkummer. Im Gegenteil, fühle mich vi-va-vogelfrei.

Ein Segelboot gleitet durch den Abendhimmel, der Soundtrack geigt sich dem Grande Finale entgegen, und schon ist es Geschichte. Nach 365 Folgen im Vorabendprogramm hat Lisa Plenske soeben geheiratet und fünf Frauenzimmer sitzen mit rotgeheulten Augen in meiner Küche.

Wir haben gequiekt vor Vergnügen, vergessen zu atmen und am Schluss die Wunderkerzen geschwenkt. Weil wir unheilbar romantisch sind und völlig bescheuert. Hach ja, wir geben es ja zu. Aber es war der wirklich allerschönste Abend, den frau sich zu diesem Anlass vorstellen kann. Jedes männliche Wesen in einem Sicherheitsabstand von weniger als fünfhundert Metern hätte gestört, wie die Werbung beim Formel-Eins-Rennen. Habt Nachsicht. Denn schließlich, ihr einzigartigen Herren der Schöpfung, tickt ihr bei diesem Thema auch regelmäßig aus. Mittlerweile hat sich euer sonntägliches Autorennen zum Drei-Tage-Event hochgeschaukelt. Freitag: Aufwärmen der Reifen. Samstag: Wiederholung vom Aufwärmen der Reifen. Freies Training. Qualifying. Bis hin zum eigentlichen Rennen sind die Boliden schon vierundzwanzigtausendmal röhrend im Kreis gefahren. Anschließend: Drei Stunden Nachberichterstattung, Promi-Meinungen und Zeitlupen-Wiederholungen aus jedem verdammten Kamerawinkel. Die falsche Reifenwahl wird zur Frage der Nation. Ich kenne Frauen, die beim Namen Michael Schumacher in sich zusammen sacken und schnarchen, als hätte ein Hypnotiseur mit den Fingern geschnippt. NATÜRLICH ist das nicht mit unserem Serien-Quark vergleichbar. Wer das gegenüber seinem Liebsten behauptet, kann gleich die Scheidungsanträge aus dem Internet runterladen.

Formel 1 ist Sport und Lisa Plenske einfach nur doof. Lisa wer? Ich gebe es zu: Auch ich war keine von den Telenovela-Tanten. Ich hab in den ersten Wochen mal bei „Verliebt in Berlin" vorbei gezappt, und dann das Interesse verloren. Die Verwandlung vom hässlichen Schnattchen zur Prinzessin Tausendschön dauerte mir irgendwie zu lange. Trotzdem wusste ich in groben Zügen Bescheid, und hatte meinen Fan-Mädels versprochen, die finale Folge anzuschalten. Es wurde ein Wahnsinns-Abend. Ein Countdown-Zähler in der rechten Bildschirmecke bis zum eigentlichen Filmstart versetzte uns in Silvesterspannung. Der hastig vertrunkene Prosecco tat sein Übriges. „Drei-Zwei-Eins-Null", brüllten wir im Stehen und waren in Mordsstimmung. Wie auf einer Frauentagsfeier von 1988 nach dem dritten Weinheber Und nicht nur wir. Offensichtlich hatten sich noch mehr weibliche Filmgucker-Gruppen gebildet. Bei aufregenden Szenen schallten „Ah"-und „Oh"-Kreischer über den Platz, als wäre noch mal Endspiel bei der Fußball-WM und Deutschland im Finale. Nur, dass es hier um die Frage ging: Wen wird Lisa heiraten? David oder Rocco. Wir waren unschlüssig, schwenkten aber im Laufe der Veranstaltung kollektiv zum glutäugigen Herrn Seidel um. Auch wenn meine Kosmetiker-Freundin maulte, ‚dass seine dicken Augenbrauen sie ständig animieren würden, die Pinzette rauszuholen.' Wir haben uns weggeschmissen vor Lachen, und in rührenden Momenten unsere Gänsehauthöhen verglichen. Natürlich hatte das Ganze etwas Verrücktes und mit Sicherheit gibt es wichtigere Dinge im Leben. Aber schön war's. Zeitweilig hörten wir vor Aufregung sogar auf zu kauen und starrten mucksmäuschenstill zum Bildschirm. Bis bei „You are so beautyful" von Joe Cocker alle Arm in Arm die Wunderkerzen schwenkten und das Türschloss ging. Sohnemann kam nach Hause und fasste sich grinsend an den Kopf. Muttern & Friends am Abdrehen. „Weiber", faselte er kopfschüttelnd beim Weggehen. Eine Aussage, die er noch oft in seinem Leben treffen wird, und die eigentlich alles und nichts bedeutet. „Weiber" heißt nämlich soviel wie: Ihr seid total bekloppt, aber wir haben euch trotzdem lieb. Na bitte, liebe Männer. So wollen wir das hören. Immerhin verschlafen wir auch milde lächelnd euren Schumi-Rausch, wecken euch um sechs Uhr früh zur Rennübertragung aus Suzuka und bringen die Auto-Zeitung vom Einkaufen mit. Da wird doch ein bisschen Serien-Liebes-Duselei noch erlaubt sein, oder?

01.00 Uhr Rapunzel, Rapunzel, lass dein Haar herunter! Die Türklingel geht. Ich hab schon geschlafen. Er fragt, ob er noch mal kurz hochkommen kann. Da steht er nun, genau drei Minuten lang. Überreicht mir ein Glas selbstgemachte Marmelade, guckt mir tief in die Augen und verabschiedet sich für die nächsten Wochen. Dann saust er wie der Wind die Treppen hinunter. Was war das jetzt, bitteschön? An Nachtschlaf ist nicht mehr zu denken. An Vogelfreiheit auch nicht.

Die letzten Tage vor Eden

13. September
Stimmung: Katastrophal verwirrt. Das wird noch chronisch, ich sag's euch.
News: Hatte eine e-mail von ihm „Wie heißt Dein Hund? Ist er Knochen-Enthusiast oder eher nicht?" Dachte doch prompt, er kommt noch mal vorbei, mit einem Knochen für Hermann unterm Arm. Bude geputzt, Weißwein kalt gestellt, Kerzen angezündet und gewartet. Bei meinem Glück (und seinen komischen Einfällen) knippert er die Fresstüte einfach an meinen Briefkasten. Kontrollgang. Nix Tüte. Was soll ich sagen: Fünf Tage vergangen – kein Lebenszeichen von dem alten Knochen. Sind wir wieder auf Dosenfutter umgestiegen.

Jeden Tag das gleiche Ritual. Bevor ich meine Schreibstube besetzen kann, ist erst einmal Arbeitsplatzberäumung angesagt. Ich sortiere Zeitungen plus Telefone beiseite und grabe mich durch eine Schicht Kassenbons, Werbe-Flyer und alte Teller. Ah, da ist sie: Meine Tastatur. Jetzt noch die Maus. Herr im Himmel. In diesen Wänden neigt sich die Anwesenheit meines Sohnes stündlich dem Ende entgegen, aber auf den letzten Metern gibt er noch mal alles. Seine Tagesaufgabe lautet: Wie bringe ich das Muttertier mit wenig Aufwand an den Rand der Raserei? Pupseinfach: Man nehme den Inhalt von Hosentasche und Rucksack plus ein paar Lebensmittelreste, und kippe das Gemisch über ihren Schreibtisch. Voilá. Wahrscheinlich begutachtet er danach sein Werk und flüstert zärtlich: „P e r f e k t !" Ziel erreicht. Muttern explodiert, und der Knall ist noch in Merseburg zu hören. Ich weiß nicht, wie schwer diese Hose vor dem Entleeren der Taschen war, aber beim Treppensteigen ersetzt sie wohl ein adäquates Trainingsgerät. Manchmal wundere ich mich, dass nicht noch Stofftiere und Raketenbausätze zum Vorschein kommen. McGuyver hätte jedenfalls seine helle Freude daran. Aus dem Inhalt einer Tasche könnte er Rettungs-Sets für siebzehn Leute basteln.

Was sich hier so fröhlich liest, macht mich eigentlich wahnsinnig. Meine schöne Tastatur ist ein Reiz-Ort für Allergiker. Ein Blick darauf erspart mir die Recherche, was Sohnemann heute gegessen hat. Tomatenstücke und rote Soße zeugen von einem italienischen Gelage. Getrocknete Käsereste neben der Enter-Taste grenzen es auf Pizza ein. Manchmal finde ich ganze Fische zwischen den Buchstabenreihen. Nun gut. Wenigstens hatte Junior eine warme Mahlzeit. Ich zähle bis zehn und versuche, nicht auszuflippen. (eins, zwei, drei) Das Gesundheitsamt wird meinen Schreibtisch noch zum Testlabor deklarieren. (vier, fünf, sechs) Öffentliche Zurschaustellung, wie man mit einfachsten Mitteln resistente Bakterienstämme züchtet. (sieben, acht, neun) Hilfe. Das „Jot" hat sich beim Putzen verklemmt. Ich muss es mit dem Kartoffelmesser heraus operieren. Nun wackelt es in der Reihe wie ein alter Zahn. (zehn) Ganz ruhig, Ines. Es ist in Kürze vollbracht. Schließlich hat die Mutter-Kind-WG fast ausgedient, und du möchtest doch an euren letzten gemeinsamen Tagen nicht nur die Xanthippe raushängen lassen? Noch zwanzig Mal schlafen, dann zieht er zum Studieren nach Berlin. Dann habe ich meinen Arbeitsplatz für mich allein. Er wird abends noch so aussehen, wie ich ihn morgens verlassen habe. Hurra. Macht euch warm, Berliner. Wahrscheinlich wird in der Hauptstadt das neuartige Virus ausbrechen, welches Sohnemann bereits in seinem Notebook heranzüchtet.

Ich befasse mich derweil mit Schadensbehebung, und friemele mit der Pinzette die Reste eines Döners aus meiner Tastatur. Himmelherrgottsakrament. Ich esse auch gern. Von der Morgenmarmelade bis zum Mitternachts-Snack vernasche ich alles, was mir zwischen die Finger kommt. Am liebsten sitze ich noch nachts auf dem Küchentresen und lasse mich mit Käsehappen füttern. Ist ja auch nicht zu übersehen. Aber muss es denn ein Klecker-Matsch-Fladen vor dem Computer sein? Das ganze Weißkraut liegt im Alphabet. Mir sträuben sich die Nackenhaare. Ein paar getrocknete Brotkrümel weigern sich hartnäckig, ihren Schlafplatz über der Leertaste zu räumen. Ich muss schweres Gerät einsetzen und hole den Staubsauger. Ein blöder Fehler. Mit lautem Klimpern rumpeln „I" und „K" durch das Saugrohr. Das morsche „Jot" fegt hinterher. Toll. We soll ch denn etzt mene olumne schreben? Während ich den Staubsaugerbeutel seziere, fange ich wieder zu zählen an.

Ein ungeduldiges Schaf

16. September
Stimmung: herbstlich angehaucht will mich ablenken und kriege es nicht hin
News: Keine. Bin vom elektronischen Kommunikationssystem abgeschnitten. Erörtere im Freundinnenkreis alle Gründe, die seine gen Null tendierende Kontaktfreudigkeit begründen könnten: Desinteresse, Lust am Jagen verloren, Tageslicht-Tauglichkeitsprüfung nicht bestanden (ich) , Intelligenztest ebenfalls nicht, ernüchtert, Irrtum erkannt, ein Arschloch (Nein !!), schwul, vergeben (vergeben ??!?)

Manchmal leide ich unter der technischen Errungenschaft, immer und überall erreichbar zu sein. So verderbe ich mir nämlich auch unterwegs die gute Laune. Was nützt mir der Dauerempfang, wenn sich Mailbox, Anrufbeantworter und E-Mail-Postfach im gemeinschaftlichen Hochverrat üben? „Keine neuen Nachrichten!“, blinkt es mir von jedem Display entgegen. Vielen herzlichen Dank. Handys sind von Männern erfunden worden, um uns Frauen in den Wahnsinn zu treiben. Zumindest die unverheirateten, die, die noch jagen. Was? Das habt ihr nicht gewusst? Na, dann beobachtet doch mal alleinstehende Mädels in ihrem Funkverhalten! Das Handy wird wie ein lebensrettendes Atemspendegerät am Körper getragen. Es darf überall mit hin: auf die Damentoilette, auf das nächtliche Kopfkissen, unter die Trockenhaube beim Friseur und auf den Badewannenrand. Hier steht es dann auf Seite gekantet, um keine eingehende Nachricht unter Wasser zu verpassen. Wir haben schon in großer Damenrunde im Restaurant getafelt und hatten unsere Handys wie Tischschmuck um die Blumenvase drapiert. Ein Argusauge mit Standblick zum Display geschaltet. So einfach lassen sich Abende verderben. Aber unerreichbar sein? Nein. Nicht für Gold und Edelsteine. Einer Freundin rutschte mal während einer heißen Rückruf-Wartephase das Telefon auf einem Parkplatz in den Gully. Ein Wohnungsbrand wäre kaum schlimmer gewesen. Sie wollte gerade – ohne zu zögern – das Tiefbauamt mit dem Freilegen des tonnenschweren Deckels beauftragen, da erschien der Bruder von McGuyver. Ein ritterlicher Autofahrer, der aus einem Stock, einem Apfelsinennetz und drei Haarspangen eine

Handy-Angel baute. Gott, war das eine Freude, als sie das kleine Silberding wieder in den Händen hielt. Ohne Nachricht. Klar. Aber so wusste sie wenigstens Bescheid. Es ist die Ungewissheit, die uns Frauen durchdrehen lässt. Das Schlimme ist ja nur: Die Dinger bleiben in neunundneunzig Prozent ihrer Bewachungszeit sowieso tot. Toter geht's nicht. Aber vergesst das Handy in irgendeiner Umkleidekabine, und es wird sich den Akku leer klingeln. Warum das so ist? Es hat etwas mit unserer Ungeduld zu tun. In meinem Fall hat die böse Fee davon eine doppelte Portion an der Wiege abgegeben. Zu meinen Charakterstärken gehört Geduld jedenfalls nicht. Ich bin fürsorglich, ja. Idealistisch. Das auch. Und DIE Optimistin vor dem Herrn, aber eine gelassen Abwartende? Nie und nimmer. Was sich im Umgang mit Männern, den Meistern im Zeitlassen, als sehr hinderlich erweist. Aber wenigstens bin ich damit nicht allein auf weiter Flur. Wir Frauen sind in dieser Hinsicht alle gebeutelt. Ums Verrecken können wir uns nicht mit anderen Dingen ablenken, und so tun, als würden wir nicht an ihn denken. Wir wollen wissen, woran wir sind, wir wollen Liebesschwüre, wir wollen Perspektivsätze. Sämtliche Coolness im berühmten Eimer. Dabei müssten wir uns doch mittlerweile daran gewöhnt haben, dass es nur drei feste Größen gibt, die bei einem Singlemann klar sind: A) Er meldet sich NIE, wenn man darauf wartet. B) Er antwortet, WENN, dann erst nach Stunden. C) Er findet es völlig normal, tagelang von der Bildfläche zu verschwinden. ZUM AUS-DER-HAUT-FAHREN. Ich für meinen Teil warte seit Ewigkeiten auf eine E-Mail. Gut, dass ich mir vorsorglich eine Flatrate zugelegt habe. So kann der graue Kasten rund um die Uhr online sein. Die Abfrage des Posteingangs habe ich auf einmal pro Minute eingestellt. Alles andere würde mir zu lange dauern. So kann ich „geduldig" zusehen, wie 1440 mal am Tag am unteren rechten Bildrand folgender kleiner Satz erscheint: „Keine neuen Nachrichten". Lieber Gott! Schenk mir Geduld. SOFORT.

Männerverbot im Kino

18. September
Stimmung: Lethargisch und nachdenklich. Warum machen wir unsere Stimmungen immer so sehr vom Verhalten der Männer abhängig? Sind sie puppenlustig und anhänglich, geht's uns gut – sind sie in sich gekehrt und abweisend, drehen wir durch. Männliches Getue als Stimmungsbarometer. Nehme mir vor, ab sofort selbst der Mittelpunkt der Erde zu sein. Nach Lage der Dinge interessiert mein Vorhaben aber keine Sau.
News: Keine. Oder doch: Habe Keanu Reeves geheiratet. Gestern. Im Traum.

Was ist passiert, wenn alle Frauen im Saal die Luft anhalten, um dann ein kollektives „Oooohh..“ zu seufzen? Richtig. Keanu Reeves ist erschienen. Er schreitet einmal über die Diagonale und 350 Weibsbilder im Kino haben nun wochenlang Stoff für unreale Tagträume. Herr im Himmel, ist dieser Mann schön. Fanden meine Nachbarin, die Mädels aus den Reihen vor und hinter mir, und mit Sicherheit auch die Frau, die zu dem Ungetüm an meiner Linken gehörte. „So'n dünner Hering“, nuschelt er mit vollem Mund und taucht die nächste Fuhre Nachos samt Finger in die Peperonisoße. „Der is sowieso schwul...!“ Zwei Dutzend Frauenköpfe drehen sich mit einem Ruck in Sprecher-Richtung und mustern ihn mit Mörderblick. Ich morde aus finsteren Augen mit. Nicht, dass noch jemand denkt, dieses Ekelpaket gehört zu mir. Wir schütteln wie ferngesteuert die Köpfe und wenden uns wieder dem Film zu. Nur ja keine Szene, kein Wort, keinen Blick verpassen. Wer jetzt mal Pipi muss, hält aus oder hat Tena-Lady dabei. Wir seufzen uns durch die erste halbe Stunde. Er ist wohl der einzige Mann, dem wir nachsehen, dass er im hinterletzten Schrottauto vorfährt. Wo doch ansonsten die Ildiko-von-Kürthy-Regel gilt, die besagt, dass „Männer in schlammfarbenen Toyotas einen Gutteil ihrer sexuellen Attraktion verlieren.“ Nicht Mister Sanftmut-Blick. Der Mann braucht keinen Wagen. Der kann im Holzbank-Abteil der Transsibirischen anreisen oder im Damensitz auf einem moldawischen Esel, wir atmen trotzdem nicht weiter. Er ist der Einzige, dem man seine räudigen Pullover mit ausgeleierten

Kragen verzeiht. Bei dem wir es auch noch niedlich finden, dass er schüchtern und einsiedlerisch ist. Hauptsache, er lächelt noch einmal so bezaubernd und hält, was er verspricht: Zwei Jahre auf seine Liebste zu warten. Natürlich wird er es ohne jeden Zweifel tun. Männer wie er, warten. Seufz.. Was in den weiblichen Wesen im Saal die Hoffnung nährt, dass es so etwas wie die ganz große Liebe doch noch gibt. Und alle, Ines voran, vergessen, dass es nur ein Film ist. Aber was für einer. Sandra Bullock, mit deren Foto jetzt wieder tausende Frauen zum Friseur rennen, um genau DIESE Frisur geschnitten zu bekommen, erlauben wir neidlos, an Keanu herumzuzumpeln. Ja mehr noch, wir feuern sie sogar an: „Beeil dich, Mädchen! Rette ihn, verdammt noch mal!" Was schwierig ist, da sie sich in verschiedenen Jahren lieben. Es ist ein Zeitreisen-Film, und genau DAS ist der Hinterwald-Popcorntüte neben mir gerade aufgegangen. Er hat den Zusammenhang verloren, er versteht gar nichts mehr, UND: Er ist in Kommentarlaune. Ich versuche, nicht hinzuhören. „Soll'n das jetzt ?", fragt er in die Runde. „Wieso is'n der plötzlich auch da? Das geht doch gar nicht, wenn er im Jahr 2004 lebt und die Bullock in 06?" Klasse. Das Analyse-Genie von Sitz Dreizehn hat neuen Nährboden erhalten. Er will jetzt und hier den Beweis antreten, dass nichts in diesem Film funktionieren KANN. In meinem Kopf formieren sich Männer mit dicken Oberarmen, die ihn zu Boden drücken und bis zur Atemnot würgen. Stattdessen erläutert er seiner armen Frau die offensichtlichen Widersprüche. Sie sieht mich flehend an. Ob sie gerade über schwer nachweisbare Foltermethoden nachdenkt und eine Verbündete sucht? Oder den Gedanken an Scheidung weiterspinnt? Die Filmmusik geigt sich währenddessen in mein Herz. Soundtrack kaufen! Mitternachtsvorstellung besuchen! Um Männerverbot bitten, notiere ich in meinen Kopfmerker. „Ha...!", reißt mich Dr. Clever aus meinen Träumen, „verarschen kann ich mich alleine. Gleichzeitig können die NIE am selben Ort sein." „Doch...", zische ich ihn an, und mein Adrenalinspiegel schnellt in die Höhe. Wäre das ein radioaktives Hormon, würde ich jetzt leuchten wie eine Christus-Erscheinung. „Sie sind ja auch hier, obwohl sie eigentlich in der Klapse sitzen müssten“, presse ich hervor. Endlich. Er hält den Schnabel. Für genau dreißig Sekunden, dann teilt er seiner Angetrauten „..klipp und klar mit, dass dies sein letzter Kinobesuch war“. Hoffentlich.

21. September: Was ist nur los? Erst will ich ihn nicht. Dann will ich ihn. Dann will er mich nicht mehr. Oder doch? Ich werde noch wahnsinnig. Was ist nur passiert? Ich hypnotisiere mein Handy, fahre fünfmal am Tag durch eine bestimmte Straße und gucke gedankenverloren aus dem Fenster ins Nichts. Ich sehe den Tannen vom Nachbarn beim Sich-Wiegen-im-Wind zu, höre dramatische Musik und grübele, als müsste ich in zwei Tagen die Wasserknappheit in der dritten Welt besiegen. Ich warte. Ich kann nicht warten, konnte ich noch nie. Nichts passiert. Meine Ungeduld ist legendär. Sie belastet mich täglich, aber jetzt bringt sie mich völlig aus dem Ruder. Ich bin „Miss Ungeduld worldweit“. Mir liegen weder kleine Fummelarbeiten, noch Balkonpflanzen, die man erst aussähen muss. Überall da, wo ich auf das Ergebnis lange warten müsste, werde ich fusselig, und versage: Pony rauswachsen lassen, Gitarre spielen lernen, Selbstbräuner, Muskelaufbau im Fitnessstudio. Geduld mein Kind, Geduld, habe ich Muddi im Ohr. Unmöglich. Meine innere Uhr rast. Ich will bei einer Diät zehn Kilo in zehn Tagen abnehmen, und gleich drei davon am ersten Tag. Hopp-hopp muss das gehen. Stillstandszeiten zermürben mich. Auch Hermann, mein Hund, hat es in den letzten zehn Jahren nicht geschafft, mir mehr Ruhe zu geben. Im Gegenteil. An Tagen, an denen ich es besonders eilig habe, quält er mich, indem er JEDEN Grashalm einzeln abrüsselt. Nach zehn Minuten Gassi gehen sind wir kaum ein paar Schritte geradeaus gegangen. Ich bin innerlich kochgar und könnte mich meuchelnd auf ihn stürzen. Grauenvoll. Wahrscheinlich sehe ich in solchen Momenten wie ein Zombie aus.

Richtig schlimm wird es wenn ein Mann ins Spiel kommt. Hab ICH Interesse, hat ER schon gewonnen. Ganz klar, womit er mich klein kriegt: Er lässt mich warten, und genau DAS kann ich nicht. Ich brauche Anbetung, Ergebnisse, Visionen, ein Ziel. Aber nix da.

Dieser eine ER kennt sich aus. Er ruft nicht an, schreibt keine SMS (grundsätzlich nicht) und steht auch nicht noch einmal überraschend vor meiner Tür, wie neulich Nacht, als er selbstgemachte Marmelade brachte und mich um den Verstand. Ist er überhaupt schon wieder in der Stadt? Ich drehe eine Kontrollrunde. Kein Auto vor seiner Tür. Stockfinstere Nacht hinter den Fenstern. Ach du meine Güte. Plötzlich kommt mir die ganze Gegend leer und ausgestorben vor. Was soll ich hier, wenn er nicht da ist? Ich zuckele ohne zu schalten im ersten Gang nach Hause und lasse vor der Tür den Motor absaufen. Dann heule ich, als wäre soeben meine Oma gestorben. Kein Zweifel: Ich habe mich verliebt.

Putzteufelalarm

28. September
Stimmung: Die Tage zieh' n ins Land, mein Leben verrinnt ungenutzt. Guten Tag, Herbst-Trauer-Geschwader. Was machen unbeschäftigte Frauen? Sie shoppen, gehen zum Friseur oder putzen ihre Bude. Wegen Geldmangels bleibt mir Punkt drei.
News: Finde mich mit dem Gedanken ab, dass ich mich in etwas hineingesteigert habe, was es offensichtlich nicht gibt. Hake es als äußerst merkwürdige Erfahrung ab.

Wie hieß es neulich so schön in einem meiner Ratgeberbücher: Vereinfachen Sie Ihr Leben! „Entschleunigen" und „auf das Wesentliche konzentrieren" sollte ich mich. Man fragte: Gehören Sie auch zu den Frauen, die nur Butter in den Kühlschrank stellen wollen und plötzlich alle Fächer feucht auswischen? Ich gehöre. Und anschließend rubbele ich noch die Finger von den Türen, sauge Hundehaare weg und entkrümele die Arbeitsplatte. Eine Arbeit zieht grundsätzlich zehn andere nach sich. Zum Teufel damit. Ich muss ruhiger werden. Unbedingt. Tief ein und ausatmen. Omm.. Bin ich vielleicht die Frau von Meister Propper? Will RTL in meiner Wohnung filmen? Von wegen. Aber in meinem Kopf wohnt der Saubermann mit seinen Mitarbeitern, und die machen mir ständig ein schlechtes Gewissen. Erschöpft lasse ich mich auf die Polster fallen und sehe der aufsteigenden Staubwolke nach. Wusch!, stieben drei Millionen Ministäubchen nach oben, tanzen Cha-Cha in der Sonne und sinken majestätisch zu Boden. Auf den frisch bearbeiteten dunklen Schreibtisch und auf alles im Umkreis. Noch zwei Mal aufstehen, durch den Raum laufen und wieder hinsetzen, und ich kann das Zimmer nur noch mit Mundschutz betreten. Oder mit Sonnenbrille. Damit ich das Elend nicht sehe. Schon meldet sich der Meister der Putzkolonne in meinem linken Ohr: Die Bezüge könnte man abnehmen und waschen, und die Kissen mal wieder ordentlich ausklopfen. Könnte man. Will man aber nicht. Macht das heute überhaupt noch jemand? Früher gehörte das Geräusch des Teppichklopfers zu meinem Kindersamstag. Boing, boing, boing… Eine Teppichstange je Wohnblock und irgendwer drosch am Wochenende immer auf seinen Perser ein.

Der Teppich der Neuzeit muss ohne Kloppe auskommen. Dafür sauge ich ihn tot. Ihn und die Sofapolster. Vergebens. Hundehaare und Krümel scheinen sich in meiner Wohnung zu vermehren wie der süße Brei im Märchen.

Wie soll ich mich entspannen, wenn die Herbstsonne so tief in meine Wohnung scheint, dass die Fingerspuren an den Türen wie von einem Scheinwerfer angestrahlt werden? Wie soll ich relaxt im Ratgeberbuch blättern, wenn mein Hund nach jedem Fressgang breitbeinig im Flur steht, um sich ordentlich zu schütteln. Seine Ohren fliegen wie Rotorblätter, und Schnodder plus Chappi klatschen an die Tapete. Zweimal am Tag. Seit einer Woche hab ich nichts dagegen unternommen. Schlampige, olle Hausfrau. Kriegst niemals einen Mann. Die Sonne bringt es ans Licht und die Putzmänner in meinem Kopf schultern die Besen. An manchen Tagen drehe ich die Jalousien gerade noch so weit auf, dass meine Topfpflanzen nicht veröden. Ansonsten will ich von dieser Verrätersonne nichts sehen. Soll sie doch bitte mal scheinen, wenn ich im Urlaub an die Ostsee fahre. Aber nicht jetzt, wo ich gerade dabei bin, meine innere Mitte zu finden. Oder was auch immer. Hauptsache ich bin ruhig und gelassen. Omm.. Es klingelt. Natürlich. Wenn der Dreck am größten ist, kommt immer überraschender Besuch. Bereite deine Bude auf den Schöner-Wohnen-Wettbewerb vor, und kein Aas lässt sich blicken, um dein Werk zu bewundern. Soll ich mich auf den Boden werfen, flach atmen und Nichtanwesenheit vortäuschen? Bitte. Wer auch immer du bist: Geh wieder weg! Hier sieht es doof aus. Und ungemütlich. Ding, Ding, Dong!!! Das Klingeln wird energischer. Ich linse mit angehaltenem Atem durch das Guckloch, und kriege die Tür vor den Kopf. Rums. Durch die kreisenden Sterne sehe ich meinen Sohn mit drei Freunden im Schlepp. „Was is'n mit dir los? Warum machst du die Tür nicht auf?“ Ohne eine Antwort abzuwarten, latscht die Gang in sein Zimmer. Sie übersteigen die Klamottenberge auf dem Fußboden und werfen sich auf das ungemachte Bett. Ich rubbele meine schmerzende Stirn. „Hier kannst du doch keinen reinlassen“, flüstere ich einen Einwurf. „Blödsinn“, strahlen mich die Jungs an,

„bei uns sieht's doch auch nicht anders aus." Ach, könnte ich doch auch noch mal so gelassen sein. Und entspannt. Auf das Wesentliche konzentriert. Omm..

Abschied von einem lieben Chaoten

01. Oktober
Stimmung: Habe beim Schreiben einskommafünf Flaschen Rotwein getrunken und am Ende – alkoholtechnisch beschleunigt – wie ein Schlosshund geheult. Aber lest selbst...

Können Tage traurig und glücklich zugleich sein? Na klar. Erinnert euch nur an euren letzten Schultag. Herzklopfen beim Blick in die Zukunft, und zugleich eine Träne im Knopfloch, weil die Vergangenheit unwiederbringlich dahin ist. Genau so fühle ich mich zurzeit. Mein Sohn zieht aus. Nach knapp einundzwanzig Jahren wird meine mütterliche Rundum-Versorgung eingestellt. Die Generalbevollmächtigte für Notfallbekämpfung und Chaosberäumung quittiert ihren Dienst. Mein Baby ist erwachsen. Ganz ehrlich, noch vor ein paar Jahren glaubte ich, dass ich diesen Tag nicht überlebe. Allein der Gedanke daran, ließ den Kloß im Hals auf Hühnereigröße schwellen. Ich stellte mir vor, wie ich beim Packen hysterisch in die Koffer heule und beim Gang zur Tür an seinen Beinen hinterher schleife. Aber nichts da. Ich bin wehmütig, aber der Sekt ist auch schon kalt gestellt. Irgendwie hat es die Natur wohl so eingerichtet, dass Mütter und Kinder irgendwann Abstand brauchen. „Das geht nicht mehr mit uns beiden“, stellen wir einmütig fest, und funkeln uns finster an. Dabei werde ich ihn vermissen, meinen planlosen Schlüsselverlierer, Unruhestifter und Vor-dem-Spiegel-Steher.

Ein paar meiner Freundinnen haben ebenfalls Jungs in diesem Alter. Wenn wir zusammenhocken, haben wir immer das Gefühl, eineiige Mehrlinge in getrennten Bäuchen ausgetragen zu haben. Überall ein Desaster.

Die Versorgungsfrage: Kaufen wir ein, werden wir gefragt, ob wir vorhaben, einen Großhandel zu eröffnen – kaufen wir nicht ein, ob wir sie verhungern lassen wollen. Aber selbst ein voller Kühlschrank ist noch kein Garant für zufriedene Gesichter. Dann starrt der Nachwuchs fünf Minuten hinein, als würde da drinnen VIVA laufen, und fragt: „Was soll ich'n hiervon essen?“ Essen kann man nämlich nur, was fertig zubereitet ist. Was in Töpfen und Pfannen bereit steht, am besten mit einer Gabel drin. Außerdem kaufe ich unbegreiflicherweise immer das Falsche ein. Nicht genug Joghurt, zu wenig Gesundes, kein Geflügel. Irgendwann wachsen mir Federn. Wenn ich beim nächsten Einkauf alle Vorgaben beachte, hat er Appetit auf Milchschnitten und Klöpse.

Die Ordnungsfrage: Es hat sich ja schon herumgesprochen, dass ich nicht die Frau von Meister Propper bin. Trotzdem hätte ich gern den Müll aus der Wohnung, bevor die Ratten sich daran gewöhnen. Und ich falle beim Heimkommen auch nicht gern über drei paar Schuhe in Tretbootgröße (aha Besuch). Sondern freue mich auf einen Happen zu Essen (Küche ist besetzt), ein Entspannungsbad (das Bad auch) und ein Glas Wein.

Nach einer lauten Stunde zieht die Bande ab. Endlich. Der Kühlschrank ist leer. Auf den herumstehenden Tellern kann man noch sehen, was es Schönes gab. Im Bad liegen nasse Handtücher auf dem Boden, und irgendwer hat mein Haarspray benutzt. Dazu laufen in allen Räumen Fernseher, Radio und Computer und das Licht brennt. Überall. Jede Lampe. Als wären es Maulwürfe, die eine gewisse Grundhelligkeit brauchen, um Umrisse zu erkennen.

Ich beuge mich über den Balkon und will hinterher wettern. Sohnemann schwenkt freudig eine Flasche Wein zum Abschied. Es war die letzte. Ich fange an, die Stunden zu zählen.

Die Waschfrage: Mein Wäschekorb war eben noch leer. Plötzlich öffnet sich die Tür. Mein Kind geht schwankend, mit einem RIESIGEN Turm Klamotten beladen, ins Bad. Ich höre den Deckel, und dann ein Geräusch, als würde Schnee vom Dach rutschen. Ich zähle mit geschlossenen Augen bis zehn, dann gehe ich nachsehen. Unglaublich. Er hat sein ganzes Zimmer beräumt. Zwei Tage später liegt alles sauber auf seinem Bett. Einen Tag danach fragt er mich, wann ich endlich mal wieder dunkle Wäsche wasche. Ich gehe wortlos hinaus. Seitdem streiche ich die Tage im Kalender ab.

Und dennoch. Schon jetzt beim Schreiben wird mein Herz mir schwer. Mit wem erörtere ich jetzt mitten in der Nacht Liebeskummerfragen? Wer weiht mich in die Geheimnisse von Ebay ein? Wer kocht mir abends ein warmes Essen? Das, und tausend Sachen mehr, konnte er nämlich wunderbar. So, und jetzt ist er da, der Kloß im Hals.

Auf der Pirsch

03. Oktober
Stimmung: die Festzelt-Saison ist eröffnet, brauche dringend Ablenkung von einem ganz bestimmten Gedanken, Es ist auch unter Weibern schön, reden wir Weiber uns ein und stürzen uns überhitzt ins Getümmel. Um genau WAS zu tun? Doch einen Kerl zu suchen. Ohne Worte.
News: Bin ab sofort ein Single ohne Anhang, jedenfalls zeitweilig. Sohnemann hat schon prophezeit, mich jedes Wochenende heimzusuchen. Dennoch: wochentags gehört die Bude jetzt mir, mir ganz allein!

Kaum jammert man rum, dass nichts passiert, schon ist alles wieder anders. Wochenlang habe ich mich gelangweilt im Kreis gedreht und war die Frau der kurzen Wege. Sofa – Kühlschrank: 8 Schritte. Kühlschrank – Balkon: 3 Schritte. Balkon – Bett: 8 Schritte. Dabei hat bereits die dunkle Jahreszeit begonnen. Ratz-Fatz werden jetzt die Tage kürzer und das Matschepampenwetter lässt bei uns Singles die Herbst-Depressionen blühen. Also runter vom Sofa und rein ins Vergnügen, dachte ich mir und ließ mich zu einem Ausflug ins Partyleben überreden. Schließlich ist wegen des „Tages der deutschen Einheit" gerade Oktoberfest in Magdeburg, und Partyzelte haben schon immer eine magische Anziehungskraft auf mich ausgeübt. Wir standen im Zelt von „Rheinland-Pfalz", mit Live-Band und dem dritten Kölsch vor der Nase. Draußen regnete es Blasen. Drinnen wurde es tropisch. Ich liebe dieses einfache, ungekünstelte „Wir-wollen-alle-nur-Spaß-Gefühl". Kein umständliches Gehabe, kein großartiges Aufdonnern. Jeans, Lippenstift, hundert Leute auf Holzbänken und ein paar halbe Liter Frischgezapftes. Schon ist man in Schunkellaune. NIRGENDS, glaubt es mir Mädels, ist es einfacher, Männer kennen zu lernen. Vorausgesetzt, ihr steht nicht auf zurückhaltende Teebeutelaufbrüher. Die sucht man hier vergebens. Ich für meine Person möchte einen, der genau so gern auf eine Vernissage geht, wie in eine stinknormale Kneipe. Der sich mit Rotwein-zu-Zweit ebenso wohlfühlt, wie mit einem Bierhumpen unter tausend Menschen.

Ich sah mich um. Da hinten stand er. Interessanter Mann, wilde graue Haare, große Nase, roter Schal. Künstlertyp mit Weinglas in der Hand. Den hatte ich doch schon mal irgendwo gesehen. Wir funkelten uns kurz an und verloren uns gleich wieder aus den Augen. Überhaupt schienen eine Menge netter Leute hier zu sein. Das ist in Bierzelten und bei Volksfesten immer so. Vom Literaturprofessor bis zum Kranfahrer alles dabei, und ein jeder hat das Spaßprogramm hochgeladen. Man muss nur lächelnd auf die Enter-Taste drücken und Peng!, ist man im Li-La-Laune-Land. Hossa.

Es begann vielversprechend. Eine Masse vollbesetzter Tische mit männlichen Wesen. Ohne Begleitung! Auf der Pirsch. Ein Sechsertisch hatte es uns besonders angetan, und wir prosteten schon mal rüber. Man prostete zurück. Na bitte. Wir wollten gerade übermütig werden, da registrierte mein Radar Gefahr von Linksaußen. Zwei Barbies mit übernatürlicher Oberweite bewegten sich in Zeitlupe auf unseren Zieltisch zu und ließen die Pullis wippen. Kawumm, kawumm. Der restliche Körper so sprillig – die hätten mit einem Kopfsprung durch mein rechtes Hosenbein gepasst. „Unsere" Jungs waren hypnotisiert. Die konnten wir abschreiben. Mit so heißen Fegern war kein Kopf-an-Kopf-Rennen drin. Unmöglich, da mitzuhalten.

Egal, unser Zielerfassungssystem hatte längst einen neuen Tisch erspäht, an dem ein paar recht attraktive Exemplare lustig zechten. Auf in den Kampf, bevor sie uns wieder einer vor der Nase wegschnappt. Wir setzten uns frech dazu und stahlen zwei Konkurrentinnen in letzter Sekunde die Show. Haut bloß ab, ihr Schnepfen, sagte mein Blick. Lasst euch hier ja nicht wieder sehen. Ich trage unter den Klamotten mein Catwoman-Kostüm. Sie zogen eine Schnute und trollten sich. Wir hingegen bestellten eine Sieger-Maß und waren ab jetzt auf „Lange-Nacht" programmiert.

Es wurde eine. Und wie. Wir haben getanzt und geschnattert, geflirtet und gelacht. Irgendwann sind wir in „Molls-Laden" weitergezogen, unsere traditionelle Absackerkneipe, und waren (wie immer) die letzten Gäste. Leider, leider lässt mein Erinnerungsvermögen mich etwa ab zwei Uhr im Stich. Totalausfall aller Speicherplätze. Mir fehlen zwei komplette Stunden meines Lebens, und ich habe nicht geschlafen. Worüber rede ich in dieser Zeit, wenn ich nicht mal mehr weiß, dass ich überhaupt geredet habe? Was in Gottes Namen plaudere ich alles aus? Adresse – Kontostand – Pin-Nummern? Hilfe.

Tue ich peinliche Dinge? Und vor allem: Mit wem? Alles weg. Ein paar Reste dieser Nacht haben sich allerdings eingebrannt. Der Alkohol in meinem Blut kam an der frischen Luft in Wallung und machte den Nachhauseweg zur Tortour. Vor allem für meine – mir völlig unbekannte – männliche Begleitung. Geduldig zottelte mich der gute Junge hinter sich her. Ich hing wie ein nasser Sack an seinem Gürtel und kippte in den Goetheanlagen alle zwanzig Schritte seitwärts in einen Vorgarten.

Zum Glück hat er nicht aufgegeben und die dicke Mutti einfach liegen lassen. Dann wäre ich im Morgengrauen in einem Stadtfelder Blumenbeet erwacht. Herr im Himmel. Auch sonst war er wohl sehr ritterlich. Alles andere wäre auch Leichenschändung gewesen.

Ich schlug dankenswerterweise auf meinem heimischen Sofa die Augen auf. Allein. Und unversehrt. Puh. Aber mit schrecklichem Aua im Kopf und übersäht von blauen Flecken, die im Laufe der Woche wohl ein stattliches Ausmaß annehmen werden. Nie mehr so ein Absturz, gelobe ich Besserung. Ich brauche geordnete Verhältnisse. Dringend. Bald. Wo, verdammt noch mal, ist der Mann, der mich rettet?

Babyboom und Nachwehen

07. Oktober
Stimmung: generell bei reinen Mädchenveranstaltungen ausgelassen-fröhlich-abgedreht, habe außerdem mal wieder Gelegenheit eine Laudatio nach der anderen auf ihn zu halten, was ich zu fortgeschrittener Stunde ausgiebig tue. Denn...
News: er hat sich gemeldet (!) – er ist wieder da – er hat noch immer dieses Funkeln in den Augen UND (Trommelwirbel): Wenn ich mich nicht sehr täusche, sind wir wohl jetzt ein Paar (was man in seinem Zusammenhang schwer beurteilen kann)

Geburtstagsfeiern sind eine tolle Gelegenheit, mal wieder alte Freunde zu treffen. Wenn meine Evy den ihrigen begeht, rauscht eine große Fuhre zwitschernder Weiber Richtung Blankenburg. Wir zelebrieren das Ganze als „Event des Jahres", mit Ferienlagerstimmung beim Übernachten, Kompaniekopfschmerzen am nächsten Morgen, Zuckerkuchenfrühstück und Querfeldeinwanderung durch die Harzer Berge. Die Verheirateten unter uns beantragen bereits im Frühsommer ihren Ausgangsschein, der Rest macht einfach ein Kreuz im Kalender. Dies ist eine Frauenveranstaltung. Männer sind nur temporär zugelassen oder besitzen eine Ausnahmegenehmigung in Form von familiärer Beteiligung. Also Vater, Bruder, Sohn plus Bonusmann, der sich schon vor Jahren eingeschlichen hat, und bleiben darf. Diese Abende sind immer grandios. Auf der Hinfahrt quatschen wir uns die Ohren wund und verfahren uns zwei Mal im Dunkeln, weil ich so ein hundsmiserabler Navigator bin. Dann fallen wir wie ein Schwarm Wanderheuschrecken ein, futtern das Buffet kahl, dezimieren die Weinvorräte und eröffnen einen Wettbewerb im Schnellsprechen. Spätestens ab hier wird klar, warum männliche Wesen dieses Ereignis freiwillig meiden. Stundenlanges Dauerfeuer aus allen Kanonenrohren hält kein normaler Mensch aus. Wir schon. Frauen sind Meister im Alles-gleichzeitig-Tun. Möglichst laut, möglichst effektvoll und mit ganzem Körpereinsatz. Der gespielte Witz ist bestimmt eine weibliche Erfindung und nicht von Dieter Hallervorden. Wir können uns mit den Nachbarn Rechter- und Linkerhand unterhalten, dabei Musiktitel erkennen, zeitweilig Mitsingen, den restlichen Tischgesprächen folgen, kurze Zwischenrufe einwerfen und uns wieder den Nachbarn zuwenden. Die den Faden verloren haben. Wenn sie Männer sind. So war es auch dieses Mal. Wir haben durcheinander geredet und durcheinander getrunken. Das eine ist gut für Konzentrationsübungen, das andere für die Schmerzmittelindustrie. Dazu tratschen, tanzen und naschen wir, als wäre in diesem Jahrzehnt zum letzten Mal Gelegenheit dazu. Als würden Mini-Pralinen und Rotkäppchen-Flaschengärung ab morgen auf dem Index stehen. Alles war wie immer, mit einer Ausnahme: Wir hatten Jung-Elternpaare am Tisch. Zwei Stunden lagen sie auf der Lauer, scharrten mit den Füßen und warteten ungeduldig auf den Moment zum Zuschlagen. Wann endlich würden sie uns den Namen ihrer Hebamme und die Sache mit dem Nabelschnur-Blut erzählen dürfen? Nichts da. Unsere Entbindungserfahrungen liegen Urzeiten zurück. In den Achtzigern haben wir Jahre mit Wehentropf-Anekdoten zugebracht. Das Thema ist so was von durch. Dachten wir. Aus den Augenwinkeln beobachtete ich Aktivitäten in der Südkurve, die sich als Aufstapeln von Fotoalben entpuppten. Bitte nicht. Bevor ich mich dazwischenwerfen konnte, stellte jemand die Baby-Frage. Und Peng. Schon klappten die Mammut-Bücher auf und man spielte uns Videos auf zentimetergroßen Handy-Displays vor. Ich spähte unter das Tischtuch. Herr im Himmel, lass das keinen Diaprojektor sein! Fehlalarm. Dafür erhielten wir eine Lehrunterweisung in Sachen „Moderner Kaiserschnitt" und bekamen den Einsatz der Milchpumpe demonstriert. Es gab Diskussionsbeiträge über „Das Für und Wider von High-Tech-Windeleimern" und eine hitzig geführte Nuckel-Debatte. Zu fortgeschrittener Stunde krähte einer der beiden Windelpupser durch das Babyphon und erlöste uns. Trotzdem. Alle waren happy. Die Mamis und Papis hatten mal wieder ausgiebig im Elternglück geschwelgt und wir uns nebenher schwindelig gelacht. Außerdem war ich abgelenkt und habe nur ganz wenig auf ein Lebenszeichen gehofft. Ein bis zwei „Ich-denke-an-dich-SMS" konnte ich mir dennoch nicht verkneifen. Evy hat tadelige Blicke verteilt. Aber sie weiß ja: Nach dem fünften Glas Wein sind Hopfen und

Malz verloren. Da wird Ineskind sehnsüchtig und muss sich mitteilen. Der nächste Morgen wurde ein Remake seiner Vorgänger aus den Jahren zuvor: „Durst", krächzte es von einem der Matratzenlager. „Jeder hat Wasser am Bett", murmelte irgendwer zurück. „Tablette, ich brauche sofort eine Tablette", flüsterte es aus einer anderen Ecke. „Liegen neben den Wasserflaschen", antwortete es matt aus der Dunkelheit. Da können wir noch so alt werden und tausend Kinder zur Welt bringen, vernünftig werden wir deswegen noch lange nicht.

Männer in der Küche

15. Oktober
Stimmung: zwiegespalten, je nach Stand der Dinge
News I: „Nichts genaues weiß man nicht" trifft es wohl am besten, werde auf Abstand gehalten und kann mir das schlecht erklären
News II: passend zur Überschrift muss erwähnt werden: Habe den perfekten Küchenmann gefunden. Er zelebriert, zaubert, kocht wie im Himmel. Täglich.
Frage von mir: „Ist es nicht schön, dass du so gern kochst und ich so gern esse?"
Antwort: „Danach habe ich dich ausgesucht."

Stellt euch vor, ihr liegt seit Wochen mit gebrochenem Bein auf dem Sofa rum. Mobiltechnisch auf Null gesetzt, aber innerlich tobt der Ironman. Das kann einen in den Wahnsinn treiben. Als ich dem Unfallopfer einen Besuch abstattete, konnte ich die Lunte förmlich riechen. Da zog sich eine knisternde Zündschnur quer durch die Wohnung bis zum Krankenlager. „Ich bin partnerschaftlich mit einem Mann versorgt, der behauptet, dass er sich den Frauenversteher angelesen hat. Klasse, ein Theoretiker." Sprach's, und pfefferte die Krücken quer durchs Zimmer bis in den Korridor. Hui, hier ist aber dicke Luft. Basisgespräche über Muskelverkümmerung und verschraubte Knochen würde es heute nicht geben, soviel stand schon mal fest. Also programmierte ich mich mental um, und wechselte vom Krankenschwester- in den Therapiemodus. „Wo ist er denn, dein Gatte, der holde?", versuchte ich sie aufzumuntern. „In der Küche und sortiert die Gewürze nach Alphabet. Fünfundzwanzig Jahre standen die Pfefferkörner vorn im Regal. Jetzt muss ich mich erst durch Anis und Muskatnuss kämpfen." Ich konnte mir ein Lachen nicht verkneifen. Männer. Überall auf der Welt gleich. Bitte sie, dir beim Hausputz zu helfen, weil in zwei Stunden Besuch kommt, und sie fangen an, Türgriffe mit Messingpolierer zu bearbeiten oder reinigen den Waschbeckenüberlauf mit einem Wattestäbchen. „Alles Dinge, die auch mal getan werden müssen, aber DIR (hier ist die genervte Hausfrau gemeint) ja völlig abgehen." Prima. Die groben Großflächenarbeiten bleiben am weiblichen Personal hängen. Und fünf Minuten bevor die Gästeschar an der Wohnungstür klingelt, streift man sich schnalzend die Gummihandschuhe ab und hofft, dass die Hände beim Lachshäppchen reichen nicht nach Domestos duften. Wir guckten uns verständnisvoll an und brachen in kollektives Seufzen aus. „Bleib doch locker!", versuchte ich einen Therapievorstoß. „Sobald du wieder laufen kannst, würfelst du das Gewürzregal einfach in alter Manier durcheinander."

Aus der Küche drang lautes Poltern und Fluchen zu uns durch. „Locker bleiben fällt ziemlich schwer, wenn du die Frau von Daniel Düsentrieb bist, der alle fünf Minuten einen neuen Verbesserungsvorschlag in Sachen wirtschaftlicher Haushaltsführung zum besten gibt." Das Fluchen näherte sich über den Flur. Wir rutschten näher zusammen und hefteten unsere Augen an die Zimmertür. „Mein dickes Fell wächst umgekehrt proportional zu seinen Haaren auf den Zähnen." Hinter der Tür fiel etwas zu Boden. Die sich anschließende Schimpfkanonade unterliegt an dieser Stelle der Zensur. „Ich wollte lediglich ein Frühstück," flüsterte sie noch schnell, „und was musste ich mir anhören? Eine Laudatio auf Fehlorganisation im Fertiggerichte-Regal." Die Tür flog auf und unterbrach jäh unsere Konversation. Der ihr Angetraute erschien mit mehlbestäubtem Kopf und einer Auswahl Tupperdosen, die er vergeblich versuchte, auszubalancieren. Er hatte die wichtigsten Fundstücke vom Tatort dabei und ließ sie rumpelnd fallen. „So," triumphierte er, „jetzt fällt euch gleich nichts mehr ein." Er hielt Beweisstück A in die Höhe und es hätte mich nicht gewundert, wenn er gleich noch ein aktuelles Polaroidfoto gezückt hätte, was für spätere Beweisführungen geschossen wurde. Wir versuchten, Dr. Watson mit dem gebotenen Ernst anzusehen. „Hier haben wir einen Puddingpulverbeutel von 1997. Neunzehnhundertsiebenundneunzig! Das muss man sich mal vorstellen. Wisst ihr, wie oft ich in den letzten Jahren Appetit auf Pudding hatte? Und stets wurde behauptet, es ist keiner im Haus. Und das ist längst nicht alles." Der Rest ging im lautesten Weiberkreisch-Lachen der Welt unter. Wir lagen auf dem Teppich, wir schnappten nach Luft, wir konnten nicht mehr. Dabei zogen wir eine Tüte nach der anderen unter dem Stapel hervor und verkündeten unter Tränen die Verfallsdaten. Er dampfte zurück in die Küche, wobei er etwas von „Hopfen und Malz verloren“ und „Frühstück machen“ grummelte. Und irgendwie musste man ihn dafür schon wieder lieb haben.

Erinnerungslücken

18. Oktober
Stimmung: himmelhoch jauchzend – zu Tode betrübt (Wie das bei Verliebten nun mal so ist, hat Mama gesagt. Hm, wenn sie meint)
News: Halte mich zum Trost an Erich Fried „ (...) es ist nichts als Schmerz, sagt die Angst. Es ist aussichtslos, sagt die Einsicht. Es ist lächerlich, sagt der Stolz. Es ist unmöglich, sagt die Erfahrung. Es ist, was es ist, sagt die Liebe."

Wenn mein Hintern nicht angewachsen wäre, hätte ich ihn schon manches Mal auf der Parkbank vergessen. Ist er aber leider. Und so schleppe ich das Riesenteil jahrein, jahraus mit mir herum, werfe ihm böse Blicke zu und verhülle ihn, so gut es geht. Leider bin ich nicht überall so aufmerksam. Was nicht mit meinem Körper verwachsen ist, geht verloren. Unweigerlich. Das trifft für Autoschlüssel, Lederhandschuhe und Erinnerungen gleichermaßen zu. Wenn später im Himmel jeder sein persönliches Fundbüro für liegen gelassene Dinge zugewiesen bekommt, wird meines der Trump-Tower sein. Schusseligkeit, dein Vorname ist Ines. Ich vergesse einfach alles. Jacken in Hotelzimmern, Namen, PIN-Nummern, Seitenscheiben über Nacht hochzukurbeln, wichtige Überweisungen, Wohnungsschlüssel und wo ich mein Auto geparkt habe. Früher kamen noch Schularbeiten und Fausthandschuhe dazu. Die Strickwerke Apolda waren in den Siebzigern eine ganze Tagesschicht lang nur mit der Produktion meines Winterbedarfs beschäftigt. Noch heute kann ich mein Umfeld mit einem einzigen Satz zum Wahnsinn treiben: „Hat einer mein Portemonnaie gesehen... ?" Tut mir Leid. Ehrlich, ich mach das nicht mit Absicht oder um die Medaille für den besten Showeffekt zu kriegen. Ich bin mit den Gedanken einfach meistens schon zehn Schritte voraus. In meinem Sternzeichen steht geschrieben: Während andere noch den Aufstieg planen, ist der Schütze bereits kurz vor dem Gipfel. So ist es. Dabei kann es natürlich vorkommen, dass ich so winzige Details wie Sauerstoffmasken oder die vorgesehene Rückroute überhöre. Außerdem hat meine Vergesslichkeit auch gute Seiten. Ich bin nicht nachtragend, weil ich nach kurzer Zeit schon nicht mehr weiß, worum es eigentlich ging. Und

(Trommelwirbel): Ich kann mir Filme unbegrenzt oft ansehen. Selbst Lieblingsfilme, wie „Jenseits von Afrika“ oder „Sieben“ prägen sich mir nur in groben Zügen ein. Das Ende liegt meistens im Dunkeln. Das ist klasse. Während Deutschland über das Fernsehprogramm stöhnt, freue ich mich auf die 17. Wiederholung von „Fight-Club“ oder „Message in the bottle“. Stirbt Kevin Costner am Ende? War Brad Pitt nur eine Wahnvorstellung oder der andere. Nach drei Wochen habe ich das Ganze vergessen. Gefährlich wird meine Schusseligkeit nur, wenn ich oder andere dabei zu Schaden kommen. Ich werde mich disziplinieren müssen. Es hilft nichts. Ich vergesse einfach alles. Auch, dass ich eigentlich gerade Diät halte. Während um mich herum alle artig Kalorien zählen und Kohlenhydrate meiden, erwische ich mich beim Einschaufeln von Bienenstich. Habe mir einen Spickzettel der besonderen Art gefertigt und „U70“ in die Fresshand eintätowiert. Das steht für „Unter siebzig Kilo“, und ist mein Wunschgewicht für den nächsten Sommer. Spicker sind überhaupt meine große Leidenschaft geworden. So behält Miss „Wie-war-das-noch-mal?“ den großen Überblick. Einer davon war mir neulich jedoch ein bisschen peinlich. Der Taxifahrer kam mit rauf, weil ich mein Geld vergessen hatte. Vor meiner Tür blieb er wie angeschossen stehen. „Was bitte ist das denn?“ Vor ihm lagen zwei DIN-A4-Memory-Zettel für Spätheimkehrer. Auf dem ersten stand: „Kontaktlinsen raus, olle Suffkarline!“ Auf dem zweiten: „Kein Kaffee für fremde Kerle!“ Er sah mich an, als wäre ich Kathy Bates, die Psychopatin, ließ sich in Windeseile auszahlen und rannte die Treppen hinunter. Immer drei Stufen mit einem Schritt. Na und? Sollte er doch von mir denken, was er will. Dafür hatte ich keine schweren Hornhautreizungen am nächsten Morgen und musste mal wieder zum Notdienst. Ihr glaubt mir nicht? Fragt in der Notaufnahme nach der Frau mit den Kaninchenaugen. Man kann zwar über Nacht seine Linsen in den Augen vergessen, sollte dazu jedoch keinen Alkohol trinken. Das Zauberwort heißt „Flüssigkeitsverlust“, und das, glaubt mir, merke ich mir jetzt für immer.

Online-Liebe

23. Oktober
Stimmung: Schwelge ein bisschen in Erinnerungen – was für ein Jahr! Von der Niesprimel zur rosaroten Brillenträgerin!
News: Alle (!) meine Mädels sind unter der Haube. Unglaublich, aber wahr. Der Gott der Singlefrauen hatte ein Einsehen und hat keine von uns einsam und suizidgefährdet zurückgelassen.

Mein Dienstagmorgen beginnt auf die immer gleiche Art und Weise: Ich gähne mich im Morgengrauen aus dem Bett, schalte am Küchenfernseher meinen Frühstückssender ein, koche Milchkaffee und setze mich im Schlafanzug an den Schreibtisch. Vor meinem Fenster dämmert der neue Tag. Vor meinen Augen dämmert ein weißes Blatt Papier. Natürlich ein elektronisches, mit blinkendem Cursor. „Bing, bing, bing", mahnt der kleine schwarze Balken, und geht drohend an und wieder aus. „Was willst du heute schreiben, hä? Sag doch mal!" Ich muss grinsen. Heute, mein Lieber, weiß ich das zufällig ganz genau. Auf diesen Tag habe ich schon eine Weile gewartet, und nun ist er da. Die Geschichte plumpst sozusagen vom Baum wie eine reife Birne, und sie beginnt so:

Ich bin eine Kuppelmutter. Nicht von Hause aus, nein. Das ist mir in den Schoß gefallen, wie anderen Leuten die Gabe, gut zu kochen oder ein Händchen für Gartenarbeit zu besitzen. Bei Beidem bin ich nur ein staunendes Helferlein, das sich wie Bolle über die fertige Suppe oder die frischen Erdbeeren freut. In Sachen Liebe aber, bin ich der Spezialist. Seit Jahren umgibt mich eine Horde von Singlefrauen, die erst traurig, später reichlich unternehmungslustig mein Sofa bevölkerten. Ein unerschöpflicher Quell an Inspiration. Wir haben so ziemlich alles ausprobiert, und irgendwann gehörte auch Online-Dating dazu. Früher verfiel man in kollektives Naserümpfen, wenn von Internet-Partnersuche die Rede war. „Ich hab ihn/sie im Netz kennen gelernt", hatte den Ruch des Peinlichen. Was nicht verwundert, wenn sich brave Bankangestellte plötzlich Namen gaben, wie Mausebärle und Meister Popper. Gleich mal vorweg: In so einem billigen Foto-Dingsbums-Warenhauskatalog hat sich keine von uns angemeldet. Ein Blick auf diese Seiten genügte, um festzustellen, dass wir niemanden kennen lernen wollten, der „Funmaker81" heißt, und seine Eigenbeschreibung mit: „Hallöle erst mal", beginnt. Wir spähten eine der artigen Agenturen aus, für die zwar ein respektabler Kohleberg hingeblättert werden muss, aber bei der man von One-Night-Spaßsuchern weitestgehend verschont bleibt. Allein das Aufnahmeprozedere wurde zum abendfüllenden Highlight. Ein Psychotest. Dummerweise haben ein paar von uns die Fragen unter Zuhilfenahme mehrerer Flaschen Rotwein und einer guten Freundin beantwortet. Sie klickten sich grölend durch den dreiundachtzigseitigen Fragenkatalog, und erstellten ihre Antworten in einer lustigen Koproduktion. Ihr Persönlichkeitsgutachten ergab daraufhin später, sie wären furchterregend dominant und zeitgleich Klammeraffen, die jeden Mann in die Flucht schlagen. Die passenden Partnervorschläge fielen dementsprechend kurz aus. Sie haben es wettgemacht, indem sie die Suchkriterien „deutschlandweit", „Raucher" und „ab Einmeterfünfundsechzig" eingaben. Ich war ein Jahr dabei, und es war ein gutes. Es gab schöne Begegnungen und hochnotpeinliche. Denn eins steht mal fest: Auch nach wochenlangem Briefe schreiben steht man plötzlich einem/r Wildfremden gegenüber. Da sind Entertainer-Qualitäten gefragt, denn im Unterschied zum Film, kann man im wahren Leben unangenehme Schweigeminuten nicht mit Musik unterlegen. Irgendwie haben mir immer der Soundtrack und die Schmetterlinge gefehlt. Unter dem mache ich es nicht. Nichtsdestotrotz habe ich gebetsmühlenartig von diesem Medium geschwärmt, und selbst hartnäckige PC-Gegner von einer Anschaffung selbigen Gerätes überzeugt. Drei meiner ehemaligen Couch-Besetzerinnen wohnen seitdem happy auf Wolke Sieben, und ich darf mich als ihre glückliche Kuppelmutter fühlen. Nummer Vier hatte dort schon vorher erfolgreich gejagt. Nun sind sie alle – und ich auch – weg vom Fenster, runter vom Markt, raus aus der Auslage und weg vom Geschehen. „Wer sagt denn, dass Amor mit Pfeilen schießt", hieß es in einer dieser Online-Erfolgsgeschichten, „vielleicht wirft er auch mit Kuchenkrümeln." Vielleicht schickt er aber auch einen Schmetterling aus einer Seitenstraße quer über den Platz, der seitdem dafür sorgt, dass mein Kopf voller Geigen ist und der Computer einstaubt. Mal von dienstags abgesehen. Da fahre ich ihn hoch, und fülle mein weißes Blatt mit Geschichten wie dieser.

Hauptstadt und zurück

28. Oktober
Stimmung: Sohnemann hat Geburtstag, ergo: glückliche Mamagedanken, himmelheile Welt, Herz voller Mutterliebe
News: Berlinfahrten assoziiere ich neuerdings auch mit einem neuen Ritual, dem späten Frühstück bei „Krasselt" am Steglitzer Damm (Currywurst, Pommes, Wahnsinns-Soße plus eiskaltes Schultheiß im Stehen, der Liebste auf Zentimeterabstand – wunderbar)

Wann seid ihr zum letzten Mal in Berlin gewesen? Also ich schultere dauernd meine Handtasche mit dem ausgefransten Portemonnaie und begebe mich auf den Weg Richtung Hauptstadt. Sohnemann lebt seit kurzem dort und braucht alle Nase lang einen Kühlschrank-Auffüller oder Wohlfühldetails für seine Studentenbude. Als Glucke wird man geboren. Zudem habe ich einen Mörderspaß an den gemeinsamen Autofahrten, wenn wir schwatzen, lachen und Probleme wälzen, wie die Großen. Seine pubertäre Teenie-Phase liegt glücklicherweise schon ein paar Jährchen zurück. Dennoch habe ich sie in deutlicher Erinnerung und befürchte wohl immer noch, dass er plötzlich wieder den Autisten spielt, und nur noch ein Minimum an Buchstaben von sich gibt. Aber nichts da. Kaum schlägt die Autotür zu, sagt er: „Los, lass uns quatschen. Du fängst an!" Und dann lege ich los. Plaudere über meine früheren Berlin-Fahrten, damals, als es noch richtige Reisen waren, die akribisch vorbereitet wurden. Wenn wir in den Achtzigern gen Hauptstadt geritten sind, dann wohlüberlegt. Schließlich konnte man diesen beschwerlichen Trip nicht alle paar Wochen unternehmen, und nichts war schlimmer, als vergessen zu haben, nach Klettverschluss-Turnschuhen zu gucken. Es gab also eine Liste. Tagelang liefen wir mit ihr herum und fragten alle wichtigen Leute: „Braucht ihr irgendwas?" Ketchup und Feuersauce, Letscho und Pepsi-Cola? Bananen, wenn möglich. Aber Baby-Möhrchensaft, Schoko-H-Milch und Thüringer Pflaumenmus waren die Muss-Mitbringer. Damals sind wir am Abend zuvor pünktlich ins Bett und im Morgengrauen aus den Federn. Mir kam es wie eine Weltreise vor, oder zumindest wie eine Fahrt quer durch das ganze Land. Wir hatten Verpflegungskörbe dabei, und irgendwo bei Michendorf legten wir eine Rast ein, pulten Eier ab und tranken unseren Thermoskannenkaffee. „So, ein gutes Stück haben wir geschafft", stöhnte der Fahrer und wir bejubelten unseren heldenhaften Reiseleiter. Dann kletterten alle zurück in den Trabi, der ohne Frage voll besetzt war. Keine Verschwendung von Sitzplatz-Kontingenten bei Hauptstadtfahrten. Das Gefühl, den Fernsehturm im Morgennebel auftauchen zu sehen, ist noch heute ein unbeschreibliches. Es überfällt mich jedes Mal, wenn nun auch aus anderer Perspektive. Heute darf ich die „Straße des 17. Juni" hinaufdüsen, die Siegessäule umkurven und auf das Brandenburger-Tor zuhalten, ohne, dass sich mir die halbe russische Armee in den Weg wirft. Dafür habe ich auch nie wieder so einen Glücksmoment im Kaufhaus erlebt, wie damals, als ich meinen ersten Samtpullover in den Händen hielt. Den hatte ich mindestens fünf Jahre am Körper und hab später noch einen Strampler daraus genäht. Im Übrigen kam uns der Tag damals auch so lang vor, weil alles hineingepackt wurde, was nur ging. Einkaufsorgie, Alexanderplatz, Fernsehturm zum Kaffeetrinken, Pergamon-Museum und Plänterwald. Wir sind wie die Halbtoten zurück gefahren. Bananensatt und kartonweise Klimperflaschen voll Ketchup auf dem Schoß. Puh. Ich gucke meinen Sohn an, der meinem Vortrag kopfschüttelnd, grinsend gelauscht hat. Wir sind mittlerweile auf der Avus, eine Stunde und zehn Minuten nach dem Start. Bei dem Wort „Frühstückspause" hatte er sich in einem hysterischem Anfall geschüttelt. Er knattert ganz selbstverständlich über den Kudamm und lenkt das Gespräch auf die drei Themen, die ihn bewegen. Die Schallplatte springt an und spielt das Lied: „Ich brauche ein Auto – mein Geld reicht nie und nimmer – ich lasse mir ein Tattoo stechen." Und die Nadel springt auf Anfang. Herr im Himmel, schenk mir Geduld. Habe ich mich nicht eben noch über unsere langen Autofahrten und die Gespräche mit ihm gefreut? Ich will hier raus. Sofort. „Lass dir doch gleich noch ein Piercing machen, dann hast du die Ballermann-Kombi", ärgere ich ihn und wir lachen uns schief.

Bruno ist tot

01. November
Stimmung: sind ein mörderisch gutes Duo, im wahrsten Sinne des Wortes
News: werde im Freundeskreis rumgezeigt (was ich als gutes Zeichen werte)

Bruno ist tot. Er starb durch einen kurzen, unbedachten Schlag auf die Stirn und hat nicht gelitten. Die ernst gemeinte Frage des schockierten Täters, ob einer der anwesenden Gäste in der Lage sei, Reanimationsmaßnahmen einzuleiten, erntete nur Kopfschütteln. Bruno hauchte sein Leben aus, und wir starrten betreten auf den kleinen Kerl, der nun mit ausgestreckten Beinchen auf dem Rücken lag. Eine Minute lang herrschte peinliches Schweigen. Dann brachen wir in hysterisches Gelächter aus, schnappten nach Luft und hauten auf den Tisch, dass die Löffel flogen. Brunos Besitzer waren derweil zu Betonklötzen erstarrt. Sie musterten mit feuchten Augen den Tatort, und begannen zögerlich, die Frage der Bestattung zu klären. Wir Übrigen hingegen waren von respektvoller Anteilnahme in etwa so weit entfernt wie Bart Simpson vom Arte-Kulturjournal. Vielleicht hatten wir zu diesem Zeitpunkt einfach schon zu viele Rotweinflaschen entkorkt. Pietätlos rollten wir den Tathergang immer wieder von vorne auf, und schmissen uns angesichts der Mordsequenz brüllend ins Salatbuffet. Ach Bruno. Nie ist einer fröhlicher ins Jenseits befördert worden als du. Falls sich an dieser Stelle jemand wundert, wie es eine Gruppe erwachsener Menschen fertig bringen kann, in derart würdeloser Weise über einen Verstorbenen herzuziehen, dann sei ihm erklärt: Es handelte sich hierbei lediglich um einen Vertreter der Musca Domestica, besser bekannt als „Große Stubenfliege". Er war gemeinsam mit den Hausbesitzern eingezogen, und hatte bis dato im munteren Patrouillenflug die Lampen umkreist. Bruno war ein handzahmes Sondermodell. Er hopste vom Brötchenkorb auf den dargebotenen Finger, als wäre er ein Wellensittich, und kein fünf Millimeter großes Insekt. Bauklötzer hätten nicht besser staunen können. Wir ließen uns noch den einen oder anderen Trick erzählen und folgten dann interessiert der Frage, wie man im Frühling mit dem geöffneten Fenster umginge. „Der fliegt nicht weg!“, stellte der Hausbesitzer überzeugt fest, und wir guckten kollektiv auf den kleinen Flattermann; nicht ahnend, dass er gerade sein letztes Stündlein eingeläutet hatte. Mittlerweile ging es auf ein Uhr zu, und erste Müdigkeit kroch uns von hinten an. „Früher wären wir anschließend noch zur Disco gegangen“, meinte mein linker Nachbar. Wir gähnten und nickten wie eine Schar Hühner beim Körnerpicken. „Aber nicht mehr für lange.“ Wir schielten zur Uhr und nickten gruppendynamisch weiter. „Heute gehen sie um diese Zeit erst los“, gähnte es von rechts. Kopfschüttelndes Entsetzen. „Früher wärst du gar nicht reingekommen, weil du den Einlasser nicht kanntest“, stänkerte es von Gegenüber. „Ich war im Klubrat, mein Lieber“, triumphierte Linksaußen und alle Köpfe flogen in seine Blickrichtung. Es war wie beim Tennis. Langsam wurden wir wieder munter und redeten uns heiß. Über bestechliche Einlassdienste, Schwarztaxis, die einzig richtigen Zutaten von „Grüner Wiese“, die prozentuale Beteiligung ostdeutscher Bands am Gesamtplattenaufkommen eines Discoabends und den besten Rausschmeißer-Titel. Nach zehn Minuten hatten wir uns auf „Give Peace a chance“ von John Lennon geeinigt, dem Filmsong aus „Blutige Erdbeeren“. Nach zwanzig Minuten knieten wir im Kreis auf dem Fußboden und klatschen die Hände rhythmisch aufs Parkett. Eine Oldie-Version alter Hippies, deren Gelenke gefährlich knackten. Aber schön war’s. „Beim nächsten Geburtstag gucken wir aber den Film“, meinte einer, und haute sich an die schweißnasse Stirn.

Fliegen sollen eine fünf mal kürzere Reaktionszeit haben, als Menschen. Nicht der zahme Bruno. Er plumpste leblos herunter, und wir starrten auf das Tischtuch, als wäre eben ein Alien direkt vom Himmel gefallen. Der Rest ist Geschichte. Nachdem wir uns ausgelacht hatten, schlüpften wir hastig in die Mäntel und huschten aus der Tür. Im alten Ägypten waren Fliegen ein Symbol für Tapferkeit, und so schaufelte man den tapferen kleinen Burschen unter den alten Silvesterklee, damit aus der Geldfliege vielleicht doch noch ein Glücksbote wird. Ach, und P.S.: Zu einer echten „Grünen Wiese“ gehören Blue Curaçao, Orangensaft und Sekt.

Was Frauen wollen

05. November
Stimmung: niesel-nebliges Novemberwetter sorgt für trübe Gedanken, bin leicht melancholisch, was daran liegen kann, dass mein atrologischer „Fisch"-Freund so ein unentschlossener Beute-Hai ist
News: DVD-Tipp des Jahres, ach, wenn nicht des Lebens: „Besser geht's nicht" mit Jack Nickolson. Wenn man diesen Mann liebt, liebt man jeden. (Den „meinigen" auf alle Fälle, denn er ist sein 1 : 1 Zwangsneurotiker- Abbild mit wunderbaren Extras.)

Angeblich soll es ein Wunschtraum der Menschheit sein, Gedanken lesen zu können. Was geht in ihm vor? Was hat sie nur wieder? Kurzer Miss-Marple-Taschenlampen-Blick in die rechte Gehirnhälfte (für Gefühle zuständig), und schon ist man im Bilde. Es nützen weder Pokerface, noch lang eingeübte Verstellungsmechanismen, à la: Ich könnte dich zwar erwürgen, aber lächele trotzdem wie in Zucker gegossen. Vorbei. Dann liegt alles wie unter Zellophan, für jedermann sichtbar. Hilfe. Will das wirklich jemand? Was für ein Tohuwabohu. Allein in meinem Schädel haben sich in den letzten drei Minuten noch zig weitere Turbo-Synapsen-Verbindungen hergestellt: Kerzen kaufen – Schwarzbrot aus dem Toaster – Verkohlungsgefahr – Fressbremse einschalten – an meinen Liebsten denken – Was haben die Stiefel gekostet? – der Mülleimer stinkt – der Hund auch – Friseurtermin holen – Kaffee ist alle – toll, es regnet – ich liebe Regen – Was wollte ich grad schreiben? – immer noch Hunger. Dazu kommt, dass Männer angeblich vierzig Mal am Tag an Sex denken. Da möchte ich wirklich nicht dauernd live dabei sein. Zumal ich dann mit ansehen müsste, wie gerade gedanklich die putzige McDonald's-Piepsmaus vom Drive-In-Schalter flach gelegt wird. Oder Anne Will von den Tagesthemen. Unsere Herrlichkeit hingegen käme gar nicht auf die Idee, die Innenwelt ihrer Partnerin ausspionieren zu wollen. Wahrscheinlich haben sie Angst, dort Dinge zu erfahren, von denen sie besser nie gewusst hätten. Außerdem: Was soll's? Solange SIE über etwas nachdenkt, ist sie wenigstens beschäftigt, und erteilt keine Kommandos. Auf die in einem Magazin an Männer gerichtete Frage: Welche übernatürlichen Fähigkeiten sie gern hätten?, landete der Röntgenblick weit abgeschlagen im hinteren Drittel. Sieger wurden „Superhirn“ und „Fliegen können“. Na klasse. Jeder Kerl ein geheimer Clark Kent. Ein Superman, der nachts durch Häuserschluchten donnert, und wahlweise die Welt oder Rentner vor dem Ertrinken rettet. Wollen wir so einen? Nun ja, Weltverbesserer darf er schon sein, aber bitte hübsch von zu Hause aus. Am besten im Hobbykeller. Für viele weit genug weg, um nicht zu nerven, und brav unter Kontrolle. In einer Frauenzeitschrift wurde neulich gefragt, wie man sich den perfekten Wochenendmann vorstelle? 61 Prozent der Damen antworteten zwar: Unternehmungslustig! Aber doch bitteschön als Pärchenveranstaltung. Um die Häuser ziehen mit den alten Saufkumpanen? Nix da. Geschweige denn, im roten Umhang umherflattern, und am Ende noch Catwoman begegnen, was? Da wünschen sich 37 Prozent der befragten Frauen lieber gleich einen Stubenhocker. Das minimiert die Risikofaktoren. Am schärfsten aber fand ich folgende Gruppe: 17 Prozent meinten nämlich, wenn der Typ gut aussieht, zahlt und ansonsten nicht viel redet, reicht uns das schon. Wow. DAS wollen siebzehn Frauen von hundert? Wirklich? Ich sage euch eins: Versammelt ein paar Weibsbilder um einen Tisch, und befragt sie nach ihren Wünschen in Bezug auf Männer. Heraus kommen nicht etwa groß, schlank, dunkelhaarig und spendabel, sondern liebevoll, zärtlich, aufmerksam, treu, erfolgreich und vorzeigbar. Der gleiche Humor, innere Verbundenheit, sich in Vielem ähnlich sein; das sind die Dinge, die auf dem Haben-wollen-Zettel stehen. Und wer das gefunden hat, sollte laut Bingo! rufen, und aufhören zu nörgeln. An manchen Abenden kam nämlich gleich nach der Laudatio auf den tollen Mann/die tolle Frau und das große Glück, ihn/sie gefunden zu haben, ein großes „Aber..“, samt einer Auflistung der Negativpunkte in der Beziehung. Aufhören. Irgendwas ist doch immer, bei jedem und jeder. Theodor Fontane hat gesagt: „Wenn man glücklich ist, sollte man nicht noch glücklicher sein wollen.“ Oder um Carol, die Kellnerin, sprechen zu lassen (aus dem Film „Besser geht’s nicht“): „Warum kann ich nicht einfach einen ganz normalen

Freund haben?“ Sie erhielt als Antwort: „Das wünscht sich doch jede Frau, Schatz. So was gibt es nicht.“ Aber wunderbare, die gibt es. Sie kochen und warten mit dem Essen auf dich, tanzen mit dir in der Küche, gucken besorgt, wenn du in Nöten bist, lieben jedes Pfund an dir und füttern dich nachts mit Käsehäppchen. Sie decken dich zu und lassen nicht los, lächeln am Morgen und servieren dir ein opulentes Sektfrühstück auf einem Silbertablett. Hach ja. Ines, du träumst schon wieder. Oder doch nicht?

Ciao Bella

12. November
Stimmung: entspannt, unverzickt, glücklich
News: Wir waren in der Zeitung, als Liebespaar mit Bild und Text (!). Bin jetzt Promi-Ines, weil Kolumnentante, mit offiziellem Liebsten. Kommentar von ihm: „Lass uns anstoßen, jetzt bist du meine Freundin." Na, wenn das kein Grund zum Feiern ist. Eine neue Zeitreise hat begonnen.

Neulich Abend ruft mich meine Freundin an und flötet fröhlich ins Telefon: „Weißt du eigentlich, was für ein Tag heute ist?" Bevor ich dazu komme, lange herumzurätseln, platzt es schon aus ihr heraus: „Unser letzter gemeinsamer Singletag. Ab morgen zieht mein Liebster bei mir ein." Herr im Himmel, wenn das kein Anlass ist, ein bisschen zu feiern. Nicht, dass wir einen bräuchten, aber schöner ist es doch „mit".

Abschiedsabend der Singleschwestern. Beerdigung der Rituale. „Die Liebe lebe hoch!" Wir ploppen die erste Weinflasche auf und seufzen synchron in die Hörer. Es ist ein Donnerstagabend vor einem Arbeitstag, aber wen interessiert 's? Wir sind in Li-La-Laberlaune. Zwei ehemals unbemannte Weibsbilder, die gemeinsam nie einsam waren. Hätte uns Amor weiterhin ignoriert, wären wir am Jahresende zum Standesamt gelaufen, um das Aufgebot zu bestellen. So die Plan-B-Strategie, falls es mit einer heterosexuellen Verpaarung nicht klappt. Aus Astrologensicht bietet die Waage-Schütze-Konstellation nämlich prima Voraussetzungen. Doch daraus wird nun nichts mehr. Amor hat sich eines Besseren besonnen und ein paar Pfeile in unsere Richtung verschossen. Zum Glück. Schluss mit XXL-Super-Spar-Tarif am Wochenende. Wir haben keine Zeit mehr, ihn abzutelefonieren. Schluss mit gemeinsamen Sauforgien via Telekom. Wir haben jetzt andere Termine. Dabei klebten wir noch vor kurzem siamesisch am Hörer, per Standleitung und für komplette Tage. Nebenher wurde die Bude geputzt, gebadet, und Essen gekocht. Wir haben ganze Filme gesehen, dann jedoch, ohne viel zu sprechen. Durch die Ohrmuschel drangen lediglich die Geräusche des Eislöffels, der in eine Familienpackung Mövenpick Maple Walnuss taucht, gelegentliche Filmkommentare und das Donnern der Toilettenspülung. Warum wir nicht einfach gemeinsam ferngesehen haben? Ging nicht. Unsere Wohnorte liegen neunzig Kilometer voneinander entfernt. So wurden wir das T-Mobile-Traumpaar des Jahres, nominiert für den magentafarbenen Minuten-Verbraucher-Preis am Bande. Alles Geschichte. Laut Tagesthemen-Bericht geht es mit dem Unternehmen seit Änderung unserer Telefongewohnheiten rapide bergab. Was sollen wir tun? Eigenes Herzglück geht nun einmal vor nationale Interessen. Prost.

00.30 Uhr. Party-Time. Wir schwelgen – leicht nuschelig – in Erinnerungen. Schließlich kennen wir uns seit über zwanzig Jahren, waren im heißen Sommer 1985 zeitgleich schwanger und ziehen seither gemeinsam durch die Lande, und unsere Söhne groß. Immer einen Schritt vom ultimativen Wahnsinns entfernt. Wenn sich bei einer mal wieder die Katastrophen häufen, sagt die andere: „Wir sind auf der Zielgeraden, Schwester. Halte durch!" Der Korken von Flasche zwei fliegt durch das Wohnzimmer. „Möchtest du noch ein Kind?", fragt sie mich, angesichts der eben erwähnten Tatsache mit einem eher ungläubigen Ton in der Stimme. „Ich? Bist du verrückt." Ich hole erst mal Luft und stürze ein Glas Rotwein hinunter. „Das wäre ja, als hätte vor zweiundzwanzig Jahren einer den Kurzzeitwecker aufgezogen und jetzt, kurz vorm Klingeln, dreht er ihn wieder zurück." Wir lachen uns scheckig. Durch den Alkoholmissbrauchs fällt der Anfall ungewöhnlich heftig aus. Findet auch Sohnemann, der zu Besuch ist, eben das Zimmer betritt und fragt, ob ich irgendetwas eingenommen hätte. Mein Lachsack komprimiert und katapultiert sich in die gefährliche Zone. Noch drei Minuten, und ich kann ohne fremde Hilfe nicht mehr aufhören. Irgendwann muss ich darüber eingeschlafen sein. Als ich erwache, habe ich vier Stunden Schlaf hinter und acht Stunden Arbeit vor mir. Mein Kopf passt durch keine Tür. Mit meinem Atem könnte man ganze Schafherden betäuben und zum Schlachter führen. Meine Kolleginnen ziehen nur die Augenbrauen hoch. Sie „freuen" sich auf einen Tag mit Jammerich-mach-das-nie-mehr-wieder-Ines, wohlwissend, dass dieser gute Vorsatz Null-Komma-Nix im Land des Vergessens landet. Schon möglich. Aber schön war's. Ein prima Junggesellinnenabschied, so ganz unserer würdig. Denn schließlich bin auch ich verhext, verloren und vergeben. Was für ein ungeheures Glück das doch ist. Welche Magie ist im Spiel, wenn zwei sich finden und verlieben? Alle Bedenken über Bord. Ich hab die ganze Zeit gewartet und wusste nicht, auf wen. Nun ist er da und ich kann euch sagen: Wenn es sich irgendwann im Leben gelohnt hat zu warten, dann auf ihn. Er ist wie der verdiente Hauptgewinn, nach einer langen Zeit. Auch wenn er das manchmal nicht wahrhaben will. Ich bin sicher für zwei. Good bye Singleleben.

Der große Mut kleiner Frauen

13. November
Stimmung: liege noch in den „Freundin-sein"-Nachwehen, was happy bedeutet
News: halte mich aufgrund einer gewissen Stimmungsstabilität für derzeit belastbar und habe daher zwei Angstkapitel bewältigt
1. Waage: 0,0 Kilogramm Zunahme – wer hätte das gedacht?
2. Kontoauszüge: Ach du Scheiße...!

Ich wette um einen Kasten Dunkelbier, dass jedem von euch ein Beispiel für mutige und physisch belastbare Frauenzimmer einfällt. Mal so im Mikrokosmos betrachtet. Ich rede hier nicht von weiblichen Minenräumkommandos, Krisenhelferinnen aus dem Sudan oder von irgendeiner ausgefeilten Partisanengeschichte. Was ich meine, sind die ganz normalen, mimikleinen Vorkommnisse von Nebenan. Frau Schmidtke-Dingsda, 50Plus, die mal eben trotz Kniearthrose auf dem Dach rumturnt und die Premiere-Schüssel richtet, damit ihr Liebster in Ruhe Bundesliga ohne Werbeunterbrechung gucken kann. Oder Frau Müller-Meier-Schulze, die mit ihrem Mann schon mehr schwere Kartons und Waschmaschinen über steile Treppen geschleppt hat, als ein Mitarbeiter vom Hermes-Versand. Solche Frauen sind gemeint. Frauen, wie meine Freundin. Eine todesmutige Ehegattin, Hausbeauftragte und Beifahrerin. Sie schmiert bei 230 km/h noch Teewurstbrote und legt Gurkenschnitze obendrauf. Sie kreischt nicht in den Serpentinen und sie hat auch keine Angst vor Spinnen. Nicht mal, wenn die so groß sind, dass sie eigentlich von einem Jäger erlegt werden müssten. Worauf soll sie warten? Selbst wenn sie so laut um Hilfe rufen würde, dass die Nachbarn denken, Hollywood dreht ein Remake von „Psycho" in ihrer Dusche. Deswegen ist ihr Mann doch erst gegen Mitternacht zu Hause. Selbst ist also die Frau.

Doch jedem seine Achillesferse. Wenn in ihrer Gegenwart die Worte ‚Schiff' oder ‚offenes Meer' fallen, wird sie blass wie ein Narkosepatient kurz vor der Blinddarm-OP. Es gab da mal dieses traumatische Erlebnis Anfang der Neunziger, als alle Welt die Dänemark-Fähren bestieg, um zollfrei Spumante-Sekt und Johnnie Walker zu kaufen. An diesem stürmischen Samstagvormittag hat sie sich den Bootsfahrermut aus dem Leib gereihert.

Trotzdem hatte ihr Mann die eigenspaßbetonte Idee, zum zwanzigsten Hochzeitstag eine Überfahrt mit der „Queen Mary" nach New York zu buchen. Was bei mir eine Neidpulsbeschleunigung verursachte, die ihresgleichen sucht, und ihr den ersten hysterischen Anfall des Lebens bescherte. Als ich zu ihr kam, blätterte sie gerade in einem Bildband des Luxusliners. „Ich fahre ja mit", murmelte sie, „aber weißt du, was mich wundert? Alle schwärmen nur, niemand redet von Seekrankheit oder wenigstens leichtem Schiffsschwanken. Verschweigen ist doch auch lügen, nicht wahr?" Ich griente nur. Sie war offensichtlich bereit, über ihren Angstschatten zu springen. Eine staueneigene Angewohnheit, wenn es darum geht, unseren Männern zu gefallen. Dann klettern wir freudig auf Dächer, schwimmen trotz Nasenbluten mit Haien und besteigen Fluggeräte und Schiffe. Auch wenn wir das nie wieder im Leben tun wollten. Dennoch hörte ich die unterschwellige Panik in ihrer Stimme. „Wenn man wenigstens andeuten würde, dass für Fälle von Seekrankheit medizinisches Personal in Kompaniestärke zur Verfügung steht. Aber nix. Das muss doch stutzig machen, oder?" Sie schüttelte den Kopf, bis ich begann, mir Sorgen zu machen. „Was steht denn im Notfallplan?", fragte ich, um sie ein wenig aufzumöbeln. „Ha!", grinste sie, „Mich kannst du nachts um drei wecken, und ich bete dir sämtliche SOS-Maßnahmen und den korrekten Standort meines Rettungsbootes her. In fünf Sprachen." Ob ihr Mann sich das gut überlegt hatte? Eine Frau, die sich sechs Tage lang mit angelegter Schwimmweste an einen Mast kettet, hat für Romantikeinlagen wenig übrig. Geschweige denn einen Blick für das tolle Buffet oder den Inhalt seiner Boxershorts. Ich hab mich vorsichtshalber als Ersatzkandidatin zur Verfügung gestellt. Seitdem grüßt sie mich im Hausflur nur noch sparsam. Manometer, ich wollte doch nur die „Queen Mary" sehen, nicht den „kleinen König" ihres Gatten. Aber es ist wohl so: Egal, wovor wir uns fürchten, keine Angst ist größer, als die, unseren Liebsten zu verlieren.

Die Ehrenrettung der Angsthasen

15. November
Stimmung: Höhenluft langsam abf auend, wenn es zu gut geht, bremst der Meister mich gern aus
News: Kind hat sich in der Hauptstadt eingelebt, ich mich im Leben eines anderen, Wermutstropfen: mein Hermann ist passe' (Zitat: „Ich mag Hunde, aber nicht in meiner Wohnung."), was mich in tiefe Zweifel stürzt. Was würde frau nicht alles auf sich nehmen?

Bevor ich mir schiefe Blicke von meinem Herzallerliebsten einhandele, sei vorausgeschickt: Es ist nicht zwingend von ihm die Rede, wenn ich über männliches Verhalten schreibe. Mittlerweile habe ich nämlich schon Angst, dass er dies eines Tages liest und ausflippt. Kein Hustenanfall, kein Stolpern, das unkommentiert bleibt. Keine Bange: Du bist nicht der Held jeder Tagebuchseite, nur der Held meines Herzens. Grins.

Also noch mal: Hierbei handelt es sich um einen Grobüberblick, gesammelte Werke sozusagen. Es sind unzählige kleine Begebenheiten mit verschiedensten Leuten, die erst in meinem Kopfmerker landen und später hier. In diesem Fall brachte mich ein Patient auf die Spur, der meinte: „Schreiben Sie doch mal über ängstliche Männer!" Bitteschön, wenn die eigene Spezies es wünscht, will ich mal nicht so sein.

Für alle, die es noch nicht wissen: Ich bin bei meiner Freundin in Lohn und Brot. Sie ist eine professionelle Zahnfee und unter ihrem Kommando steht die Mutmachertruppe der Nation. Wir halten Händchen, quasseln uns Blasen und beherrschen ein komplettes Zauberprogramm für große Angsthasen. Es ist ein erhabener Moment, wenn Patient Ypsilon nach langer Qual tatsächlich die Praxis betritt und auch bleibt. Schließlich muss er noch auf den Zahnarztstuhl, und das klingt verdammt nach Schafott. Ab hier ist es wie vorm Himmelstor: Es sind alle gleich. Sie vergessen zu atmen, sie haben keine Schmerzen mehr, sie denken über alternative Fluchtmöglichkeiten nach. Es gibt zwar auch weibliche Schlotterbolzen en masse, aber bei unseren maskulinen Erdenbewohnern ist die Angst irgendwie eine andere. Das fällt schon in Flugzeugen auf. Wer ist käseweiß, hat wachtelgroße Schweißperlen auf der Stirn und bestellt bereits den dritten Fernet Branca zur Beruhigung? Bestimmt nicht Madame. Eher ist Monsieur etwas unpässlich, möchte jedoch nicht darauf angesprochen werden. Er verweigert das Bordessen, starrt wie paralysiert auf die Bolzen der Tragfläche und geht gedanklich das Anlegen der Schwimmweste durch. Dazwischen versucht er in den Gesichtern der Stewardessen zu lesen. Gibt es Unregelmäßigkeiten? Reicht der Sauerstoff? Dann wirkt der Kräuterschnaps und er schläft erschöpft ein. Auf die Umfrage in einem Männermagazin: „Mit wem man auf einem Langstreckenflug am liebsten unter vier Augen plaudern würde?", haben 24 Prozent der Befragten „Supermodel" angegeben, was ich irgendwie bezweifele. Ich glaube nicht, dass es ihnen wirklich angenehm wäre, wenn Heidi Klum das Versagen des Antitranspirants live miterleben würde, geschweige denn, den bestimmungsgemäßen Gebrauch der Kotztüte. Neben einer Freundin von mir saß einmal während eines Inlandfluges ein Geschäftsmann. Gewichtiger Typ mit Ledermäppchen und Brioni-Anzug. Plötzlich drehte er sich zu ihr und flüsterte: „Wären Sie so nett, während des Starts meine Hand zu halten?" Natürlich hat sie. Mädchen wurden mit dem Helfersyndrom geboren. Da Männer jedoch gern übertreiben und einen fitzelkleinen Husten zur Chinagrippe pushen, versagen unsere Antennen mitunter. Wir können nicht mehr zwischen echtem Schmerz und maßloser Wichtigtuerei unterscheiden. Nur so ist es zu erklären, dass einem Bekannten neulich Bauchschmerzen fast zum Verhängnis geworden wären. Anfangs jammerte er nur leicht, was seine Angetraute zu der Aussage bewegte: „Er möge sich nicht so haben und lieber gleich zugeben, dass er nur keine Lust hätte, das Sofa zu verlassen." Von da an wollte er sein Helden-Image mal wieder ein bisschen aufmöbeln und biss sich tapfer auf die Lippe. Eine Stunde später lehnte er in Klappmesserhaltung am Türrahmen und schnappte nach Luft. Blaulicht, Not-OP, Intensivstation, gerade noch mal geschafft. Seitdem sind wir kollektiv aufmerksam. Könnte ja sein..!? Schließlich wollen wir die liebsten Angsthasen weiterhin vor bösen Flugzeugstunden und Zahnarztbohrern beschützen, damit sie unsere Herzräuber, Erklärbären, Finanzberater, Eierlikörhersteller, Heimwerkerkönige, Fliederklauer, Bestimmer, Lagerfeuermacher, Küchentänzer, Krankenpfleger, Lieblings-Chauffeure und besten Zuhörer bleiben. Und die Sache mit der „Hunde-Allergie" muss ich irgendwie umschiffen. Hermann, mein Freund, tut mir Leid: Liebe geht vor! Ich vergess' dich schon nicht, meine Pfote drauf.

Zum Teufel mit den Tischmanieren

18. November
Stimmung: Schon wieder mal verwirrt. Sehe, höre, spreche diesen Mann nie eigenbestimmt. Maule daher bei letzter Zusammenkunft: „Vor dir steht ein Hologramm, die echte Ines ist vor Sehnsucht gestorben."
Darausfolgende News: Selbstvertrauen im Keller, was Ungeschicktheit nach sich zieht
Fazit: Scherben, in jeder Hinsicht

Neuerdings werde ich in flötenfröhlichen Feier-Runden ziemlich argwöhnisch beäugt. Sind schon Anzeichen von Müdigkeit zu erkennen? Ist das angesprochene Thema noch interessant genug oder sinkt sie jeden Moment in den gefürchteten Tiefschlaf? Ein klitzekleines Gähnen und alle richten ihre Säbel auf mich. Ha. Seht her! Gleich tut sie es wieder. Manometer. Dabei ist es nur ein einziges Mal passiert und ich hatte wirklich gute Gründe. Dennoch. Meine Akzeptanz als Smalltalker ist wohl auf alle Zeiten hinüber. Mit Ineskind einen ganzen Abend durchstehen, ohne, dass sie vor allen Leuten am Tisch einschläft? Nitschewo. Das kriegt sie nicht hin. Dabei hätte ich noch vor kurzem die Frage nach meinen Tischmanieren mit einer Laudatio auf meine gute Kinderstube beantwortet. Ich hätte in rosaroten Farben von meinen Gastgeberqualitäten geschwärmt und mein durchaus vorhandenes Potential als Entertainer hervorgehoben. Auch wenn Eigenlob bekanntlich mächtig stinkt. Fakt ist: Es gibt immer einen zum Zerbersten gefüllten Kühlschrank, Hektoliterweise Wein, und was auch immer das Herz begehrt, ich besorge es oder lasse es notfalls über Frohse-Bonn einfliegen. Sofern die für mein Konto verantwortliche Bank keinen Wind davon bekommt. Meine thematisch bestimmte Raumdekoration war schon für den „Schöner-Wohnen-Wettbewerb" nominiert und (Trommelwirbel): Raucher dürfen ausdrücklich bei Tisch bleiben. Nichts zerstört eine Feier mehr, als puppenlustige Menschen, die frierend auf einem Balkon stehen, während sich drinnen zehn Nikotingegner anöden. Aber auch als Gast gab man mir das Gefühl, ein gern gesehener zu sein. Zumindest wurde mir nichts Gegenteiliges zugetragen. Ich konnte die Mitglieder eines ganzen Schützenverein unter den Tisch trinken und mich nebenher im korrekten Umgang mit Handfeuerwaffen unterrichten lassen. Natürlich nur theoretisch. Ich konnte einen Haufen Missmutiger zum Dirty Dancing animieren. Samt Hebefigur um Mitternacht. Ich konnte bis nachts um drei Geschichten erzählen, Flaschen aufploppen, Leberwurstschnittchen schmieren und das Animationsprogramm für eine Busreisegruppe in den bayrischen Wald vorspielen. Wie gesagt: Noch vor ein paar Wochen wäre genau DAS der Inhalt meiner Lobeshymne geworden. Doch wie das so ist, mit Dingen, die dir im Leben passieren. Einhundertsiebenundzwanzigmal geht's wie geschnitten Brot, dann hab ich eine Ausfallerscheinung nach der anderen. Ich weiß auch warum: Damit die Leute was zu lachen und ich was zu erzählen habe. Ich bin Oliver Hardy und Stan Laurel in einer Person. Die Reinkarnation von „Dick & Doof" gefangen im Körper einer Hobby-Tippse. Stellt ein Glas vor mir ab, und ich werfe es um. Lasst mich Stühle reintragen, und sie landen in der Vitrine. Das ist so sicher, wie der Soßenfleck beim Spaghetti essen. Mittlerweile bleibt selbst bei ganz alten Freunden das gute Geschirr im Schrank, wenn ich auf der Gästeliste stehe. Am Eingang werde ich in Empfang genommen, bis zu meinem Stuhl geschoben, man hängt mir eine Serviette um und sagt mit strengem Blick: „Nicht bewegen!" Dann wird der Armradius abgeschätzt und vorsichtig ein Glas platziert. Unter diesen Umständen dauert es bis zum ersten Tischdeckentausch wegen Rotweinüberschwemmung keine fünf Minuten. Dahinter steckt keine böswillige Absicht, sondern lediglich ein Missverhältnis in der Feinkoordination, verbunden mit der Befürchtung, dass genau DAS passiert. Die Teilnehmer einer der letzten Veranstaltungen haben nun einen weiteren Trumpf im Ärmel, mit dem sie mich aufziehen können. Ich bin eingeschlafen. Einfach so. Mitten im Gespräch. Und nicht nur ich. Der Gastgeber gleich mit. Was für ein Traumpaar, im wahrsten Sinne des Wortes. Gut war: Ich konnte keinen größeren Schaden anrichten. Schlecht war: Niemand kannte mich bis dahin.

So gehe ich in die Annalen der neuen Runde ein, als „Die Frau, die immer einschläft“. Ganz prima. Am besten, ich lasse mir ein T-Shirt drucken, mit dem ich bei der nächsten Feier auflaufe. Vorn: „Ich bin putzmunter“. Hinten: „Bitte wachrütteln“. Vielleicht halte ich dann bis zum Ende durch? Schön wär’s.

Überleben trotz Damenhandtasche

20. November
Stimmung: prima, besuchen ein George-Michael-Konzert, den ER für einen Jazzmusiker gehalten hat, und nun völlig enttäuscht ist, was wiederum MICH außerordentlich amüsiert.
News: (von jetzt an ist klar) Er hat eine Chaoten-Queen mit Hang zum In-den-Wahnsinn-treiben aufgerissen. Geruhsames Leben adé, totales Wirrwarr auf der Tagesordnung. Bringe sein Leben gehörig durcheinander. Quid pro quo.

Mir geht es in einem Buchladen wie jedem von euch: Ich entdecke einen interessanten Titel, überfliege den Klappentext und blättere zum Anfang. Der Kauf-Entscheidungs-Hebel zittert noch. Lasse ich mich fangen? Werde ich fremdgesteuert zur Kasse schreiten, die wundgescheuerte Geldkarte über den Tresen schieben und meine Kohle wieder einmal bei den schönen, aber unwichtigen Dingen des Lebens lassen? Eine Zwangshandlung, die zuweilen auch in Blumenläden von mir Besitz ergreift. Ich halte den Atem an und beginne zu lesen. Ist der erste Satz ein liebloser Langweiler fällt der Hebel in Nein-Stellung. Pech für den Autor, wenn ab Seite Zwei massenhaft großartige Sätze stehen, die später in die Geschichte eingehen könnten. Ich klappe zu und bin weg. C'est la vie. Aber wie ist es mit uns? Sollte ich euch nicht ebenso mit einem grandiosen ersten Satz an diese Seite fesseln? Meistens beginne ich ja, als würden sich ein paar Plaudertaschen zum Milchkaffee treffen. „Na, wie war die Woche? Gibt's neue Katastrophenmeldungen aus dem Hause Möhring?" Gibt es. Aber heute mit einer anständigen Einleitung:

Würde es nach dem Vater meiner Freundin Evy gehen, so stünden an dieser Stelle keine Berichte über Liebesbeziehungen und quasi stattgefundene Wohnungsbrände, sondern es käme die einzig wichtige Tatsache zur Sprache, die zu meinem Leben gehört wie zu keinem anderen: Das Verhältnis zu meiner Handtasche. Ja, lacht nur. In der Robert-Lemke-Show wäre meine typische Handbewegung, das

Wühlen in besagtem Tragebehältnis. Ich suche dort eigentlich immer etwas, weil dieses Ungetüm viel zu groß ist und ja, ich gebe es zu: hoffnungslos vermüllt. „In einer Tasche muss man eine Tüte Mehl befördern können, sonst ist es keine Tasche", pflegte meine Freundin Billy stets zu sagen. Bei mir würden noch Antipasti für zehn Personen und Reisekataloge von Zentralasien Platz finden. Ein Übernachtungskoffer, inklusive Frühstück, falls man sich im Notfall von Pfefferminzdrops ernähren möchte. Hübsch anmalen kann man sich in jedem Fall. Dazu ein Maßband (letzter Möbelhausbesuch), ein alter Pappbecher von McFast-Food, Farbmuster, Zettel, Krimskrams und CDs. Sie ist noch keine drei Monate alt, aber wegen Überlastung völlig hinüber. „Guckt nur, jetzt kramt sie wieder in ihrer Werkzeugtasche", hörte ich den erwähnten Papa letztens raunen. Dabei stupste er seine Nachbarn mit den Ellenbogen an, die fasziniert beobachteten, wie ich beidhändig klimpernd den Tascheninhalt durchpflügte. Sicher auf der Suche nach einem Lippenstift (Platz 1) oder meinem Schlüssel. Wenn das noch nicht reicht, lasse ich das gute Stück gleich im Ganzen stehen, vornehmlich auf Autodächern und unter Tischen. Gott muss Heerscharen von Schutzengeln für mich abgestellt haben. Eigentlich bringt mich diesbezüglich nichts mehr aus der Ruhe. Vor ein paar Tagen entgleiste mein Blutdruck jedoch dramatisch. Leipzig. George-Michael-Konzert. Natürlich hatte ich vor der Abfahrt die ordnungsgemäße Mitnahme der Eintrittskarte kontrolliert. Wirklich. Sie war da, ich schwöre. Nicht mehr, als mein Herzallerliebster und ich vor der Halle standen. In der Tasche war ALLES, was eine Frau für zwei Tage Überleben im afrikanischen Busch benötigt, die Konzertkarte gehörte nicht dazu. Anfangs wühlten wir noch ganz unangestrengt, dann vierhändig panisch. Dann wurde sie ausgekippt. Ein Albtraum, dies muss ich wohl nicht gesondert erwähnen. Zuletzt habe ich mich 1972 so geschämt, als meine Klassenlehrerin Frau Roos zu Recht meine Mappe umstülpte, und alte Mortadellaschnitten auftauchten, die sich mit der gesuchten Matheaufgabe verbrüdert hatten. Diesmal kullerten Weintrauben mit Kekskrümeln und Tampons um die Wette, und bildeten einen adretten Haufen.

Die Karte blieb verschollen. Doch im Auto? Kurz vor Demontage der Seitenverkleidung zogen wir das Goldstück zwischen den Sitzen hervor. Abrakadabra. Nun weiß er, was für ein Chaotenkind er sich da eingefangen hat und übernimmt als erstes ab sofort die Verwahrung aller Belege.

In der Notrufzentrale

27. November
Stimmung: irgendwie abgehetzt und durch den Wind, bräuchte mal eine Auszeit vom Alltag (Kloster, Tibet, Malediven, Weltall – egal, Hauptsache Ruhe)
News I (jahreszeitlich-bedingter Natur): Schokoladenhohlkörper-Alarm, Winterjacke spannt wie üblich in Busenhöhe, hatte noch nie ein warmes Oberbekleidungsteil, das an diesbezüglicher Stelle verschlossen werden konnte. Folge: Frost- und Grippegefahr!
News II (liebestechnischer Natur): Hab seit einer Woche nichts gehört (!?) und verstehe die Welt – insbesondere die der Männer – schon wieder nicht mehr.

Neulich hat mich meine Mama dabei beobachtet, wie ich mal wieder hin- und herwuselte, in zwei Telefone sprach, mich im Weggehen noch bekleckerte, die Handtasche nicht fand, und den Schlüssel erst recht nicht. Sie schüttelte nur den Kopf und hielt sich einen angedeuteten Revolverlauf an die Schläfe. Dann sah sie mich ernst an und fragte: „Erinnert dich das an etwas: Rund um die Uhr Trubel. Ständig geht irgendwas schief oder kaputt. Alle Nase lang Katastrophenalarm?“ Ich hab die Mundwinkel breit gezogen und geseufzt:

„Ja. Klar. Willkommen in meiner Welt.“

Was soll ich denn tun? Niemand kann aus seiner Haut, und offensichtlich halten meine alle für ein extra-dickes Fell. „Meine Notrufzentrale ist vierundzwanzig Stunden besetzt. Da kann man schon mal nervös werden“, grinse ich und deute ein Zucken mit dem linken Auge an. Irgendetwas liegt zurzeit aber auch in der Luft. Alle Welt schwelgt in abstrusen Liebeskummerszenarien und hat meine Wohnung zur zentralen Anlaufstelle erklärt. Mittlerweile drücke ich nach dem Klingeln völlig phlegmatisch auf den Summer, lasse die Tür offen stehen und setze schon mal Teewasser auf. Auf in ein neues Kapitel aus der Abteilung Dramen und Weltuntergänge. Bei der Auswahl des Berufes bin ich eindeutig unter meinen Möglichkeiten geblieben. Wahrscheinlich hätte ich einen ganz passablen Psychotherapeuten hingelegt. Was ist nur los? Ändert sich das Wetter? Ist ein neues Luftdruckgebiet im Anmarsch? Meiner Narbe nach zu urteilen: Ja. Sie tuckert wie ein Morsegerät. Dann gebt ihm bitte meinen

Namen. Ich möchte „Hoch Ines“ sein, mit Sonnenschein und allem Pipapo. Schließlich fange ich seit Tagen mit meiner Seismographenstation im Bauch die schlechten Schwingungen ein. Da wirkt ein bisschen Anerkennung wie Schmieröl. Aber der Reihe nach:

Neulich Nacht, es ist etwa zwei Wochen her, ging es plötzlich los. Das Telefon klingelte. Zu jener Zeit habe ich noch verschlafen meinen Namen in den Hörer gemurmelt, mich über die schnaubenden Geräusche gewundert und: „Hallo, wer ist denn da?“, gerufen. Mittlerweile melde ich mich rund um die Uhr mit: „Liebeskummer-Notruf. Zentrale Mitteldeutschland. Was kann ich für Sie tun?“ Das lockert die Stimmung. Ich darf ja hier nicht ins Detail gehen. Am Ende bleiben mir noch die „Klienten“ aus, weil sie befürchten, ich trage ihre persönlichen Hiobsbotschaften in den öffentlichen Raum. Aber ich kann euch eine Geschichte von zehn verraten: Eines Abends kam der Sohn einer Freundin nach Hause, nuschelte die üblichen drei Worte, die Jungs in diesem Alter drauf haben (Geld, Autoschlüssel, Hunger) und sah ihr dabei über die Schulter. Es folgte Satz zwei: „Machst'n da?“ Sie erklärte etwas von „Internet-Dating“ und „total verliebt“ und „dass sie den Computer jetzt nur unter Folter freigibt“. Er rollte mit den Augen, brummte: „Machdasnich!“ (Satz drei), dann trollte er sich wieder. Eine kurze, prägnante Ansage. Aber sie hätte darauf hören sollen. Nur ein Mal. Schließlich weiß man nie, was einen dort erwartet. Am anderen Ende der Datenautobahn könnte Norman Bates, der Messermörder sitzen, jemand mit tierischem Mundgeruch oder ein verkappter Ehemann auf Abwegen. Norman war es nicht. So viel sei gesagt. Aber die dramatischen Entwicklungen der Folgetage würden niedergeschrieben zum Bestsellerroman 2007 taugen. Leider lernen wir Betroffenen nicht untereinander und sind beratungsresistent. Soll heißen, eine nach der anderen erlebte ein ähnliches Dilemma. Habt ihr schon mal versucht, auf nachfolgende Sätze Trost zu spenden: Ich soll ihm mehr Leine lassen – Er kann sich wegen der Kinder noch nicht trennen – Er hat sich seit vorgestern nicht gemeldet. Wobei es sich im übrigen um drei verschiedene Fälle handelt. Ich bin mit meinem Latein am Ende, zucke mit den

Augenlidern, bekleckere mich und gehe nicht mehr ans Telefon. Und so versäume ich vielleicht den Anruf von dem einzigen Mann, mit dem ICH heut Morgen gern aufgewacht wäre. Seufz. Ich kann mich ja von einer Freundin trösten lassen.

Homeshopping

30. November
Stimmung: fühle mich fett, fett, fett (woran ich – dank übertriebener Marzipankartoffelaufnahme – nicht unschuldig bin)
News: Es gibt Abhilfe, zumindest optisch (siehe unten)

Unter die hundert besten Erfindungen der Weltgeschichte hätte sie es sicher nicht geschafft. Schade. Dabei bin ich für ihr Vorhandensein mindestens ebenso dankbar, wie für die Entwicklung des Wäschetrockners. Aber über sie reden? Nö, lieber nicht. Sie gehört zu einem Projekt der allerhöchsten Geheimhaltungsstufe und darüber zu sprechen, wäre wie eine öffentliche Debatte über Hämorrhoidensalbe.

Es begann an einem Freitagabend. Ein Talkshow-Gast wurde auf die ewig leidige Gewichtsproblematik angesprochen und lachte sich eins. Fröhlich und frei enttarnte sie sich als Trägerin der Schlankstütz-Kollektion. Sie plauderte über ihre Wunderstrumpfhosen, die alle Rollen wegzaubern, „...wenn man sie bis hier zieht“, und tat einen Handkantenschlag in Brusthöhe. Ich war fasziniert und notierte mir in Windeseile den Bezugsort, einen Homeshopping-Kanal im Fernsehen, der von nun an rund um die Uhr lief.

Eines morgens war es so weit. Man präsentierte das Superteil, welches mir den Wiedereinstieg in meine Blazer garantierten würde. Der ganze Speck verschwindet (wohin auch immer) und die Jackenknöpfe lassen sich wie von Zauberhand schließen. Hurra. Ein Teil, um das sich Schneeweißchen und Rosenrot geprügelt hätten. Doch die Demonstration zog sich in die Länge. Ich hätte locker die Bügelwäsche eines Zehn-Personen-Haushaltes nebenher erledigen können. Ewig und drei Tage wurden die Vorteile am lebenden Modell gepriesen, das Stretchverhalten geprüft und nicht vorhandene Nähte in Großaufnahme gezeigt. Alle fünf Minuten gab man unter großem Hallo den Elasthan-Anteil bekannt, als handele es sich um die geheimen Zutaten von Coca-Cola. Ich wurde müder, und müder.

Nicht jedoch die Moderatorin. Zum siebenundzwanzigsten Mal fuhr sie mit der manikürten Hand unter den Slipsaum und demonstrierte von vorn, hinten und der Seite, „...dass auch wirklich, wirklich nichts einschneidet." Es dauerte eindeutig zu lange. Ich habe manchmal ein Aufmerksamkeitsdefizitsyndrom. Nach dreißig Minuten gleicher Leier schaltet mein Hirn in den Warteschleifenmodus. Wann kam endlich mein Zaubertop? Würde ich damit normal weiteratmen können? Verschicken sie es neutral?

Die Moderatorinnen ergingen sich in endlosen Detailerörterungen über das Für und Wider der Schlankstütz-Modelle. Sie machten es sich und mir nicht leicht. Soll ich? Ja? Nein? Man hätte meinen können, wir wählen hier den neuen James-Bond-Darsteller aus.

Endlich kam mein Zauber-Top an die Reihe und ich rief die eingeblendete Telefonnummer an. Es klingelte. Am anderen Ende meldete sich die Synchronstimme von Harrison Ford (ganz bestimmt). „Hier ist ihr Homeshoppingsender Soundso, was kann ich für Sie tun?" Heirate mich!, hatte ich auf der Zunge; räusperte mich aber im letzten Moment und nannte heiser Namen und Adresse. Harrison stand ja eh auf die Calista-Knochengestelle dieser Welt und ich wollte hier schließlich eine Bestellung für ein Top in Zeltgröße aufgeben. Dahinter könnte sich Ally McBeal mit ihrer gesamten Anwaltskanzlei verstecken. Die Harrison-Ford-Stimme wiederholte meine Angaben und fragte erneut nach meinem Begehr. Ich holte Luft und ratterte die Bestellung so schnell es ging herunter: „In welcher Größe?", fragte Mr. Ford, und demütigte mich grausam. Ich schloss die Augen und nannte ihm die Zahl, die ich nur allergrößten Geheimnisträgerinnen weitergebe. „Und die Farbe?", wollte Harrison wissen. „Wir hätten brombeer, apfel, champagner..." Er zählte sich durch sämtliche Obst- und Alkoholtöne. Ich nahm schnell den brombeerfarbenen und hatte nun ein Teil in quietschlila, das ich nie und nimmer unter meinen Klamotten würde tragen können. Toll. Zum Schluss bedankte sich die Zauberstimme für meine Bestellung, pries mir den dazugehörigen Schlankstütz-Slip an (was für ein Albtraum) und fragte, ob ich nicht Lust hätte, mit ihm essen zu gehen?

(Nein, das war jetzt ein Witz.)

Drei Tage später brachte mir der Postbote das Paket. Ich öffnete es skeptisch und entnahm ein undefinierbares Stretch-Dings von der Größe eines Babystramplers. Da soll ich reinpassen? Ach, du meine Nase. Vorsichtshalber blätterte ich erst einmal in der beigefügten Anleitung nach. Hier stand: Liebe Kundin, schön, dass Sie in den letzten Jahren ihre Gewichtskontrolle so herbe vernachlässigt haben. Sie geben uns damit die Möglichkeit, uns dumm und dusselig zu verdienen. (Ha.. Ha..)

Nee, nun aber im ernst. In der Anleitung stand: Liebe Kundin, das Anziehen aller Schlankstütz-Oberteile ist einfacher, wenn Sie sie wie eine Hose von unten anziehen und dann langsam nach oben ziehen. Auf diese Art und Weise drücken Sie das vorhandene Bindegewebe auch gleich etwas nach oben und modellieren Ihre Figur sichtbar. Ist das eine Vorstellung? Ganz großes Kino, oder? Ich habe ein Wochenende lang alle Freundinnen angerufen und diesen Satz vorgelesen.

Mit einem P.S. von mir: Wenn Sie das geschafft haben, fällt ein Konfettiregen auf Sie herunter und auf dem Domplatz werden Silvesterraketen gezündet! Haben wir gelacht. Aber: Wenn man es angezogen hat, hält es jedes seiner Versprechen. Fragt mich bitte nicht, wohin das Bindegewebe gedrückt wird. Fakt ist: Mein Blazer ging zu und freies Atmen war auch noch drin. Was will frau mehr?

Winter

...oder die Frage:

Wie lange dauert die reguläre Wartezeit auf eine offizielle Liebesbekundung und ist das dicke Ende eigentlich unvermeidlich?

Love changes everything

01. Dezember
Stimmung: ungewollte Aktivierung nostalgisch angehauchter Grübelreserven
News: Auch die letzten Dinosaurier der Singleszene sind weg vom Markt. Es lebe der Pärchenbetrieb. Ein Hoch auf das Doppelzimmer. (Wunderkerzen raus! Konfettiregen!)

Zuweilen liege ich abends lange wach und grübele über Unsinnigkeiten nach, die mich nicht schlafen lassen. Dann werfe ich mich von links nach rechts, denke mir Schattengestalten aus, um schlussendlich aufzustehen und Richtung Balkon zu wandern. Hier kauere ich auf meiner Bank – in warme Decken eingewickelt – und wünsche mir eine Zigarette herbei, obwohl ich seit Jahren nicht rauche. Den Qualm durch die klare Winternacht zu den Sternen zu pusten wäre jetzt einfach wunderbar. Aber ich verscheuche den Suchtteufel und gieße mir lieber ein Glas Rotwein ein. Prost, Ines! Auf eine kurze Nacht. In solchen Momenten muss ich unweigerlich an meine Singlezeit denken, in der ich Abend für Abend für Abend an diesem Platz gelegen habe. Dann fallen mir all die unwirklichen Szenen ein, von denen ich einmal dachte, dass sie mich nie im Leben ereilen würden. Die Ankündigung einer Freundin zum Beispiel, die da meinte, „dass es Zeiten geben wird, in denen ich vielleicht zwei Jahre lang keinen Sex haben werde." Ja, ja. Ich tippte mir an die Stirn und antwortete ihr gelassen: „Komm wieder, wenn du die Stimmen in deinem Kopf nicht mehr hörst." Dann habe ich mich kaputt gelacht, wovon ein paar Monate später nur ein schiefes Grinsen übrig blieb. Wir waren ein wilder Haufen alleinstehender Frauen mit unterschiedlich langer Singleerfahrung. Am abgeklärtesten waren die, die schon fünf bis zehn Sommer allein lebten. Sie erzählten Horrorgeschichten von verheirateten Jägern, nannten ihr Schlafzimmer „Poppenstube" und hatten den Schalter von vornherein auf „Scheitern" gelegt. Männliche Heterosexuelle ohne furchterregende Makel, Macken und Schäden gab es ihrer Meinung nach nicht. Sie setzten bei jeder sich bietenden Gelegenheit die Männerbegutachtungslupe auf und nahmen den armen Kerl auseinander. Natürlich fanden sie das Haar in der Suppe. „Eins steht mal fest", hieß es bei einer Langzeit-Unbemannten, „ein Kerl kommt mir nicht mehr ins Haus. Jedenfalls nicht zum Miteinander-Leben. Am Samstag ins Konzert? Ja. Sonntags mit ihm Radfahren? Gerne. Von mir aus auch Kino und Grillabend bei Freunden. Ansonsten will ich auf dem Sofa liegen, Bunte lesen und meine Ruhe haben. Für die handwerklichen Belange und das Andere" – hierbei setzte sie ein süffisantes Breitwandgrinsen auf – „findet sich immer ein Atze." Hilfe. Solche Sachen wollte ich nicht hören. Schließlich hatte das rein gar nichts mit den romantischen Vorstellungen von Liebe zu tun, die ich gemeinhin so pflegte. Sie wollte uns Neuen nur bange machen. „Hör zu", wagte ich einen Vorstoß, „es ist aber so, dass die meisten von uns anders denken und nicht nur auf schnellen Sex aus sind." „Und genau DAS macht mir Sorgen", kam es unvergesslich zurück. „Ebenso gut kannst du dir Traumprinzenknete kaufen oder Rohre in deiner Birne verlegen und draußen in der Pfütze ein bisschen rumklempnern. Alles Unsinn. Deinen Liebesquatsch gibt's bei Rosamunde Pilcher und sonst nirgends. Träum weiter." Das habe ich getan, und ihr im Übrigen nur ein gebrochenes Herz unterstellt, das noch nicht verheilt war. Denn siehe da, kein halbes Jahr, nachdem sie bei einem Caipirinha-Vernichtungsabend Bernhard Shaw zitiert hatte, der gesagt haben soll: „Liebe auf den ersten Blick ist in etwa so zuverlässig, wie Diagnose auf den ersten Händedruck", verliebte sie sich unsterblich. Auf den ersten Blick. Seitdem ist nichts mehr wie es war. Sie möchte 24 Stunden am Tag mit diesem Mann zusammen sein, kommt nicht mehr zum Schlafen und kaum pünktlich zur Arbeit. Sie fährt Ski, obwohl sie es hasst, und kocht Essen, was sie noch mehr hasst. Sie bügelt seine Unterhosen und lässt sich von ihm die Zehennägel lackieren. Dabei strahlt sie mit der Sonne derart um die Wette, dass sich allein dieser Anblick lohnt. „Ich bin wieder betriebsbereit", meinte sie neulich, und lächelte selig. Dann schickte sie einen Satz hinterher, den ich in Gold meißeln möchte: „Ab jetzt würde ich gern die Zeitverflieg-Geschwindigkeit ändern." Ich auch, ihr Lieben, ich auch.

Warten auf das dicke Ende

02. Dezember
Stimmung: neige genetisch-hormonell bedingt zum „Sorgen-machen", wer keine hat, der macht sich eben welche.
News: Angeblich verlange ich zu viel. Mag sein. Wer alles gibt, will eben auch alles haben. Und unsere Großmütter wussten schon: Wer nicht bittet, bekommt auch nichts.

An Schlaf ist wohl derzeit nicht zu denken. Zweifellos befinde ich mich in den offiziellen Grübelwochen. „Hereinspaziert, meine Damen und Herren. Hier ist die Schwarzmalerwerkstatt. Wer sonst nichts weiter zu tun hat, mache sich bitte Sorgen!"

Und hast-du-nicht-gesehen, schlage ich mir eine weitere Nacht um die Ohren. Schuld sind Hermann, mein Opa-Cockerspaniel, und ein Gewitter im Dezember. Als ob ich nicht schon genug Probleme hätte. Bis zum ersten Blitz am Horizont war die kleine heile Hundemutti-Welt noch in Ordnung. Dann hat Hermann die Gunst der Gewitterstunde genutzt und hasenschissig vor meinem Bett gewinselt. Nicht, dass ich männliche Wesen, die an meinem Laken zerren, grundsätzlich abweise. Aber hierbei handelt es sich schließlich um einen Hunderüden, und – mit Verlaub – Fellträger haben unter meiner Bettdecke nichts zu suchen. Dafür habe ich vor elf Jahren erbarmungslos gekämpft und zwei Hundeschulen nacheinander besucht. Ambulant, nicht stationär. Aber immerhin: Ich musste viele Wochen lang Samstag für Samstag über feuchte Wiesen laufen, die korrekte Befehlsform von „Sitz!", „Platz!" und „Bleib!" einstudieren und bis zum Erbrechen „Bei Fuß!" gehen. Was ich von Stund an hervorragend beherrschte, Hermann jedoch bis heute verweigert. Bei der Sofaplatz-Vergabe und der nächtlichen Schlafstelle blieb ich hart. Kein Hund im Bett, und basta! Nun ist es aber so: Die meisten Frauen werden mit den Jahren immer weicher und ich gehöre ohne Zweifel dazu. Vor ein paar Monaten fing es an: Gewitter im Anmarsch – der Seniorkläffer auch. Je lauter der Donner, je herzerweichender wurde sein ängstliches Winseln. Irgendwann hatte er mich. Ich flüsterte resigniert: „Mach Hopp!“, und er sprang – ohne auch nur eine Sekunde zu zögern – ans Fußende, drehte sich fünfmal im Kreis und schlief nach einem tiefem Seufzer glücklich ein. Na prima. So viel zu meiner Inkonsequenz, die ich ja schon bei der Kindererziehung hinreichend unter Beweis gestellt habe. Hermann rüsselte aus dem Stand wie ein Minenarbeiter nach zehn Stunden Schachtarbeit. Ich war putzmunter, lauschte dem sich nähernden Donnergrollen und dachte über unsere Ängste nach. Ein Gewitter macht das schwache Geschlecht doch schon lange nicht mehr nervös. Im Gegenteil: Wir finden es äußerst gemütlich, in der trockenen Höhle zu liegen, während draußen das Unwetter tobt. Was uns ängstigt, sind die Unsicherheiten des Lebens, unvorhersehbare Katastrophen, all die Dinge, auf die wir keinen oder wenig Einfluss haben. Dinge, die mit der Liebe zu tun haben zum Beispiel. Frauen, auch die vermeintlich starken und unabhängigen, können ihr Glück grundsätzlich nicht glauben. Auch wenn sie meinen, „..es verdammt noch mal endlich verdient zu haben“, warten sie unweigerlich auf das „dicke Ende“. Wo ist der Haken an der Sache? Der Pferdefuß? Wer taucht noch auf, wie der Prominente aus dem Sack, und macht alles kaputt? Eine Freundin von mir, die sehr, sehr glücklich ist, gestand mir neulich, wie oft sie vor dem Einschlafen Angst davor hat, dass es morgen aus heiterem Himmel vorbei sein könnte. Dass ihr Liebster einfach aufsteht und sagt: „April, April. Das war's. Mit dir hab ich mich jetzt an den Frauen gerächt.“ Oder eine andere, die gegen den Schatten einer mächtigen Exfrau ankämpft, und ständig in dem ängstlichen Glauben lebt, dass er über kurz oder lang zu seiner Familie zurückkehrt. Die nächste Freundin schwärmt gar nicht erst von ihrer Liebe, sondern behält sie eisern für sich, weil sie befürchtet, wie ein Idiot dazustehen, wenn es irgendwann mit Sicherheit vorbei ist. All das zeigt: Wir haben Angst, unser Glück nicht halten zu können. Was daran liegt, dass es uns schon einmal nicht gelang. Für „immer und ewig“ hat die Ewigkeit nicht erreicht. Warum also fest an etwas glauben, was aus Erfahrung in vielerlei Hinsicht schief gehen kann? Dann hat man sein ganzes Herzblut investiert, und steht am Ende wieder in einem Trümmerfeld. Mag sein. Keiner von uns hat die magische Kugel, um sein Leben vorauszusehen. Es würde auch seine überraschende Zauberkraft verlieren. Aber wenn wir nicht alles geben, ist schon die Grundmauer schwach. Und machen wir uns nichts vor: Weh tut es immer, heute und in ein paar Jahren. Also werft eure Ängste über den Haufen, sagt Hopp! und springt. Und haltet es mit Hans Christian Andersen: „Leben ist nicht genug, sagt der Schmetterling. Sonnenschein, Freiheit und eine kleine Blume gehören auch dazu.“ In diesem Sinne: Verlangt viel und habt keine Angst!

Glühwein forever oder die Sache mit dem Fisch

03. Dezember
Stimmung: glühweinselig sentimental, wie soll es auch anders sein
News: werde auf Abstand gehalten und am ausgestreckten Arm zum Verhungern gebracht. Männer! Es geht nicht ohne, und schon gar nicht mit ihnen.

Findet ihr nicht auch, dass die Zeit momentan rennt, als wäre ihr jemand auf den Fersen?

Zack – Freitag. Rums – Montag. Schwupps – Mittwoch, und hast du nicht gesehen, ist die Woche auch schon wieder um. Ein untrügliches Zeichen, dass wir älter und älter werden. Mit dem Phänomen der rasenden Zeit befasst man sich nämlich erst ab einer gewissen Kerzenzahl auf der Torte. Oder habt ihr schon mal eine Gruppe Jugendlicher belauscht, die paffend an der Ecke stehen, und sich zurufen: Ey, Alter, Wahnsinn wie schnell die Zeit vergeht? Die haben doch Wichtigeres zu bereden. Dabei ist morgen der 2. Advent. Unglaublich, oder? Kaum hat man die ersten Tannenzweige ins Fenster gestellt, ist die Hälfte der Vorweihnachtszeit auch schon vorbei. Schade, denn es sind meine Lieblingswochen. Auch wenn ich in diesen Tagen gern mal außer acht lasse, dass Dispokredite begrenzt sind. Ein Desaster, wenn man wie ich, Unmengen für Türkränze, Krimskrams & Co. ausgibt. Sollte ich jemals von einem Moderator gefragt werden, was ich besonders gut kann, wäre meine Antwort mit Sicherheit: „ ..hundert Kerzen anzünden und die Wohnung von Flur bis Balkon thematisch durchdekorieren."

Ich vergesse mich eigentlich immer, wenn ich einen Deko- oder Blumenladen betrete. Aber an Weihnachten brennen die Sicherungen vollständig durch. Mit dem Inhalt meiner Kartons könnte man Vatikanstadt zur Christmesse komplett ausgestalten. Jedes Jahr aufs Neue schwöre ich mir, nichts mehr anzuschleppen. Aber es scheitert ebenso, wie der Versuch, über Weihnachten mein Gewicht wenigstens zu halten. Was soll's. Ab Januar spare ich wieder (ha.. ha..) und starte mein Ultra-Abnehm-Training. Bis dahin habe ich das Wort VERZICHT aus meinem Vokabular gestrichen, und meide Spiegel und Fotografen. Es ist eh schon zu spät. Stollen und Spekulatius sind seit Oktober fester Bestandteil meines Mageninhaltes und der Weihnachtsmarkt tut sein Übriges. Die schlimmste Sünde neben Schmalzkuchen: Ich bin ein Glühweinjunkie. Schon am Eröffnungstag stehe ich an meiner Lieblingsbude, ordere „Heiße Johanna“ und singe nach der dritten Runde inbrünstig Weihnachtslieder. So, wie gestern. Draußen schweinekalt und der Stand gerammelt voll. Ich war komplett in Weiß gekleidet, wie eine kleine Schneeflocke. Oder treffender: Wie die Schwester vom dicksten Schneemann der Stadt.

Irgendwie hatte ich nicht bedacht, dass ich so eine Kleckerjule bin und Rotwein schwer raus geht. Nach zwei Runden durch das Gedränge war ich über und über bekippt und sah aus, als hätte ich schreckliches Nasenbluten. Einen Glühwein später war mir das egal. Ich schnatterte, lachte und becherte. Irgendwann spielte ein Mann auf der Gitarre ein Lied von Reinhard Mey und wir sangen aus vollem Halse: Über den Wolken muss die Freiheit wohl grenzenlos sein. Hach ja, was soll ich sagen. Romantik ist für die meisten von euch sicher etwas anderes. Aber ich fühle mich in solchen Momenten einfach pudelwohl, so Arm in Arm mit Schwesterherz & Co. Weinduselige Vorweihnachtsstimmung. Es fehlten eigentlich nur Schneegestöber, Glockenläuten und der Mann, nach dem ich mich gerade sehnte, an meiner Seite. Aber nein, dieser Jemand stellte sich mal wieder tot. Seines Zeichens „Fisch“ tauchte er gerne, wenn überhaupt, dann unverhofft, auf und wieder ab. Dann wurden Sprünge vollführt und Wellen gemacht und zack!, weg war er auch schon wieder und wart nicht mehr gesehen. Abgetaucht in tiefere Gewässer. Kruzifix, und das mir. Wo ich doch Zuwendung brauche. Und Aufmerksamkeit. Und einen Hafen. Gerade jetzt, in der Glitzer-Glimmer-Händchenhalterzeit, da zeigt er mir die kalte Rückenflosse. Seufz. Schon wieder wallten Zweifel hoch. Wie soll ich das aushalten? Wo ist er gerade, verdammt noch mal? Und werde ich denn gar nicht vermisst? Bevor ich das große Heulen kriegte und vor allem, bevor der Wirt seine Bude schloss, orderten wir Unverbesserlichen noch einen beachtlichen Glühweinvorrat und verabredeten uns für die kommende Woche am gleichen Ort. Nicht, ohne festzustellen, dass die Zeit ab jetzt rennt (!). Nur noch drei Wochen, dann ist es vorbei mit der Glühwein-Fröhlichkeit auf offener Straße. Am dreiundzwanzigsten Dezember werden die Rollläden runter gekurbelt, der Weihnachtsmarkt macht seine Lichter aus und dann beginnt die wirklich dustere Jahreszeit.

So ist sie also, die Sache mit dem Fisch, der sich nicht fangen lässt. Werde mir eine erfolgversprechende Angelmethode ausdenken müssen. Oder Köder kaufen? Ein Netz? Lockstoffe? Wie auch immer, ich gebe nicht auf.

Wie spät ist es?

10. Dezember
Stimmung: ein wenig durch den Wind, weil...
News A: mein Leben gehörig auf dem Kopf steht und der ohnehin knappe Zeitplan kaum Fenster lässt und...
News B: der dafür verantwortliche Mann freundlich aber bestimmt auf Einhaltung fester Termine drängt und mir eine Uhr verpasst hat (Ach, du meine Güte)

Ich habe ein Zeitproblem. Schon mein ganzes Leben lang. Es mag daran liegen, dass ich keine Armbanduhr trage. Oder einfach an der Tatsache, dass ich mit meinen Gedanken eigentlich immer woanders bin. Meistens erledige ich drei Dinge gleichzeitig und denke währenddessen über eine vierte Sache nach. Nie kann ich neben einem Eimer stehen bleiben, während das Wasser einläuft. Nie Milch aufsetzen, ohne zwischendurch in der Wohnung umherzuflitzen. Mit dem Ergebnis, dass Wasser und Milch überlaufen, die Sauerei weggewischt werden muss und die Dame des Hauses zu spät kommt. Verdammt. Schon wieder. Was hat Muddi immer gesagt: „Beim Kochen bleibt man am Herd, Kind." Einer von hundert Ratschlägen, die ich einfach in den Wind schieße. Neulich habe ich in einem Buch eine interessante Frage gelesen: „Wäre mein Leben anders verlaufen, wenn ich nicht permanent fünfzehn Minuten zu spät kommen würde?" Wer weiß? Zwar habe ich keine spektakulären Züge verpasst, in denen die Liebe meines Lebens auf mich wartete. Oder mit einem Gewinner-Lottoschein vor soeben verschlossener Annahmestelle gestanden. Aber mit Sicherheit habe ich Momente, Menschen und Begegnungen versäumt, während ich damit beschäftigt war, zu Fuß dem abgefahrenen Bus hinterher zu sausen. Ich bin eigentlich immer in Eile, abgehetzt und zu spät. Zu allen Terminen rausche ich mit großem Brimborium und ängstlichem Blick auf die unvermeidlichen Uhren, die dort hängen. Sprechzimmerhilfen, Lehrer, Kollegen und meine Friseurin Mici könnten da ein lautes Lied anstimmen. Jeder Mann, der es hingekriegt hat, mir ein Date abzuringen, ebenfalls.

Ich hätte auf jedem Zettel mit meiner Telefonnummer den Satz vermerken sollen: Achtung. Inhaberin dieser Nummer wird dich mit Sicherheit fünfzehn Minuten im Regen stehen lassen. Bitte geh nicht weg! Ich wiederhole: NICHT WEGGEHEN!! Sie kommt auf alle Fälle noch angerast. Mit nassen Haaren zwar und einem Schuh in der Hand, aber dafür mit dem herzzerreißend betrübtesten Gesicht der Welt. Manche haben nicht so lange gewartet. Tut mir so Leid. Ich mache das nicht absichtlich. Ehrenwort. Ich verzettele mich einfach. Anfangs habe ich noch so viel Zeit und bade ausgiebig bei Kerzenschein und Nora Jones. Ich liege unter Schaumbergen, lausche der Musik und male mir den Abend in einer perfekten Kopf-Kino-Version aus. Plötzlich, hast du nicht gesehen, bleiben mir nur noch fünf Minuten für Frisur, Klamotten- und Schlüsselsuche. Es ist zum wahnsinnig werden. Aber natürlich treibt es auch meinen Liebsten in selbigen. Anfangs stand er noch geduldig auf der Straße. Später war er einfach weg. Abgefahren. Tschüss, meine Liebe. Nun sieh mal zu! Scheibenkleister.

Aber ist es nicht auch mein Schicksal?.

Es heißt: Der frühe Vogel fängt den Wurm. Ich sage: Der späte Wurm überlebt. Er entkommt nämlich dem hungrigen Schnabel. Vielleicht bin ich ja herabfallenden Ziegeln und versagenden Autobremsen bisher nur entgangen, weil ich einfach erst fünf Minuten später an der Stelle war, als der göttliche Plan es vorgesehen hatte.

Neulich bei der Weihnachtsfeier in einem prachtvollen Hotel war ich trotzdem ein wenig betrübt. Wir waren in der Lobby verabredet und wollten uns mit einem Sektglas in der Hand auf einen phantastischen Abend einstimmen. Als ich dann endlich erschien, war die Eingangshalle wie leergefegt. Ich hatte meine Kontaktlinsen nicht gefunden, und mich beim Suchen sinnlos vertrödelt. Umsonst. So musste ich wie ein Blindfisch am Arm des Empfangschefs auf die Suche nach meinem Tisch gehen. Großes Gelächter, als ich dort eintraf, gespickt mit den unvermeidlichen Sätzen, die alle mit: „Wir haben es genau gewusst...“, begannen. Einer bemerkte sogar: „Sollte ich jemals entführt werden, bitte ich darum, dass nicht DU für die

Geldübergabe verantwortlich bist."

Ach du Gott. So weit ist es schon gekommen. Ich bin ein Aushängeschild für die Unzuverlässigen-Gemeinschaft. Anonyme Zuspätkommer, vereinigt euch!

Gestern erhielt ich ein vorfristiges Weihnachtsgeschenk. Es war „liebevoll" in Alufolie gehüllt und kam vom BGEwdE, dem „Besten-Geschenke-Einwickler-westlich-der-Elbe. Was drin war? Eine Armbanduhr natürlich. Hach ja. Am Ende werde ich noch ein besserer Mensch, und alles nur der Liebe wegen.

Wie immer im Advent

13. Dezember
Stimmung: vorfreudig, weihnachtsduselig und einem Koch verfallen (sehe ihm – allein seiner „Ente in Orangensauce" wegen – so ziemlich alles nach)
News: habe Waage vorsichtshalber zugeklebt, der Schreck würde nur die schöne Adventslaune verderben

Fällt es euch auch so schwer, Weihnachtsstimmung aufkommen zu lassen? Zehn Grad plus, Sonne oder Regen im Ausschnitt, aber kein Fitzelchen Schnee in Sicht. Morgens um sieben zwitschern Vögel auf meinem Hof, von denen ich immer dachte, dass sie sich im Winter in den Süden verpfeifen. Ich zünde die nächste Kerze an und wundere mich: Was? Schon dritter Advent? Wann waren denn die anderen beiden? Dabei hatte ich schon das komplette Programm: Adventssingen in der Kirche, Weihnachtsfeier mit Gänsebraten und mein persönliches Muss: „Advent in den Höfen" in Quedlinburg. Die traditionelle Weihnachts-Weibertour. Enge Gassen, tausend Lichter, Glockenläuten und Feuerschlucker. In jedem Hof ein kleiner Markt mit all den schönen Sachen, die niemand braucht, aber wir so gern kaufen. Wir laufen uns die Füße schief, stehen an jeder Fressbuden-Schlange und versacken in Hof Nummer Sieben. Hier gibt es Glühwein mit Nüssen und Rosinen über offenem Feuer. Ein Süchtigmacher, dem die Frauenbrigade stets wehrlos erliegt. Nach der dritten Runde trennen wir uns von dem Gedanken, jeden Hof zu sehen. Das ist auch schnurzpiepegal. Hauptsache, wir schaffen die wichtigen Fressbuden. In dieser Gruppe kauf-, nasch- und trinkfester Frauen bin ich der kulinarische Reiseführer. Ich habe jede gute Futterstelle im Kopf und treibe die Bande zur Eile. „Hier müssen wir noch hin, da gibt es die guten Puffer." Und: „Hof Nummer Zehn dürfen wir nicht verpassen. Dort werden die Kartoffeltaschen gebacken." Oder: „Los Mädels. Flinke Füße. Da hinten ist der Stand mit dem Ziegenkäsen-Bärlauchbrot." Die anderen lachen sich weinselig, krümelig. Über mich natürlich. Ineskind, ansonsten mit dem Orientierungs-Gen eines debilen Alzheimeranwärters ausgestattet, entpuppt sich als Straßenführer. Der Gault Millau vom Weihnachtsmarkt. Das ist wirklich verwunderlich. Jedoch nicht für mich. Endlich mal wieder eine warme Mahlzeit. Ich weiß, es ist skandalös, aber seit mein einzig sprechender Mitbewohner zum Studieren nach Berlin gezogen ist, habe ich mich zum Rudimentär-Esser entwickelt. Es gibt keine großartigen Kochrituale, kein Klöpse braten und Möhrchen schnippeln mehr. Ich löffele kalte Erbsen aus der Dose und verdrücke Wiener im Stehen. Vorzugsweise um Mitternacht und unter Ausschaltung der Mageneingangskontrolle. Alles, was einer gewissen Vorbereitungszeit bedarf, ist rigoros vom Speiseplan geflogen. Jeden Donnerstag rufe ich: „Einmal die Neunundzwanzig mit süß-saurer Soße“, in das Innere meiner Asia-Bratbude um die Ecke. Und das war's. Würde nicht ab und zu mein allerliebster Lieblingsmann und -koch für mich in seiner Küche zaubern, ich würde glatt vom Fleisch fallen. Hahaha. An dieser Stelle finde ich es wie immer bedauerlich, dass ich keinen Soundtrack mitliefern kann. So muss mein Lachen als Buchstabensalat bis in die Altmark vordringen. Vom Fleisch fällt nämlich hier keiner. Schon gar nicht die Frau, die gerade in die Tasten haut und nebenher den (ungelogen) siebzehnten Vanillekipferl verdrückt. Alles Nervennahrung versteht sich. Und Ablenkung von den Dingen, die neben Weihnachtsmarkt und Co. alljährlich im Advent für miese Stimmung sorgen. 1. Wie passe ich nach den Feiertagen in die im Schrank befindliche Garderobe? 2. Wann soll ich noch Geschenke kaufen? Und 3. Wovon bezahlen? Mein Konto macht wie immer zum Jahresende dicke Backen. Aus knietief im Dispo wurde etwas in Bauchnabelhöhe. Seitdem beantrage ich Ratenkredite im Akkord, und habe offensichtlich gerade „Glück“. Eine Bank aus Übersee hat mir einen Vertrag angeboten, mit 98% Zinsen und „Rübe-ab-Androhung“, falls ich in Verzug gerate. Scheint mir ein seriöses Angebot zu sein. Sollte ich mich dennoch wider Erwarten längere Zeit nicht melden, wäre es nett, wenn jemand nachsieht, ob ich vielleicht mit einem Betonklotz in der Elbe hänge.

Happy birthday

17. Dezember
Stimmung: mordsmäßig happy, grinse auffällig blöde die Gratulanten an.
Dass ich heute ein Jahr altere interessiert mich nicht die Bohne. Habe gelesen: Die einzige Alternative zum Älterwerden wäre, jung zu sterben. Also bitte.
News: Geschenk um Mitternacht ist ein Versprechen auf eine Reise zum Mont-Saint-Michel – mit meinem Glück im Bauch könnte man weltweit Kleeblattfarmen düngen

Als Kind konnte ich von Geburtstagen gar nicht genug bekommen. Schon im Morgengrauen hüpfte ich aus dem Bett, und dann im Wechselgalopp zur Schule. Am liebsten hätte ich mir ein Schild um den Hals gehenkt: „He, alle aufgepasst! Ich habe heut Geburtstag. Rollt den roten Teppich aus!"

Die Wintersonne und ich, wir strahlten um die Wette. Im Klassenzimmer angekommen, legte ich jedem Mitschüler einen Schoko-Lolly oder Pfeif-Lutscher auf den Tisch, und ließ mich feiern. Das kam gut an und vergeudete mindestens zehn Minuten Unterrichtszeit, bevor es dem Lehrer zu bunt wurde. Dann knallte er das Klassenbuch auf den Tisch und unterbrach rüde die kleine Party: „So, jetzt beruhigen wir uns alle mal wieder, packen unsere Lutscher ein und holen die Hefte raus. Leistungskontrolle! Tut mir Leid, Ines. Aber da ist man auch an seinem Geburtstag nicht vor gefeit."

Pah.. Als ob einen Feiertage jemals vor Irgendetwas beschützen. Ich kenne Frauen, die lagen Heiligabend in den Presswehen oder wurden an Weihnachten von ihren Männern verlassen. Ein allgemein bevorzugtes Datum für allerlei Unannehmlichkeiten. In solchen Fällen ist es Pustekuchen mit glücklichen Gesichtern. Von diesen Dingen war ich in den Siebzigern jedoch noch meilenweit entfernt. Ich freute mich wie Bolle auf meine neuen weißen Knautschlackstiefel und die nachmittägliche Geburtstagsparty. Flaschendrehen und Klingelsturm, und im Dunkeln haben wir getanzt. An meinem 15. Geburtstag bekam ich das (damals) beste Geschenk meines Lebens: Eine getragene Wrangler mit verwaschenen Beinen. Wie die sich angefühlt hat. Unbeschreiblich. Ich war Wonder-Woman und Blondie in einer Person. Ein Gefühl, wie lebenslang Milka essen, ohne zuzunehmen plus Brad Pitt zum Nachtisch. Ich war cool – ich war toll – chaka...

Am liebsten hätte ich mich nur noch im Freien aufgehalten. Nie wieder danach hat mir ein Kleidungsstück ein solches Lebensgefühl vermittelt. Mangels überzeugender Alternativen trug ich die Hose zwei Jahre am Stück, bis ich mit den Rissen über den Knien wie ein Heckenpenner aussah. Meine Eltern verweigerten mir eine weitere Familienzugehörigkeit, wenn ich dieses „Ding" nicht langsam entsorge. Seufz. Es gab ja keinen Ersatz.

So trennte ich schweren Herzens das hellbraune Lederschild ab, und heftete es auf meine „Wisent", einem Ost-Jeanshosen-Verschnitt, für die Nicht-Zeitgenossen unter euch. Aus dem oberen Teil der alten Hose wurde eine Tasche genäht, die Hosenbeine für spätere Eventualitäten aufgehoben. Wenn mir damals jemand erzählt hätte, dass ich mal jederzeit in einen Laden gehen kann, um eine Jeans zu kaufen. Ich hätte nur hoffnungsvoll geseufzt. Wie lange das her ist, habe ich erst neulich so richtig mitgekriegt. Ich drehe mit meinem Hund Hermann eine Gassi-Runde, und muss mich durch eine Horde Teenies quetschen Sie belagern den Weg und die Bänke. Natürlich lässig, oben auf der Lehne sitzend. Zwischen ihren Beinen ein CD-Player, bis zum Anschlag aufgedreht. „Ey, macht ma Platz für die Mutti..!", grölt einer von den süßen Jungs, und ich lächele ihn verschwörerisch an. Ist erst 15 Jahre her, dass ICH hier gesessen habe, sagt mein Augenzwinkern. Genau an derselben Stelle. Nur, dass Udo Lindenberg aus unserem Stern-Rekorder leierte. Ich grinse gerade von Erinnerungen übermannt in mich hinein, da trifft es mich wie ein Schlag. Ach, du meine Güte! Fünfzehn...?? Nein, fünfundzwanzig Jahre ist das her. Wahnsinn. Wie konnte die Zeit nur so schnell vergehen? Herr im Himmel. Tatsächlich fünfundzwanzig Jahre? Dabei hätte ich es eigentlich merken müssen. Die Kerzen auf meiner Torte erinnern inzwischen an einen Flächenbrand in Arizona, und auf meinen Cremetuben steht „Anti-Falten" in allen Sprachen dieser Welt. Was soll's. Mir doch egal. Ich feiere meinen Geburtstag wie jedes Jahr mit großem Remmi-Demmi und zwanzig Leuten in einer viel zu kleinen Wohnung. Es wird einen Glühweinstand auf dem Balkon geben, Futter bis zum Platzen und Drinks bis zum Umfallen. Und falls ihr heute eine breit grinsende, etwas dickliche Frau mit einem imaginären Schild um den Hals gesehen habt, die im Wechselgalopp durch die Straßen hüpfte: Dann werde ich das wohl gewesen sein.

Die Hoffnung stirbt zuletzt

20. Dezember
Stimmung: nicht überall gleich gut, manche erleben in diesen Tannenzweig-Romantikwochen zum ersten Mal, wie beschissen es ist, Single zu sein
News: eine altbekannte Tatsache beweist aufs Neue: Wir Frauen halten in einem solchen Fall zusammen. Wir schwatzen die Sache tot – machen Niederlagen zu Phänomenalerfolgen – lachen uns am Ende einen Ast. Was zählt, ist die gedankliche Verbundenheit der Leidensschwestern und sei es nur durch die Weitergabe einer Erfolgsmeldung per SMS.

Ich erhielt vor Jahren eine solche. Mitten in der Nacht. Düdüüt – düdüüt, machte mein Handy und riss mich aus dem Tiefschlaf. „Ich hatte Sex". Nur diese drei Worte. Nicht mit wem, warum und ob es ein wiederholenswertes Erlebnis gewesen war. Ausschließlich die nackte Botschaft. ICH HATTE SEX.

Drei Worte, die an Informationsgehalt alles beinhalteten, was ich in diesem Moment wissen musste, um an ihrer Freude – denn natürlich handelte es sich beim Absender um eine SIE – angemessen teilhaben zu können. Gott, habe ich sie beneidet. Glaubt mir, um die Faszination einer lang ersehnten Intimverpaarung wissen nur Menschen, die über geraume Zeit einsiedlerisch und ohne nennenswerten Partnerkontakt gelebt haben. Wir redeten nächte-, nächtelang darüber, was wir am meisten vermissen, und es wurde mit den Monaten immer banaler: dass jemand auf einem liegt – küssen und streicheln – zusammen einschlafen. Ich erzähle euch das, damit ihr die nachfolgende Geschichte besser einschätzen könnt, damit ihr eine ungefähre Vorstellung davon habt, was in unsereins – so wir denn noch Singles sind – vorgeht.

Noch elf Tage, dann ist die Frist abgelaufen. Dann ist nicht nur das alte Jahr gestorben, sondern mit ihm auch die Hoffnung auf... (an dieser Stelle versagt mein öffentliches Vokabular für alles, was sich unterhalb der Gürtellinie abspielt)

Ich meine die Hoffnung auf..., na, ihr wisst schon.

Aber was erzähle ich euch da schon wieder? Ich greife vor, dabei habt ihr doch Anspruch auf die ganze Geschichte. Also, lehnt euch zurück und haltet die Taschentücher bereit. Was ihr jetzt zu lesen bekommt, ist wirklich finster. Alles begann so: An einem Samstag vor drei Wochen lernte meine Kollegin, deren Namen ich aus naheliegenden Gründen nicht nennen möchte, einen süßen Jungen kennen. Sie turtelten und warfen sich verstohlene Blicke zu. Nach einer Stunde hatte sie sein Glas in der Hand, nach weiteren zweien seine Telefonnummer. Es folgte ein Treffen im Cafe', und diesmal sahen sie sich lange, lange direkt in die Pupille. Er fütterte sie mit Erdbeeren und versprach, ihr bei der nächsten Gelegenheit seinen Lieblingsplatz zu zeigen: Magdeburg von oben. Hach ja, ist das nicht zauberhaft? An dieser Stelle sei angemerkt, dass von nun an alles passieren kann. Möglichkeit a) der Bengel ist wirklich einer von der sensiblen Sorte und ein Romantiker vor dem Herrn oder b) ein ganz übler Aufreißer. Desiree Nick, die Kabarettistin, hat einmal treffend bemerkt: „Das Schlimme an den ausgemachten Arschlöchern ist ja (sorry, ein Zitat), dass sie nun einmal nicht wie Massenmörder aus einem Hollywoodfilm daher kommen, sondern charmante Liebhaber sind. Sie wickeln uns ein, mit allem, was uns Frauen irre macht: kümmern sich, hören zu, machen am Telefon mit unserem Kind Schularbeiten, schicken nachts SMS – drehen sich dann um und beginnen ihr Spiel bei einer anderen Frau von vorn." Nicht, dass ich die Dame besonders gut leiden kann, aber wo sie Recht hat, hat sie Recht. Dieser Junior-Casanova hatte es jedenfalls im Blut. Er säuselte und lockte, schrieb ellenlange e-mails mit Abhandlungen über ihre schönen Augen und legte sie lahm. Nach drei Tagen brannte unser Glückskindchen lichterloh. Und einmal mehr begann das unerklärlichste aller Spiele. Sie stand in Flammen, er stellte sich tot. Wir ahnungslosen Weibsbilder entwickelten Strategien. „DU meldest dich nicht! – Lass ihn zappeln! – Du musst Sog erzeugen, keinen Druck machen!" Was sind wir doch für Schlaumeier. Stattdessen zündete sie die nächste Raketenstufe. „Egal, was passiert", meinte sie, verschränkte die Arme und guckte uns trotzig an, „ich möchte in diesem Jahr wenigstens noch einmal ... (ihr wisst schon)." Womit ich auf meine Ankündigung aus der Einleitung zurückkomme. Wir ehemaligen Singlehasen hatten Verständnis und spähten geschlossen auf den Kalender. Ihr blieben nur noch wenige Tage. Und was soll ich euch sagen: Er rief an. Hurra und Dreifach-Salut. Sie leuchtete und war derartig energiegeladen, sie hätte eine Nachricht bis zum Pluto senden können. Noch elf Tage. Operation „Liebe plus Sex 2006" schien gerettet. Bis zu der Sekunde, in der er ihr strahlend mitteilte, dass er so verliebt sei und dass die Glückliche jetzt seine neue Freundin wäre. Sie schnallte es immer noch nicht sofort. Neue Freundin? Warum klang das aus seinem Mund plötzlich so komisch.

Nein, nicht sie? Wieso? Wie käme sie denn darauf?

Was? Wie? Wer? EINE ANDERE???

Das ist der Moment, in dem Frauen liebend gern in Ohnmacht fallen würden. Mister Erdbeere, den sie erst zum Freund, dann zum Liebhaber auserkoren hatte, machte ihr schonungslos klar, dass sie zwar zum Pferde- aber nicht zum Herzen stehlen tauge. Das war wirklich bitter. Wir zottelten die rosaroten Fahnen auf Halbmast und nahmen sie in den Arm. Nun steht der Heilige Abend vor der Tür und sie hat mir aufgetragen: „Schreib etwas Schönes; irgendetwas, das mich tröstet!" Und ich will es mal hiermit versuchen: Eines Tages, wenn du am wenigsten damit rechnest, steht genau dieser eine Mensch vor dir. Einer, bei dem von Anfang an alles richtig ist. Ohne Verstellen. Ohne Zappeln lassen und ohne Tränen. Einfach nur gut.

Good bye, Prinzesschen

23. Dezember
Stimmung: wehmütig
News: die Geburtsstunde meiner Storchenliebe

Ich wette, jedes Frauenzimmer weiß, was es mit einer echten Prinzessin auf sich hat: Sie ist wunderschön, romantisch, klug und so zartbesaitet, dass sie sich an einer Erbse – durch zwanzig Eiderdaunendecken hindurch – den Hintern wund scheuert. Um ihretwillen werden Drachen geköpft und Dornenhecken niedergerissen. Für sie läuft man über sieben Berge und um die halbe Welt oder wartet sich einen Bart. So einfach ist das. Kein wenn und aber, kein: Woher sollte ich denn wissen, ob du wiederkommst? Auf Prinzessinnen wird gewartet. Basta. Und wenn sie nicht gestorben sind, dann lieben sie sich noch heute. Dachte sich auch mein Prinzesschen, und drehte durch, als es nicht so lief wie im Märchen. Als der Prinz das mit der Ewigkeit nicht so genau nahm, und die eine oder andere Schöne schnäbelte. Sie hat gekämpft wie eine Irre auf Freigang, und irgendwann doch einfach von vorn angefangen. Zeitgleich mit mir. Wahrscheinlich habe ich sie deswegen so geliebt. Nun ist sie im Storchenhimmel, und ich denke über Zufälle nach, während mir eine Träne über die Wange kullert. Siebzehn Jahre wurde sie alt, ohne dass ich sie je besuchen wollte. Genau einen Tag zuvor hatte ich mir vorgenommen, in diesem Sommer hinzufahren. Zu spät. Wieder einmal, wie so oft im Leben. Freddie Mercury habe ich schon verpasst und die Bee Gees, und Gott weiß, wer mir noch alles durch die Lappen geht, wenn ich nicht langsam mal Gas gebe. Ich bin wirklich traurig, auch wenn ich ein paar Miesmuscheln bis hierher grummeln hören kann: Mach mal halblang, Mädchen! Schließlich handelt es sich lediglich um einen Storch.

Angesichts der Tragödien auf der Welt, ein Hühnerschiss, ich weiß. Aber dies war nicht IRGENDEIN Storch. Sie war eine ganz Große, die Grande Dame der Klapperstörche und ein Symbol für Freiheit, Mut und Willensstärke. Wir waren Seelenschwestern, die adlige Froschliebhaberin und ich. Warum ich sie so bewundert habe? Meine weiß-schwarze Schönheit mit den langen roten Beinen hatte, wie alle Prinzessinnen, das Macht-Gen. Was soviel heißt, wie: Ich gewinne, komme was da wolle. Und wenn nicht, dann verlieren die anderen. Nämlich mich. Zehntausend Kilometer ist sie jedes Jahr geflogen. Von Loburg, in Sachsen-Anhalt, bis nach Südafrika, und im Frühjahr wieder zurück. Sie nahm stets die längere Ostroute, über Israel, den Balkan, die Türkei und Polen, und traf daher etwas später als ihr holder Gatte Jonas im heimatlichen Horst ein. Meine Mutter würde dies als „selbstgemachtes Leid" bezeichnen, denn Jonas, der alte Schwerenöter, gehörte nicht zu der Sorte „Mann", die man alleine lassen kann. Die treu und brav das Heim bewachen und nach ihrer Liebsten Ausschau halten. Im Gegenteil. Er hatte die Warterei satt, und legte sich ein jüngeres Federschätzchen samt Nachwuchs zu. Madame bekam eine Stinkwut. Ratzfatz fielen ein paar Eier und Fremdstörche über den Nestrand, als sie nach Hause kam. So sind sie halt, die Hochwohlgeborenen. Können nicht verlieren und lassen nichts durchgehen. Schon über eine gewisse Prinzessin Sophie sagte man: „Sie geht wohl über Leichen". Und die schickte sich vor ein paar hundert Jahren immerhin an, Katharina die Große, und damit Zarin von Russland zu werden. Einige wenige Mysterie-Todesfälle inklusive. Prinzesschen jedenfalls mimte auf ornithologischer Terminator, und feuerte die Nebenbuhlerin aus dem Nest. Ihren Holden hatte sie wieder. Vorerst. Doch, wie das so ist, mit den Abtrünnigen. Im Jahr darauf erspähte sie während der Anflugschleife auf das heimatliche Wagenrad die nächste Miss Jungstorch-Playboy, Monat Juli, und schmiss hin. Sie hatte die Nase gestrichen voll und begann von vorn, in einem anderen Nest, mit einem neuen Prinzen. So eine war sie.

Auf deiner letzten Reise wünsch ich dir alles Gute, Prinzesschen. Eines fernen Tages werde ich mich auf die Suche nach Dr. Dolittle begeben, um dir im Himmel zu sagen, wie sehr ich dich bewundert habe. Doch vorerst macht das Leben, was es immer tut: Es geht weiter. Zum Glück.

Ho – Ho – Ho

24. Dezember, Heiligabend
Stimmung: wie bei einem kleinen Mädchen, das sich vom Weihnachtsmann ein Puppenhaus gewünscht hat, aber insgeheim weiß, dass es ihn nicht gibt
Ergo: habe Angst, dass meine Wünsche nicht in Erfüllung gehen

15.30 Uhr Eigentlich bin ich gerade furchtbar in Eile. Es liegen noch ein paar Schönheitsreparaturen an und vertrödeln darf ich mich heute auf keinen Fall. Schließlich steht mein neuer erster Heiligabend zu zweit steht vor der Tür und den möchte ich nicht durch Zuspätkommen verderben. Ich bin ein bisschen nervös. Bringen wir diese vermaledeite Geschenke-Überreicherei ohne Peinlichkeiten hinter uns? Macht er überhaupt Geschenke oder stehe ich mit meinem ganz alleine da? Ein versauter Heiligabend katapultiert eine Jungliebe schneller ins Aus als gedacht. Ich glaube, nur ein verranzter Ersturlaub vermag das zu toppen. Ich will heute nichts versauen – auch wenn ich auf diesem Gebiet gerade meinen Meister gemacht habe – ich will heute christmas in love. Also hopp, Ines! Ab in die Spur! Dir bleibt nur ein kleines Zeitfenster, um auf die Schnelle ein paar Gedanken zu Papier zu bringen.

Um Feiertage macht der geübte Single ja gern einen großen Bogen. Zum einen, weil Kerzenscheinromantik nun mal nicht zum Alleinsein passt – zum anderen, weil alle Freunde verwandtschaftliche Verpflichtungen erfüllen, und somit als Unterhaltungsprogramm ausscheiden. Bleiben drei Tage im halbierten Familienkreis, mit Monumentalschinken im Fernsehen und Süßigkeitenmissbrauch. Den „Neuen" unter euch mag es in diesem Jahr noch schwer fallen. Aber lasst euch von einem alten Hasen gesagt sein: Es wird jedes Jahr leichter. Versprochen.

Nun hab ich ja wieder mein Herz verschenkt und bin in guter Hoffnung, heute Abend Romantik-Weihnachten zu feiern. Wir haben die Pärchensoftware hochgeladen und ziehen – in Gedenken an unsere Single-Vergangenheit – nach dem Auswickeln der Geschenke(!?) durch die Kneipen unseres Viertels. Hand in Hand und mit ein paar kleinen Glücksbringern dabei, besuchen wir die einsamen Restherzen. Was für ein Wunder. Jedenfalls für mich.

Dabei liebe ich die Weihnachtszeit schon von jeher und hab mir den Spaß auch als Solokämpfer nicht nehmen lassen. Wurde eben das Notprogramm gestartet, na und? Ich lud Sohnemann, Mama, Schwesterherz plus Mann ein, ein paar Freundinnen samt Nachwuchs und den einen oder anderen von der Straße. Da darf man nicht wählerisch sein. Nein, im Ernst: Mein Freund Dirk kam so in unseren trauten Kreis. Ein paar Tage vor Weihnachten stand er neben uns an der Glühweinbude, traurig und gleichgültig, wie Singles kurz vor der Heiligabend-Katastrophe nun einmal sind. Zwei Punschrunden später hatte er eine Ersatzfamilienfeier gebucht. Es wurde ein Super-Weihnachten. Der heilige Vater hätte vor Entzücken Limbo getanzt. Volker, mein Kölner Lieblingsschwager – und ein Garant für gelungene Gästebespaßung – hat den Weihnachtsmann gegeben, samt Kostüm, Rauschebart und Geschenkesack. Wir haben uns bepisst.

Dennoch. Um Mitternacht, als die Kerzen am Baum langsam heruntergebrannt waren und der Rotwein sein Übriges tat, wurde es leicht melancholisch, und Liebe, nur Liebe kam auf den Wunschzettel für das nächste Jahr. Und was soll ich sagen: Es hat geklappt. Bei jedem Einzelnen von uns. Es gibt sie also doch noch, diese Weihnachtsmärchen, von denen immer alle träumen.

Und jetzt – zu zweit – macht es wieder richtig Spaß. Ich schleppe den größten Baum nach Hause, vergehe mich an Gans und süßem Teller und verteile ausgelassen Wichtelpakete. Als Bonus obendrauf gibt' s meine Filmklassiker, die zum Advent gehören wie die Rosine in den Stollen. Ich habe sie alle geguckt, vom „Wunder in Manhattan" bis zum alljährlichen Muss-Film: „Schöne Bescherung". Ohne diesen Streifen erwacht mein Oh-Tannenbaum-Herz nicht. Erst wenn Familie Griswold ihren Christbaum abgefackelt und das Treppengeländer zersägt hat, singe ich mit allen Engeln Hallelujah im Chor.

Santa Claus kann kommen. Hohoho... Verfehlen wird er mich mit Sicherheit nicht. Meine Balkonbeleuchtung ist auch vom Mond aus gut zu erkennen, und fungiert als prima Orientierungshilfe, sollte der alte Rotrock mit seinem Rentiergespann eine Landebahn suchen.

17.12 Uhr Gerade hat es angefangen zu schneien und ich beschwöre die kleinen Flocken, bis heute Nacht liegen zu bleiben, der Nacht der Nächte, mit magischer Kraft. Eine Legende erzählt, dass derjenige einen Wunsch frei hat, der um Mitternacht den Nordstern findet. Sollte es mir gelingen, werde ich mir wünschen, dass mein geliebter Mister Schwierig die Augen aufmacht und sieht, wie schön wir es haben. Aber das erklärt mal einem tauben Blinden, der alte Liebeskriegsverletzungen wie Trophäen mit sich herumträgt. Werde ihn mit Punsch gefügig machen müssen, und mich ansonsten vorsichtshalber unter Mistelzweigen aufhalten. Schließlich ist Weihnachten, und da ist alles möglich. Glaube – Liebe – Hoffnung und des Widerspenstigen Zähmung.

01.00 Uhr Hab den Nordstern gesehen und es ist wahr, was man sich über ihn erzählt.

Prosit Neujahr

31. Dezember
Stimmung: alle etwaigen Silvesterpläne wanken – fühle mich vergrippt
News & Jahresfazit: Nur noch zwölf Stunden, dann ist das aufregendste Jahr seit meiner Pubertät zu Ende.

James Blunt ist mein Lebensretter. James, und natürlich mein treuer Freund Tom Hanks. Die Beiden haben mich am Silvesterabend aus dem Schlamassel gezogen. Eines Tages werde ich Tom fragen, ob er sich nicht doch von Rita trennen will, um mich zu heiraten. Zugegeben: Wir hätten ein Verständigungsproblem. Mein Englisch ist hundsmiserabel. Aber in seinem Fall würde es ausreichen, wenn er einfach nur auf meinem Sofa sitzt, und mich ab und zu spitzbübisch anlächelt. Hach ja... Aber ich schweife schon wieder ab. Dabei will ich euch doch von meiner Silvesternacht erzählen.

12.00 Uhr mittags Der Countdown läuft. Meine Nase auch. Nach einer Stunde sind meine Tempos aufgebraucht und ich hänge mir eine Rolle Toilettenpapier an den Gürtel.

14.00 Uhr Ich schnaube nicht – ich räume meine Nase aus. Von donnerndem Niesen unterbrochen, versuche ich, mich auf meine Frisur für den Abend zu konzentrieren. Hatschi...

Die Glitzerspängchen fliegen sieben Meter weit.

15.00 Uhr Nur mal ganz kurz hinlegen.

16.00 Uhr Erkältungsbad. Hustentee. Ich ziehe alle Register.

17.00 Uhr Kapitulation. Ich schleppe mich zum Sofa und besiegele meine erste Solo-Silvesternacht vor dem heimischen Fernsehgerät. Mein Hund macht vor Freude einen doppelten Rittberger und kugelt sich schwanzwedelnd auf dem Teppich. Beäuge ihn misstrauisch. Hatte er bei meiner Infizierung seine Pfoten im Spiel? Oder etwa... Siedend heiß fällt mir die Nachricht ein, die vor ein paar Tagen mein Handy erreichte. Ein Kettenbrief. Ich hasse Kettenbriefe. Fühle mich permanent schuldig und warte auf vernichtende Bestrafung aus dem Weltall, weil ich sie NIE weiterleite. In diesem stand geschrieben: Sende diese Nachricht an sieben deiner Freunde. Solltest du dich widersetzen, drohen ungeahnte Konsequenzen, mindestens aber Mundfäule innerhalb der nächsten fünfzig Jahre. Ist das nicht gruselig? Als ich ein Kind war, habe ich an diesen Unsinn geglaubt. Erst bin ich sorgfältig die beigelegte Namensliste durchgegangen, um keinen Empfänger doppelt zu beehren, was unter Todesstrafe verboten war. Dann habe ich mich an das Abschreiben des Textes gemacht. Das Zeitalter der Kopierer war noch nicht angebrochen. Erst wenn alle sieben Briefe, reichhaltig verziert, ihren Empfänger erreicht hatten, konnte ich nachts wieder schlafen. Für den Ausbruch von Pest und Krätze konnte mich nun niemand mehr verantwortlich machen. Puh... Ich schüttele mich bei dem Gedanken und spucke vorsichtshalber drei Mal über die rechte Schulter.

Der benutzte Taschentuchberg um mich herum wächst und wächst. Mir ist alles piepegal. Ich richte mich auf einen langen Abend ein, und mache auf gemütlich. Fernbedienung, Teetasse, Nasenspray, Kerzen und süßer Teller. Dann woll'n wir mal. Hermann kriegt ein Würstchen, ich einen Hustenanfall.

20.00 Uhr Ich drehe durch. Die Programm-Macher bestrafen mich mit Karl Moik und André Rieu. Darf man auf Paracetamol Champagner trinken? Ob ich jetzt noch zu der Party gehen kann? Die Tabletten wirken. Ich werde unternehmungslustig. Lieber nicht. Ein ohrenbetäubender Nieser fegt die Fernsehzeitung vom Bett. Mein Hund kriegt Angst vor mir und macht die Fliege. Adieu, letzter „Partygast". Ich zappe zu Dieter Thomas Heck. Herr im Himmel. Schlimmer kann es nicht kommen.

22.00 Uhr Habe die CD von James Blunt aufgelegt und trinke heiße Milch mit Honig dazu. Im Fernseher laufen Tom-Hanks-DVDs in Endlosschleife. „Schlaflos in Seattle" – „E-mail für dich" – „Schlaflos in Seattle". Ich bin gerettet. James, ich liebe dich. Du hast mir schon den Sommer versüßt. Tom, nicht traurig sein, du bist und bleibst meine Nummer Eins. Ich stehe unter Drogen.

Mitternacht: Pudelmütze, Schal und ein Glas Hustentee. Mama und ich stehen auf dem Balkon und gucken den Raketen hinterher.

Hermann linst todesmutig durch meine Beine. Er hasst Krach.

Hallo neues Jahr! Ich bin mir sicher, du wirst tausendmal besser als dein verschnupfter Anfang. Ich proste dir zu und rufe: Auf die Liebe, die bleiben mag und lass es uns mit Shakespeare halten. Ende gut, alles gut.

Lachen oder Leiden

03. Januar
Stimmung: schon wieder mal hochmotiviert, will eine dauerhaft dranbleibende Hochleistungssportlerin werden, der man das auch ansieht (elastisch federnder Gang, strotzende Gesundheit, kernige Figur, rosa Pfirsichhaut à la Alm-Heidi,)
News: Fluppen passé (schon lange), Süßigkeiten passé (seit Weihnachten), Alkohol passé (seit 3 Tagen)

Nun ist das neue Jahr noch keine Woche alt, und machst mir doch schon schwer zu schaffen: Silvester-Nachwehen, rund wie ein Rollmops, Autoschlüssel weg, Mörderstreit mit Sohnemann und eine fette Januardepression. Alles wie immer. Willkommen in meiner chaotischen Welt. Als ob das noch nicht genug wäre, gibt es in diesem Jahr einen Newcomer obendrauf, der in Kombination mit Reduktionskost etwa so euphorisch stimmt, wie die schöne neue Mehrwersteuer: Kein Alkohol im ersten Monat. Hurra. Jetzt verzichte ich schon gute fünf Tage auf dieses Teufelszeug, und was soll ich euch sagen: fast kein Zittern. Dafür hängen zwischen den Rippen die Hinterlassenschaften der Nürnberger Lebkuchenindustrie und im Kopf nur ein Wort: NEIN! Ein Nein am Kühlschrank, eins an der Fahrstuhltür, vor dem Weinregal und am Milka-Weihnachtsmann. Ab jetzt wird stur verzichtet. Auf alles, was Spaß macht, nur nicht auf Sport. Gähn. In jedem Jahr dasselbe. Der Jux geht schon im Januar flöten und kommt erst zum Fasching wieder, wenn Funkenmariechen die Beine wirft und jeder Dominostein im Land des Vergessens ruht. Doch momentan, in den ersten Wochen, sind alle grausam eisern. Quälen sich durch kippenfreie Abende und eine lasterlose Zeit. Oder fallen ihren Mitmenschen auf den Wecker: „Wenigstens Walking, Hans-Dieter. Das wird doch wohl drin sein. Oder möchtest du elendig an Herzverfettung krepieren?“ Natürlich möchte Hans-Dieter nicht. Wer kann es ihm verdenken. Und da soll man nicht depressiv werden? Kein Wunder, dass sich Menschen in Lachclubs treffen und das fröhliche Kichern umständlich wiedererlernen müssen. Zum Piepen, oder? Mein Grinsen ist immer noch hausgemacht. Allerdings ist mir jegliches Lustigsein im Hals stecken geblieben, als ich meine angegilbten Sportsachen aus dem Regal angelte. Die Turnschuhe waren nur ganz wenig angeschimmelt, dafür müssen die restlichen Klamotten irgendwie eingelaufen sein. Ich sah aus wie eine Rotwurst im Darm. Egal. Jetzt wird Sport getrieben. Schließlich ist Januar. Schließlich tun es alle und schlussendlich steht in fünf Monaten der Sommer vor der Tür. Ich hab meinen Walkman umgeschnallt, meinen Hund geschnappt und bin losgerannt. Leider neige ich bei sportlichen Herausforderungen – und im wahren Leben sowieso – zu gelegentlichen Übertreibungen. Statt einer gemütlichen Aufwärmrunde, die meine Leib-Internistin Gesine mit Sicherheit angeraten hätte, bin ich wie ein Walross auf Ecstasy die Zehn-Kilometer-Runde gelaufen. Anfangs noch rostig. Dann ging es einigermaßen schmerzarm, wenn auch mein Schnauben besorgte Mienen bei den restlichen Parkbesuchern hervorrief. Nach dreißig Minuten war ich leicht angeschlagen. Zum Glück hatte ich Lotsenhund Hermann dabei. Er zottelte mich wie einen Ozeandampfer an der Leine hinter sich her. Dann kam mein Hafen in Sicht, und mit ihm ein Schwall Endorphine. Ich nahm die Beine in die Hand, flog um die Straßenecken und freute, freute, freute mich. Herr im Himmel, was für ein Gefühl. Mit meinem Breitmaul-Grinsen hätte man einen Teich voller Kaulquappen leer fischen können. Einen Lachtrainer brauche ich jedenfalls nicht. Die fünf Treppen nach oben habe ich dann gerade noch geschafft. Seitdem sortiere ich meine Knochen auf einer Wehtun-Skala von eins bis zehn. Alles ab Hüfte abwärts landet im zweistelligen Bereich. Meine Arme lassen sich noch auf halbe Schulterhöhe heben und ernten eine vier Komma null. Füße. Habe ich noch Füße? Bestimmt nicht. Und wie komme ich jetzt gut gelaunt durch die rauch-, trink- und gammelfreie Zeit? Am besten ich rede mich notfalls mit Wilhelm Busch heraus: „Gott zieht nur an der Hand, der einen. Der Teufel zieht an beiden Beinen.“

Ines allein zu Haus

06. Januar, Heilige drei Könige
Stimmung: leide unter dem Verlassenheits-Syndrom
News: bin eine Klette, bin eine Nervensäge, bin ein Null-Durchhaltetyp (alles Erkenntnisse aus den letzten 24 Stunden)

Gestern Abend war ich allein zu Haus, und habe mir prompt Sorgen gemacht. Um Gott und die Welt und mich und jeden, den ich kenne. Wahrscheinlich ist mein Sternzeichen in einer riskanten Mondphase oder ich halte einsame Stunden momentan einfach schlecht aus. Außerdem hat mein Magen geknurrt und ich musste dem Drang widerstehen, wenigstens eine Flasche Rotwein zu öffnen. Allein zu Haus ist eben doof. Dabei könnte ich Trubel und Menschenansammlungen an jeder Ecke haben. Vor allem hier: Die drei rappelvollsten Orte in Deutschland sind zurzeit Weight-Watchers-Gruppen, Fitnessclubs und Partneragenturen. Bei den Gewichtskontrolleuren steht man mittlerweile so lange in der Warteschlange vor der Waage, dass ein respektabler Kalorienverbrauch dabei herausspringen könnte. Demnächst werden wohl Aufsteller platziert: Ab hier noch zehn Minuten Wartezeit. Bitte sinnvoll vertreiben! Seilspringen 123 Kalorien. Bügeln 18. Küssen mit dem Vordermann 10 Kalorien. Das brächte aber einen ordentlichen Batzen Unruhe in die Gruppendynamik. Ich habe von Mitgliedern gehört, die der Anspannung vor der Gemeinschaftswaage nicht gewachsen waren, und Minuten vor dem Ziel ausgeschert sind. Die empfohlene H-Zwei-O-Aufnahmemenge hatte ihre Blase auf Kamelhöckergröße anschwellen lassen, und der Drang zum Wasserlassen wurde in der Warteschlange groß und größer. Das wiegt doch jetzt alles mit, verfielen sie in Selbstzermarterung. Angesichts der Menschenmassen wuchsen die Zweifel, ob Gruppendiäten wirklich ein Teil ihres Lebens werden sollten, wie Frauenarztbesuche oder tägliches Straßenbahnfahren im Stehen. In solchen Momenten kippt die Motivation ganz schnell um. Muss man wirklich ein blonder Weberknecht werden? Nix da, und drauf geschissen, dass nun ein weiterer Sommer im langärmeligen Taliban-Mantel ansteht. Wie errechnet man Zufriedenheit? In Gelassenheit hoch drei? Zuckerkuchen für alle? In Lebensfreude zum Quadrat? Zehn Minuten Küssen verbrennt zehn Kalorien. Dann wird eben mehr geküsst. Basta. Wozu die ständigen Sorgen um das Gewicht? „Niemand kann dir ein Minderwertigkeitsgefühl geben, ohne deine Einwilligung“, soll Eleanor Roosevelt gesagt haben, und recht hat die Frau. Ein Dilemma, dass wir am Jahresanfang immer anders darüber denken. Mit den Partneragenturen verhält es sich ähnlich. Die meisten der 15,7 Millionen Singles haben mit Ach und Krach den Jahreswechsel überlebt. Frühlingsvogelzwitschern ohne Liebsten im Arm wäre jetzt der emotionale OberGAU. Oder der nächste Sommer, allein mit einem Buch an der Elbe, während man im Uhrzeigersinn knutschende Pärchen beobachten kann. Da gehört investiert, und so ein Online-Partner-Dingsbums scheint eine einfache Sache zu sein. Topf geht auf Deckelsuche. Wo ist der Traummann, der uns auf verkehrsberuhigten Brücken mit Dr.-Oetker-Ristorante-Pizza füttert? Und wo Miss Traumfrau; schlank, geländegängig, anpassungsfähig und stimmungsstabil? Wahrscheinlich steht sie noch in der Schlange ihrer Abnehmgruppe, um sich für den Künftigen auf Wunschmaß zu hungern. Obwohl er sie später schwerpunktmäßig wegen ihrer inneren Werte lieben soll. Zugegeben, dies habe ich bei Ildyko von Kürthy geklaut, aber es ist ohne Zweifel eins meiner Lieblingszitate. Ich habe in diesem Jahr ausgesetzt; hab weder ein Fitness-Abo abgeschlossen, noch einen Diätclub besucht. Einmal in meinem Leben würde ich gern so bleiben, wie ich bin. Angeblich soll das der Geheimtipp für ein dauerhaft zufriedenes Lächeln sein. Hinzu kommt, dass dieser grandiose Mann an meiner Seite behauptet hat: „ ..jedes Pfund an mir zu lieben.“ (wirklich, wirklich, ich hab das nicht geträumt) Herr im Himmel, ich danke dir. Dass ich das noch erleben darf. Dennoch diszipliniere ich mich ein klitzekleines bisschen. Überproportionale Gewichtsexplosionen sind nämlich leider mein Schicksal. Verführungen erliegen und dauernd Sorgen machen im Übrigen auch. Nebenan braten sie ungeniert Eierkuchen, und ich bekomme Halluzinationen. Von einsam verschlungenen Mehlspeisen in Wagenradformat und Pizzen um Mitternacht. Weiche von mir, Fast-Food-Sorgen-Teufel. Ich gieße mir ein Glas Rotwein ein, und muss schon wieder an Wilhelm Busch denken: „Es ist ein Brauch von Alters her, wer Sorgen hat, hat auch Likör." Prost.

Sauna-Albträume

10. Januar
Stimmung: saugut, bin auf dem Pilgerpfad zum Gesundheitsfanatiker
News: immer noch (fast) kein Alkohol und ab jetzt geht' s einmal wöchentlich in die Schwitzbude. Fünf Stunden schwatzen, trinken, futtern, schlafen & (ach ja) saunieren, Klasse, bis auf...

Einer meiner Albträume beginnt wie folgt: Ich gehe splitterfasernackt durch die Sauna und begegne ein paar flüchtigen Bekannten, meinem Ohrenarzt oder dem Barkeeper aus der Stammkneipe. Alles Leute, denen ich mit Sicherheit noch nie hüllenlos gegenüber gestanden habe. Damit aber noch nicht genug. In ihrem Gefolge befinden sich Fremde, und die nächste Szene könnte ich mir besser nicht ausdenken: „Ines, Mensch. Was machst du denn hier?" Eine prima Frage, die ich auch gern in Einkaufsmärkten und an Tankstellen beantworte. Was mache ich hier? Ich gucke so ernst es die Situation erlaubt, und antworte: „Ich mache am Playmobilstand gerade den LKW-Führerschein, weil es einer meiner Träume ist, einen Dreißigtonner quer durch Europa bis zur Côte d'Azur zu lenken." Was im übrigen stimmt. Mein grandioser Fragensteller wird jedoch mit ziemlicher Sicherheit verwirrt zum Rosenkohlregal gucken, und sich fragen, wie blöde ich eigentlich bin. Im Sauna-Fall befinde ich mich jedoch auf einem ganz anderen Level. Gehirnspeicherplätze im Fluchtmodus. Wortkapazität bei zehn Prozent. Schlagfertige Antworten auf Null. Angesichts der Tatsache, dass ich in diesem Moment eine ungenannte Kilogrammzahl an Übergewicht freihändig herumbalanciere, fällt es mir ungleich schwerer, in vollständigen Sätzen zu sprechen. Samt Subjekt, Prädikat und Objekt. Ich stammele etwas, das hauptsächlich aus den Worten „Hilfe-schon-immer-gewünscht" besteht. Dabei reiße ich die Augen auf, als wäre ich ein von Tommy Jaud beschriebenes Schalenwild: Ich glotze „wie ein Reh im Lichtkegel eines Gurkenlasters." Während ich noch überlege, ob ich mit großem Krawumm im Terracotta-Fliesenboden versinken möchte, startet Phase Zwei: Die

Vorstellung der Begleitpersonen. Hallo? Ich habe nichts an. Ich kann jetzt keine Hand für das Begrüßungsritual frei machen, da ich mit meinen mitgebrachten zehn Fingern notdürftig die Speckfalten verdecke. Mir bleiben ein blödes Grinsen mit allen Zähnen und ein Sprint zum Handtuch in Warp-Geschwindigkeit. DAS bleibt heut um. Was in der Neunzig-Grad-Sauna natürlich nicht geht, außer, man möchte die Steigerung zum Sauna-unten-Sitzer sein: der Handtuch-Umbehalter. Ich lege ab, platziere mich am Ausgangs auf der Weicheier-Bank und beobachte das Treiben vor der Glastür. Ob die da draußen wissen, dass man von hier aus einen prima Spannerblick hat? Rubensfiguren aller Alters- und Ausprägungsklassen rubbeln sich gedankenverloren den Allerwertesten. Hilfe. Ich brauche nachher einen anderen Trockenplatz, und scanne die Umgebung nach einem Schleichweg ab. Da höre ich es: „Na, Ines. Auch hier?“ Und eine zweite Stimme aus dem Off: „Könnten Sie da unten (im Schilf, auf der billigen Bank, mit dem erkennbar dicken Hintern) mal bitte die Uhr umdrehen?“ Mach dich auf, Hölle. Sofort. Ich stehe doch hier nicht auf und erlaube eine Gratisbesichtigung meiner Tabuzonen. „He, Erde an Ines. Du bist gemeint“, ertönt es von oben. Und da sind sie wieder, meine drei Probleme: Ich bin nicht konsequent. Mir fallen kluge Antworten immer einen Tuck zu spät ein. Ich kann kein Englisch. Gut, Letzteres wäre in diesem Fall nicht von Nutzen gewesen. Aber es ist nun einmal Punkt Drei. Meiner Inkonsequenz habe ich es jedenfalls zu verdanken, dass meine Figur nichts mit Cindy Crawford gemein hat. Dafür bin ich ein viel zu schwerer Fall von Sünde und Fastenbrecherei. Wenn man so alt ist wie eine Konfektionsgröße im Ulla-Pöppken-Bereich, verzichtet es sich eben nicht mehr so leicht. Weder auf Käsehäppchen, noch auf Angewohnheiten. Die schlechten, versteht sich. Und so werde ich mein Augenmerk auf die anderen beiden Probleme lenken müssen. Ich übe in sieben Sprachen schlagfertige Antworten ein, a la: „Ihr könnt mich mal, ihr Pappnasen“, und bringe meine Gegner aus dem Konzept. Während selbige noch verwirrt staunen, wickele ich mich im Affenzahn in mein Handtuch. Tataaa...

Des Winters Lust

16. Januar
Stimmung: faultiertypgerecht phlegmatisch
News: erste Kampfhandlungen wieder eingestellt, laufe witterungsbedingt nur noch in der Wohnung hin und her

Ihr werdet es nicht glauben, aber für mich gibt es kaum etwas Entspannenderes als Skilanglauf. Nein, nicht dass ich mich selbst auf die Bretter stelle. Ich lasse laufen. Im Fernseher. Dabei gibt es zwei entscheidende Relax-Komponenten: Die sonore, vor sich hinmurmelnde Stimme des Kommentators und das ewig gleiche Bild. Ob man nach 3 Minuten oder 3 Stunden den Kopf Richtung Bildschirm hebt: Eine Gruppe von Skifahrern gleitet durch den Schnee. Punkt. Ich weiß nicht, wer mitfährt, vorn liegt, ausgeschieden ist. Ich kenne weder die beteiligten Nationen, noch das Reglement. Ist mir auch schnurzpiepegal. Ich lasse mich berieseln und gucke ab und zu mal Richtung Schneebild. Das Rennen läuft als autogenes Hirnabschaltungsprogramm. Leise und monoton, ohne dass ich einzelne Worte des Moderators heraus höre, untermalt es meinen Sonntagvormittag. Ich lese dabei ganze Bücher, telefoniere meine Freundinnen reihum ab oder mache ein Nickerchen. Dabei bin ich so entspannt wie ein Löwenweibchen unter Narkose. Nun könnte man ja meinen, wenigstens ein paar der sportlichen Fakten hätten sich mir im Laufe eines langen Sportwinters eingeprägt. Aber, wie der Grieche sagen würde: Ochi-ochi. Nein, Nein. Da sind Hopfen und Malz verloren. Klar, bange ich mit den Athleten. Schließlich bin ich ein kleiner Sofapatriot. Allerdings schwanke ich sehr in meinen emotionalen Anfeuerungsbekundungen und hänge mein Herz gerne an Außenseiter. Ein Wort des Kommentators über die schwierige Lage der angereisten Sportler in deren Heimat, reicht aus. Oder eine kurze Bemerkung, dass deren ganzes Land jetzt vor den Bildschirmen kauert und mitfiebert. Dann drücke ich denen die Daumen. Wir gewinnen doch so oft. Lasst sie doch auch mal, sie freuen sich so! Eines Tages wird man mich die „Mutter Theresa der Letztplatzierten" nennen. Oder zu keinem sportlichen Event mehr einladen. Dabei gucke ich Entscheidungsspiele im Fußball gerne in Gemeinschaft. Oder Eröffnungsveranstaltungen von Olympischen Spielen. War das nicht ein Traum, als Pavarotti in Turin gesungen hat? Auf meiner Gänsehaut hätte man eine Muskatnuss reiben können. Wenn dann noch der Läufer mit der Fackel ins Stadion kommt und das olympische Feuer entzündet, heule ich Rotz und Wasser. So ein Weichei bin ich. Aber kaum ist das Feuerwerk abgebrannt, schwindet mein sportliches Interesse an Winterspielen & Co. Was daran liegen mag, dass ich keine große Skikanone bin. Ich fahre immer mit einem Gefühl im Bauch auf den Berg, als würde ich gleich am offenen Herzen operiert. Was will ich hier eigentlich? Wenn ich mal nicht falle oder laut juchzend in die Schneewehe fahre, sammele ich bestimmt einen Ski ein oder rappele mich nach einem Bauchklatscher umständlich wieder hoch. Ansonsten zuckele ich wie ein Bergvermesser in langen Geraden von links nach rechts, und wieder zurück. Wedeln ist etwas anderes. Abends beim Apres Ski taue ich dann wieder auf. Nach dem dritten Obstler ist Skifahren das Größte. Gegen Mitternacht will ich in die Alpen umsiedeln und Skilehrerin werden. Am nächsten Morgen gesellt sich zu der Angst im Bauch noch ein Kater im Kopf, und ich verfluche den Tag, an dem ich mich gegen Skilanglauf entschieden habe. Schön gemütlich in der Loipe fahren, das wäre es jetzt. Aber nein, ich wollte ja die Todesschluchtfahrerin werden, die lässig-elegant Richtung Tal gleitet. Die Knie zusammengepresst und eine Schneefontäne hinter sich herziehend. Vor der Hütte ein rasanter Sprung über den Hügel, Landung im Telemark. Voilá. In meinem Kopfkino klappt Skifahren prima. In der Realität bin ich der geborene Passiv-Sportler. Lasse von früh bis spät das Wintersportprogramm laufen und erhole mich dabei, wie andere in zwei Wochen Schneeurlaub nicht. Und wenn ich keinen Skilehrer mit der Geduld einer Riesenschildkröte heirate, wird das wohl auch so bleiben.

Das muss wohl Liebe sein

20. Januar
Stimmung: könnte besser nicht sein, bin beste Beifahrerin aller Zeiten und ein Super-Caterer für unterwegs (Koteletts, Käse & Dosen-Prosecco)
News: brauche (DRINGEND!) eine neue Brille

Wer meinen Vater noch kennt, weiß: Er war nicht gerade zimperlich. Einmal seinen Unmut heraufbeschworen und Rums!, flog ein Teller Spaghetti an die Wand. Angesichts dieser Tatsache gerieten familiäre Bewährungsproben schnell außer Kontrolle. Vier Personen im Wartburg Tourist bei dreißig Grad im Schatten und meine Mutter als Führerschein-Neuling am Steuer, war eine solche. Beim Anlassen des Motors war die Welt noch in Ordnung, beim dritten verpassten Start schon nicht mehr. Vatern pumpte sich auf, Muddi ließ absaufen. Den Motor versteht sich. Dann tuckelten wir los. Schleichfahrt durch Magdeburg City. Auf der Olvenstedter Straße, etwa in Höhe des OLI-Kinos, überholten uns die ersten Radfahrer. Auf den vorderen Plätzen herrschte Explosionsgefahr. Dann ging plötzlich alles ganz schnell: Vollbremsung unter den Bahnhofsbrücken, Aufreißen der Fahrertür, Muddi springt raus und flieht Richtung Straßenbahn, Vatern umrundet im Affenzahn den Wagen und setzt fluchend die Reise fort. Katastrophenfamilie Gänseklein. Eine Heckklappendelle und eine verpasste Abzweigung später – bei der wir mit imposantem Donnern in einer Harzer Schneewehe landeten – beendete meine Mama ihre Karriere als Aktive und nahm wieder auf dem Beifahrersitz Platz. Was zur Folge hatte, dass sie erneut die Oberbefehlsgewalt über die Straßenkarte erhielt. Ein Privileg, welchem sie erfolglos zu entkommen versucht hatte. Kinder sollen ja fürs Leben lernen. Für uns hieß das konkret: Schwesterherz klemmte sich den Führerschein ganz und ich übertrieb; machte mit 18 die Flebben und meldete mich beim ADMV, dem Allgemeinen Deutschen Motorport Verband an. Wenn schon, denn schon. Ineskind als Mitglied eines weiblichen Rallyeteams. Kartenlesen als Sonntagvormittagsvergnügen. Mir würde kein Kerl ..., soviel stand schon mal fest. Derlei vorgebildet, aber zwanzig Jahre später befuhren wir neulich Nacht die Autobahn Richtung Brüssel. Nur soviel: Ich KANN Karten lesen. Wirklich. Es gibt da nur ein blödes Handicap: meine Kurzsichtigkeit in Verbindung mit einer aufkeimenden Altersweitsichtigkeit. Beides könnte man mit einer Gleitsichtbrille beheben – Beides ignoriere ich tapfer. Stattdessen trage ich modebewusst eitel und äußerst sporadisch meine Kontaktlinsen, die natürlich nur in eine Richtung korrigieren. Entweder – oder. Sind die Linsen drin, kann ich außerhalb des Fahrzeuges alles erkennen, aber innen fast nichts. Dafür bräuchte ich dann zusätzlich eine Lesebrille, die ich natürlich nicht besitze. Nehme ich die Linsen heraus, wird der Stadtplan zwar fast wieder leserlich, aber für das Erkennen von Straßennamen reicht es nicht mehr.

Es gibt viele Möglichkeiten, um eine Partnerschaft auf die Probe zu stellen. Diese ist eine davon.

Kurz vor Brüssel versagte meine aktive Mithilfe. Die exorbitante Beschilderung tat ihr Übriges. Wir passierten das Autobahnkreuz Zaventem insgesamt drei Mal. Mir wurde mulmig, aber die furzkleinen Buchstaben auf der Karte blieben ein Rätsel. Draußen nichts als verschwommene Finsternis. Die großen Hinweisschilder waren einfach nur gelb mit dunklen Hieroglyphen. Mehr war nicht drin. Ich reichte dem gebeutelten Mann meiner Träume gebratene Koteletts zur Beruhigung. „Wolltest du dir nicht eine Brille kaufen?“, fragte er noch immer lustig kauend. Außergewöhnlich. „Hm.“ Manchmal kann ich auch kleinlaut werden, man möge es kaum glauben. Anderthalb Stunden, eine Sackgasse und eine überrammelte Verkehrsinsel später waren wir wenigstens schon mal in der Stadt, aber noch lange nicht an unserem Hotel. In mir kochte dennoch Euphorie hoch und ich riss vor Vergnügen die Arme in die Luft. In einem offenem Cabrio auf der Schnellstraße eine dufte Sache. Der Fahrtwind riss mit einem lauten Wusch! Kapitel 3 der Deutschland- und Europakarte aus dem Heft. In seinem wohlgehüteten Falk-Plan fehlen nun Niedersachsen und der mittlere Harz. Für immer. Die patentierte Falkfaltung auf ewig hinüber. Wer fährt auch im Februar offen? Mitten in der Nacht, mildes Klimawandel-Wetter hin oder her. Hier war der überzeugte Welle-Wahnsinn-Cabriofahrer aber nun auch ein bisschen mitbeteiligt. Ich grinste dennoch strafmildernd hinüber und wir überfuhren lachend, bei Rot und auf der falschen Spur den größten Kreisverkehr der Stadt. Das Hupkonzert beim WM-Autokorso letzten Sommer war dagegen ein Hühnerschiss. Belgier machen eben gerne Lärm, aber auch gute Schokolade und sie sind wahre Engel. Eine Einheimische leitete uns die letzten fünf Kilometer bis zum Hotel. Herr im Himmel. Ich hatte schon Augapfelkrämpfe vom angestrengten Starren. Fazit: Ich bin im Ergebnis keinen Deut besser gewesen als meine liebe Mama, aber offensichtlich in der Auswahl meines Reiseleiters. Null Aggressionskurve trotz Anlass. Ganz ehrlich: Das muss wohl Liebe sein.

Eifersüchteleien

23. Januar
Stimmung: alles ist gut, wenn er bei mir ist – alles doof, wenn nicht
News: ich bin eifersüchtig, aber das ist keine wirkliche Neuigkeit

Mitunter erwische ich mich dabei, wie ich selbstvergessen in der Gegend herum stehe und wildfremde Menschen angaffe. Offener Mund, Augen schmal und alle Antennen auf maximalen Empfang. „Starr die Leute nicht so an", habe ich Muddi im Ohr, während sie an meine Kinderschulter bufft. Das habe ich also früher schon getan. „Aber guck doch mal...", werfe ich ein, komme jedoch nicht weit. „Und nicht mit nackten Fingern auf fremde Leute!" Mannometer. Wie soll man später eine halbwegs ordentliche Geschichte zu Papier bringen, wenn man nicht in der Lage ist, Menschen zu beobachten? Ich wurde beratungsresistent. Das betraf meine Vorliebe für lodderige Klamotten, Zottelhaare und Nutellagläser leer löffeln genauso, wie eben dies: Leute anstarren. Es blieb eine meiner Lieblingsbeschäftigungen. Etikette hin oder her. Aus mir wird eh keine feine Dame mehr, im Leben nicht. Bis heute stiere ich gern zu den Pärchen an Nachbartischen, den auffälligen Turmfrisuren-Frauen und den Streithammeln im Supermarkt. Ich schnappe zwei Sätze auf und reime mir ganze Lebensläufe zusammen. So wie neulich. Ich war mal wieder mit den Mädels unterwegs. Prima Live-Musik in der Lieblingskneipe, der Laden gerammelt voll und die Weiber-Kompanie in Schnatterlaune. Ein Abend, den man sich nicht schön trinken muss. Da fliegt die Tür auf und eine Frau erscheint. Sie stemmt die Hände in die Hüften, scannt den vorderen Kneipenteil ab und bleibt an der Theke hängen. Eindeutig, wen sie hier mordlüsternen Blickes sucht: ihren Kerl. Kampfstern Galactica ist im Anflug, hat das Zielobjekt auf dem Schirm und rammelt durch die Menge. Das kann heiter werden. Ich stehe auf, um besser sehen zu können. „Soll'n das?", höre ich sie bis zu meinem Platz zischen. „Männerabend, hä...?" Er guckt sich um. Nur Kerle. Ich schüttele verwirrt den Kopf. Er auch. Dann murmelt er seine Antwort leider so leise, dass ich kein Wort verstehe. ‚Richtmikrofon besorgen!', notiere ich in meinem Kopfmerker, besinne mich dann aber. Er zuckt derweil mit den Schultern, trabt zur Tanzfläche und beginnt zu tanzen. Ganz allein. Außerordentlich hingebungsvoll. Ich muss grienen, und erinnere mich an eine Passage in einem Buch: „Er tanzt, als hinge sein Leben am seidenen Faden, als könne man mit Präzisionstanzen die hungernden Kinder in Indien retten." Hier rettet wohl eher einer seine Haut, und Madame vor weiteren Peinlichkeiten. So was aber auch. Wir ordern eine Zusatzrunde Caipirinhas und reden über Eifersucht. „Ein bisschen muss sein", meint eine. „Ich möchte schließlich merken, dass ich ihm auch etwas wert bin. Aber das da", Augenschielen Richtung Kampfgeschwader, „ist doch saudämlich." Wir nicken im Verein und stochern mit den Strohhalmen die Eiswürfel tot. „Mir geht es ähnlich", gibt eine andere kleinlaut zu. „Ich sehe schon rot, wenn ich nur den Namen einer Exfreundin höre." Nicken. „Oder wenn ich Fotos von früher sehe." Nicken. „Wenn er allein um die Häuser zieht." Nicken, nicken. „Oder wenn laufend ‚gute alte Freundinnen' auftauchen." Nicken, nicken, nicken. „Ich kann das toppen", rufe ich und winke den Kellner wegen des dringend benötigten Nachschubs herbei. Noch ein Beispiel, und die Stimmung ist endgültig im Eimer. „Ich kenne eine, die ist schon eifersüchtig, wenn in seinem Horoskop steht: ..dass heute ein super Tag zum Flirten wäre und die Chancen für eine Neubekanntschaft gut stünden." Frauenkreischen im oberen Oktavenbereich. „Das ist ja wirklich nachgewiesen bekloppt." Sie wischen sich die Tränen aus den Augen. „Ich weiß", seufze ich und gucke mich nach dem Kampfpärchen um. Sie tanzen eng umschlungen und haben statt „Rübe abhauen" ganz augenscheinlich andere Pläne. Na bitte, denke ich. Alles wird gut. „Will noch jemand ein Glas Wein?" Entrüstete Gesichter. „Gibt's den jetzt bloß noch in Gläsern?" Hui, der Abend scheint gerettet. Außerdem heißt es so schön bei Balzac: „Die Liebe zweifelt an gar Nichts. Oder an Allem."

Lauf, Forrest, lauf!

26. Januar
Stimmung: habe ultradünne Haut und schnelle Füße
News: ein hauseigener Psychologe ist kein Garant für die erfolgreiche Therapie von Zwangshandlungen

Sigmund Freud soll einmal geäußert haben: „Die große Frage, die ich trotz meines 30-jährigen Studiums der weiblichen Seele nicht zu beantworten vermag, lautet: Was will eine Frau?" Ja, was nur? Warum, weshalb, wieso macht sie genau diese eine unsinnige, abgedrehte Sache? Wenn es für den großen Verhaltensforscher ein Rätsel geblieben ist, wie soll dann Otto-Normal-Mann zu einem Ergebnis kommen? Wer länger als vierundzwanzig Stunden mit mir verbracht hat, weiß, dass zu mir ein erstaunliches Phänomen gehört: Ich nehme ohne Vorwarnung die Beine in die Hand. Sobald etwas schief läuft, sobald mehr als nur EIN böses Wort fällt oder ich mich verletzt fühle, gehe ich stiften. Ich springe wie von der Tarantel gestochen auf, raffe meine Sachen und stürme mit achthundert PS aus der Tür. Unhaltbar. Wie oft bin ich nächtens durch Straßenzüge und Parkanlagen gerannt, habe ganze Landschaften durchquert, bin auf Hackenschuhen über Feldwege und im Schneesturm durch die Nacht. Ich habe vollbesetzte Tische verlassen, Urlaubsorte und Silvesterfeiern. Einmal bin ich in mein Auto gesprungen, und aus dem Stand heraus bis zur Ostsee gerauscht. Es ist wie im Film mit Julia Roberts, die aus Angst, verheiratet zu werden, um ihr Leben rennt. Wovor ICH mich fürchte, weiß ich nicht. Im Gehirn muss kurzzeitig Sauerstoffmangel herrschen, sodass keine großartigen Gedankengänge im Spiel sind. Ich bekomme einfach einen Adrenalinstoß und stürme wie eine Herde Wasserbüffel davon, die ein Löwenmännchen entdeckt hat. Meistens habe ich dummerweise weder Geld noch einen Schlüssel dabei, da es sich um eine Affekthandlung und keinen vorbereiteten Trick handelt. So hocke ich dann zornig und schniefend in Treppenhäusern oder auf Bordsteinkanten, und verfluche den Tag, an dem ich den Notschlüssel ausgepackt habe. Natürlich würde ich gern verfolgt und zur Besinnung gebracht werden. Aber, wenn ich es mir recht überlege, ist es in neunundneunzig Prozent der Lauftage besser, mich ziehen zu lassen. Sonst droht Eskalation. Und welcher Mann traut sich schon zu, dieses eine Prozent herauszufiltern, bei dem es tatsächlich überlebenswichtig gewesen wäre, sich mir den Weg zu werfen? Ich muss gestehen, ich habe mir noch nie Gedanken gemacht, ob dieses Sprintverhalten normal ist. So bin ich nun mal und Punkt. Bis ich letzte Woche mit meiner Schwester und ihrem Angetrauten am Kneipentisch saß, und kleinlaut meine jüngste Fluchtgeschichte erzählte. Mein Schwagerherz machte große Augen, haute mit der Faust auf den Tisch, dass die Gläser wackelten und murmelte etwas von: „Genetisch bedingter Disposition", und: „Das darf doch wohl nicht wahr sein!" (zehn Mal hintereinander) Bis zu jenem Tag hatte er geglaubt, der einzige Mann zu sein, der mit einem Fluchthuhn verheiratet ist. „Weißt du, wie viele Stunden ich damit zugebracht habe, die komplette Verwandtschaft nach ihr abzusuchen?" Eine Verbündete. Ich hatte ja keine Ahnung. Wir sahen uns beide an und waren so erleichtert. Endlich gab es jemanden, der auch völlig wehrlos diesem „Lauf-Forrest-lauf-Gefühl" erlegen war. Bis Mitternacht haben wir Flucht-Highlights ausgetauscht und so gelacht, dass die Gäste an den Nachbartischen komisch schielten. Nachträglich mögen diese Hau-Ruck-Aktionen ja zu lustigen Anekdoten werden, aber am Start ist mir eher zum Heulen. Grundlos schnüre ich mir die Laufschuhe schließlich nicht unter. Im Übrigen verhindern das weder neutrale Orte, noch die Anwesenheit größerer Menschenmengen oder der Aufenthalt auf einer Insel. Dann würde ich mich ins Meer stürzen und um mein Leben schwimmen. Vielleicht, aber nur ganz vielleicht (auch meine Schwester ist sich in diesem Punkt nicht sicher), würde ein „wehret den Anfängen" helfen. Der aufmerksame Streitgegner muss rechtzeitig das Schmalstellen der Augen mit dazugehörigem Funkeln bemerken und mit einem Kopfschütteln andeuten: „Bitte nicht!" Im andern Fall hilft nur noch der Satz, den Richard Gere seiner flüchtenden Braut hinterher ruft: „Verriegelt die Türen!"

Ach, du lieber Januar

31. Januar
Stimmung: nicht gerade auf Jahreshoch
News: habe diverse Einsparmaßnahmen im Kopf, ein Haushaltsbuch gekauft (nicht mein erstes!), alle Abos gekündigt, viel gebetet

Endlich ist dieser verdammte Januar vorbei. Jahresanfänge haben immer so etwas fürchterlich Deprimierendes an sich. Nach Lichterglanz, Glühweinrausch und Hochstimmung im Dezember, kommt unweigerlich die Ernüchterung angetrabt. Ein Gefühl, als hätte mir am ersten Januar jemand einen Zettel auf die Fußmatte gelegt: Los, rein mit dir ins Laufrad vom Hamsterkäfig! Alles auf Null. Sieh zu, wie du klar kommst. Der einzige von zwölf Monaten, den ich wirklich nicht leiden kann. Und warum?

Die Versicherungen hatten wieder freie Verfügungsgewalt über mein Konto.

Gute Vorsätze, Nahrungsaufnahme und sportliche Aktivitäten betreffend, waren nach fünf Tagen für die Katz.

Ein schlechtes Gewissen und das Gefühl, eine totale Niete zu sein, begleiten mich seitdem durch den Tag.

Plus: Die Nebenkostenabrechnung für meine Wohnung, die ich am letzten Tag des Jahres erhielt, und die seitdem bedrohlich mahnend auf dem Telefontisch im Flur liegt.

Auf ihr ist ein Wasserverbrauch vermerkt, der einer zehnköpfigen Familie mit Personal in Kompaniestärke entspricht. Ich weiß noch, wie ungläubig staunend der Zählerableser und ich auf diese enorme Zahl gestarrt haben. „Aber da müssten Sie ja täglich baden?", sagte er und machte dabei ein Gesicht, als würde er seiner Frau gerade gedanklich eine Tracht Prügel androhen, für den Fall, dass sie auf ähnliche Ideen käme.

„Wassersucht ist erblich und mein Sohn wohnt auch ab und zu hier", versuchte ich mich ein bisschen herauszureden. Er schüttelte nur den Kopf und murmelte etwas in einer fremden Sprache, das trotzdem noch wie dusselige Kuh klang. Doch damit nicht genug. Der Januar wartete noch mit einer Autopanne, einem kranken Hund und kaputtem Wäschetrockner auf. Und als Sahnehäubchen obendrauf: Ein Schreiben meiner Bank, das ich noch nicht geöffnet habe. Hiiiilfe...

Ich kann mir ja denken, was drin steht: Liebe Frau Möhring, angesichts der Tatsache, dass Ihre Ausgaben im vergangenen Jahr nicht annähernd etwas mit den Einnahmen gemein hatten, fordern wir Sie hiermit auf, Ihr Konto bis heute Nacht 24 Uhr auszugleichen. Aber hopplahopp. Mit freundlichen Grüßen, bla.. bla..

„Ach, du meine Nase“, würde Pittiplatsch jetzt sagen, und so in etwa ist auch mein Kommentar zu diesem Thema. Ich kann doch nicht zaubern. Denn wenn, hätte ich Peng! Ein Pluskonto. Zack! Ein Segelboot. Und Rums! Konfektionsgröße 36 (von George Clooney in meiner Küche ganz zu schweigen). Aber so ist mal wieder Feenstaub versprühen angesagt. Bitte, liebe Bank. Was mich betrifft, hattet Ihr doch bisher den dicksten Geduldsfaden der Welt. Jetzt nicht aufgeben. Ich kriege das schon wieder hin. Überlasst mein Konto nur ja nicht dem Zentralrechner. Ich brauche persönliche Betreuung. Ob das hilft? Ich studiere meinen Einleitungsmonolog schon mal vorab mit einer Freundin am Telefon ein. Wir quasseln uns heiße Ohren, während die Sektkorken durch den Hörer ploppen. Nach einer Stunde habe ich den Eindruck, Besuche bei der kontoführenden Bank sind die lustigste Angelegenheit unter der Sonne. Ich sollte vorher ein Glas Schampus trinken. Nur für den Kreislauf. Oder meinen Hund mitnehmen. Tiere schaffen so eine freundliche Atmosphäre und ersticken böse gegnerische Absichten im Keim. Ich frage Hermann sektduselig, was er von dem Vorschlag hält, sein Frauchen rauszuhauen? Es interessiert ihn nicht die Bohne. Er rüsselt einfach weiter. „Bitte, wie du willst“, gifte ich die Schlafmütze an. „Werden die Futterrationen eben gekürzt.“ Finde ich nur fair, angesichts unserer Solidargemeinschaft und leerer Kassen. Ich muss dringend sparen. Aber woran? Lebensmitteleinkäufe reduzieren fällt flach. Ich habe in den Semesterferien einen Zwanzigjährigen bei mir wohnen, der mehrmals täglich den Kühlschrank auseinanderbaut. Genügend Vorräte sichern unser Auskommen. In jeder Hinsicht. Ich muss mir also etwas Anderes einfallen lassen. Bis dahin bade ich ein bisschen, gucke den kaputten Trockner böse an und freue mich, dass endlich Februar ist.

Falsche Vorstellungen adé

03. Februar
Stimmung: nachdenklich analytisch
News: habe mich (wie alle) von meinen Single-Wahnideen verabschiedet

Meiner Erfahrung nach eint alleinstehende Frauen ab einer bestimmten Anzahl von Singlejahren folgende Aussage. „So richtig mit einem Mann zusammenleben möchte ich eigentlich nicht mehr. Punkt. Und gebt mir einen Stift, damit ich das unterschreiben kann."

Sie fürchten dabei mit Sicherheit die drei großen B's: Bügeln, Bevormundung und Brutalo-Schnarchen. Allein beim Wort „Haushaltskasse" stellen sich bei den meisten die Nackenhaare auf. Lieber waten sie bauchnabeltief durch den Dispo-Sumpf und ernähren sich von ALDI-Dosenerbsen, als jemals wieder Kontoauszüge erklären zu müssen.

Glaubt mir, ich hab eine ausreichend große Gruppe mittel-alter Singelfrauen betreut, und dabei Unmengen an Material sammeln können. Folgende Sätze fielen unverhältnismäßig oft: „Ich will einen Mann für die Samstagabende und sonntags zum Spazieren gehen. Er soll Kulturveranstaltungen mögen und meine Freunde, Tische beim Italiener bestellen und nicht stur auf getrennten Kassen beharren. Im Grunde will ich einen zum Knutschen und Händchen halten, ab und zu Sex, aber ansonsten in Ruhe auf meiner Couch liegen und Vox-Tours gucken. Und ja nicht zu viel Nähe! Ich brauch Platz und mein Bett für mich allein.

Kurz: Ich will weiterhin tun und lassen, was ich will."

Perfekt, oder?

Perfekt bis zu dem Tag, an dem es euch erwischt. Dann ist keine Rede mehr von Rumliegen, Dösen und Reisemagazinen im Fernsehen. Geschweige denn von Weiberabenden. Keine – ich wiederhole: KEINE – hat darauf auch nur annähernd Lust. Reine Frauenveranstaltungen hatten wir auf Jahre im Voraus. Jetzt ist Wolke Sieben am Zug. Man möchte rund um die Uhr mit dem Objekt seiner Begierde verbringen; wenn schon nicht real, dann wenigstens gedanklich. Alle, die mich in den letzten Wochen eingeladen haben und auf meinem Kommen bestanden, haben es bitter bereut. Ich setzte spätestens nach zwanzig Minuten mit der Laudatio auf meinen Liebsten ein und habe nicht unter einer Stunde abgebremst. Verliebte Menschen sind für ihre Umgebung eine Zumutung.

Aber sie werfen auch alle falschen Vorstellungen mit Wonne über Bord.

Ich brauche keinen Platz, sondern knote mich nachts wie ein Welpe an ihn und lausche seinem Scharchen, als wäre es die schönste Musik der Welt. Dann blinzele ich durch die Dunkelheit und freue mich königlich: Da liegt wieder ein Mann neben mir. Wahnsinn.

Könnt ihn die ganze Nacht betrachten. Sehn, wie er schläft – hörn, wie er atmet, bis wir am Morgen erwachen... oder mich eine Stimme aus dem Silbermond-Traum reißt:

„Nervensäge?"
„Ja."
„Was machst du da?"
„Ich starre dich an."
„Oh, mein Gott. Augen zu!"

Männo.

Warum ich plötzlich Nachtschattengewächse liebe

10. Februar
Stimmung: flötenfröhlich, betreue die Pflanzstation meines Herzdiebes, neuerdings gelingt mir selbst das
News: bin Sozialarbeiterin von Geburt an, jetzt auch noch mit grünen Daumen (links und rechts)

Man verzeihe mir diese Unterstellung – mit etwas mehr Bedenkzeit wäre ich ganz sicher zu einem ansprechenderen Ergebnis gekommen – aber ich finde, eine verliebte Frau kann man wirklich ganz gut mit einem Hundewelpen vergleichen. Für Neu-Herrchen tut sie einfach alles: tapert ohne Leine brav hinterher, apportiert, folgt aufs Wort und wird in Null-Komma-Nix pflegeleicht und stubenrein. Auch wenn sie nicht pausenlos winselt und ganz schön knurren kann, falls ihr etwas nicht passt, im Großen und Ganzen sind sie wohl tatsächlich ähnlich gestrickt. Vom herzzerreißenden Bettelblick bis zum Kleben am Hosenbein, vom Lieblingsfresschen teilen bis zum bevorzugten Schlafen im gemeinsamen Körbchen. Wir ändern mit Begeisterung unsere Vorlieben, hören Jazz statt Genesis, schmeißen sämtliche Bedenken über Bord und pfeifen auf tierisches Eiweiß, sollte sich der Kerl als Vegetarier entpuppen. „Wenn Frauen irrationale Entscheidungen treffen, steckt meistens ein Mann dahinter", hat meine Freundin Kirstin mal behauptet, was auffallend stimmt. Ich kenne welche, die baumeln trotz Höhenangst an Kletterfelsen, fahren schisshasig Motorrad oder tauchen sich den Wolf. Mit tellergroßen Angstaugen und einem Puls, der Kardiologen ausflippen lässt, aber Hauptsache dabei. Wir würden auch Kampfhunde mögen – wenn es denn sein muss – und Camping, Brahmskonzerte oder Hochseefischen. Solange einer dafür unsere Hand hält, finden wir uns auf jeder Baustelle zurecht. Ob Heimwerkermesse, Eisenbahnverein oder Club der Rottweilerfreunde e.V., das ist keine Frage persönlicher Vorlieben, sondern eine der inneren Einstellung. Ich würde genauso gern zum

Picknick am Fuße eines Braunkohletagebaus gehen, wie zum Ostermarsch der Atomkraftgegner, wenn ich dafür ein bisschen schmachten darf. Ob Männer dies im umgekehrten Fall ebenso tun würden, wage ich allerdings zu bezweifeln. Eher melden wir Frauen uns im Fitnessverein ab, als ihn dorthin zu zwingen. Und viel wahrscheinlicher wechseln die weiblichen Welpen die Lieblingsschmusedecke, als ihn unter eine zu betten, die er nicht mag. Ich für meinen Teil habe mich zur Tomatenzüchterin hochspezialisiert. Ich bin ja schon froh, dass es keine Brieftauben sind. Damit hätte ich eher so meine Probleme. Doch wer weiß? Wahrscheinlich wäre ich schon ein Fan von Taubenzüchter-Literatur geworden und könnte eine Nistplatz-Selbstbauanleitung aus dem Effeff herbeten. Muss ich aber nicht. Dafür gleicht meine Küche der Saatzuchtstation eines holländischen Großexporteurs. Dabei wollte ich lediglich in seiner Abwesenheit ein Auge auf das Minitreibhaus werfen. Dann packte mich der Ergeiz. Seit meiner Zeugung nicht mit dem genetischen Grundmaterial eines „Grünen Daumens" ausgestattet, konnte ich plötzlich eine ganze Aussaat am Leben erhalten. Dabei ist früher sogar mein Tamagotschi nach zwei Tagen mangels kontinuierlicher Hege eingegangen. Jetzt treibt jeder einzelne von mir pikierte Tomatensetzling explosionsartig und macht aus meiner Wohnung einen Treibhaus-Dschungel. Ich habe einhundertsiebenundzwanzig selbstgezogene Pflanzen auf der Küchenbank, vor dem Herd, unter dem Tisch, an der Spüle und neben dem Computer stehen. Jeden Morgen schleppe ich sie in die Sonne und rette sie abends vor dem Nachtfrost. Wir werden uns im Sommer über viele Monate lang ausschließlich von Tomaten ernähren. Schon habe ich Baba, den Shrimps-Fischer aus dem Film „Forrest Gump" im Ohr, der stundenlang über Meeresfrüchtezubereitung dozierte. Bei uns wird es Tomaten auf Brot, Tomatensalat, gefüllte Tomaten, Tomaten mit Mozzarella, Tomatengemüse, gegrillte Tomaten, Tomaten mit Ei, getrocknete Tomaten und Tomatensoße geben. Tomaten zum Fisch, Tomaten mit Zwiebeln, Tomaten auf den Augen. Tomaten, Tomaten, Tomaten. Ich glaube nicht, dass ich jemals mit soviel Liebe im Schulgartenunterricht die Hacke geschwungen habe. Aber jetzt? Ist eben alles anders. Von heute auf morgen werden aus Beziehungsmuffeln Frühstück-für-zwei-Macher und aus Gartenhassern Pflanzköniginnen. Und womit? Mit Absicht.

Geschenke in Alufolie und ein neuer Freund

14. Februar, Valentinstag
Stimmung: rosarot mit Herzchen in der Pupille, wegen Champagner um Mitternacht plus Lächeln plus Geschenk (3 x Wow!)
News: Was kann schlimmer sein, als eine überkritische Schwiegermutter?
Antwort: Ronny

Noch vor einem Jahr bin ich am Valentinstag apathisch im Bett liegen geblieben, nun wohnt ein Romantikbolzen in meinem Herz. Wer hätte das gedacht? Staune im Akkord. Er lässt mitten in der Nacht die Champagner-Knorken knallen und fummelt ein Paket hinter dem Rücken hervor. In Alu-Folie gehüllt, damit es den Geschenke-Schrecken verliert, aber ich grinse dennoch wie blöde.

Damit ich nicht übermütig werde und am Ende noch „die drei schlimmen Worte“ sage, werde ich in die Kneipe geschleppt. Dort sitzt mein persönliches Tribunal in Form einer einzigen Person. Zur Herzchen-Idylle gesellt sich „Knüppel auf den Kopp“. Ich werde Ronny vorgeführt.

Er war völlig unvermittelt da, ohne Vorwarnung, ohne mein Zutun, und ohne, dass ich etwas verbrochen hätte. Wie eine Naturgewalt. Ja, man könnte fast sagen, er ist mir zugestoßen. Mehr oder minder, wie man das von Katastrophen oder Missgeschicken behauptet. Ronny ist ein Mitbringsel. Beiwerk. Der beste Freund meines Herzeroberers, was etwas Unvermeidliches an sich hat. Als wir uns an diesem Abend begegneten – und glaubt mir, ich weiß noch die genauen Koordinaten, was Längen- und Breitengrad, Lokalität, gefühlte Außentemperatur und verkonsumierte Getränke betrifft – war ich auf eine derartige Konfrontation nicht vorbereitet. Er sagte nur: „Tach.“, und dann dreißig Minuten lang nichts mehr. Dafür musterte er mich wie ein muslimischer Vater, der eben im Begriff ist, seine Tochter unter der Hand zu verheiraten, und guckt, dass er dabei nicht übers Ohr gehauen wird. Seine Augen, die scheinbar in alle Richtungen gleichzeitig schielen können, zwinkerten hinter den funkelnden Brillengläsern. Aber nicht auf diese kumpelhafte Art, sondern vielmehr vor Anspannung. Ganz sicher notierte er gerade ein paar knallharte Ausmusterungsgründe in seinen Kopfmerker, die mich in der ersten Fragerunde aus dem Rennen werfen sollten. Dazu scannte er mich von Kopf bis Fuß völlig unverhohlen ein, und sein Mienenspiel ließ nichts Gutes erahnen: Zu jung! Zu gut im Futter! Vorbau geht, aber Hintern erinnert an Startbahn West! Zu blond! Zu blöd!

Na warte, dachte ich mir und stürzte meinen Wein hinunter. Ich werde mich wappnen, indem ich mir einen schlauen Satz zurecht lege. Er kam mir zuvor: „Trinkst du so schnell, weil du uns arm machen willst oder ist das ne Macke von dir?“ Frage eins an mich, und der Versuch eines Beweises, dass manche Dialoge in der Hölle geschrieben werden und manche Freundschaften zu Beginn einen recht steinigen Weg gehen. „Das nennt man Pegelsaufen. Ich wollte nur so schnell wie möglich auf euer Niveau. Prost, mein Lieber.“ Ich grinste wie aus Zucker, er wie in Essig getunkt. Dann deutete er dem Wirt eine weitere Runde an und belauerte mich finster. Währenddessen hatte mein Gegenüber völlig unbeeindruckt weiter geredet und mir die Hand gestreichelt, was eine eindeutige Ehrenrettung des Abends darstellte. Wir himmelten uns an und vergaßen Ronny und den Rest der Welt ein bisschen. Blöder Anfängerfehler. Selbiger hatte bereits an seiner Folgefrage gebastelt und holte zum finalen Gegenschlag aus. „Was soll das da um deinen Hals sein? Biste krank oder ist das Schmuck? Wenn's Schmuck ist, nimm's ab. Sieht scheiße aus!“ Ich guckte wie ein Reh, das den Förster erweichen will, nuddelte den Schal von meinem Hals, setzte mich königlich in Pose und erklärte feierlich: „Dies war natürlich nur zu eurem Schutz gedacht. Damit ihr beim Anblick meines Schwanenhalses und der darunter liegenden Etage keinen Herzkasper kriegt.“ Zehn Sekunden herrschte Totenstille. Dann haute er mir auf die Schulter, dass ich nach vorn kippte und mein Glas umstieß. Er brach in brüllendes Walfischbauch-Gelächter aus. „Bist in Ordnung, Mädchen. So insgesamt gesehen.“ Was, wenn man der Geste seiner ausholenden Armbewegung Glauben schenken durfte, auch meinen flughafengroßen Hintern mit einschloss. Noch weiß er nicht, was er sich aufgehalst hat. Er wird Katastrophenhuhn Ines noch mehrfach aus dem Schlamassel ziehen müssen, aber ich glaube wir werden das, was mein Herzallerliebster und er schon seit mehr als dreißig Jahren sind: Freunde.

Ein Maulwurf auf Reisen

26. Februar
Stimmung: herzklopfig aufgeregt, vorfreudig erregt, wahnsinnig verdreht
News: verliebte Blindschleichen mit fehlender Bezugsperson verursachen schräge Verwicklungen im Akkord
Kurz: „Komm endlich wieder oder ich geh krachen!"

Warum suchen wir Ostern nicht mal etwas anderes? Flugzeuge, Schiffe, Videorecorder oder Brillen zum Beispiel? Letztere müsste ich dringend wiederfinden, damit meine Karriere als Katastrophenhuhn ein Ende findet. Ich bin nämlich eigentlich eine Brillenträgerin, jedoch nur auf der Karteikarte meines Augenarztes. Im wahren Leben donnere ich wie ein Blindfisch gegen Glastüren, erkenne keine Brotsorten beim Bäcker und meine Mutter auf der anderen Straßenseite nur am Gang. Einer der Gründe, warum ich machen kann, was ich will – mich bemühen, mich beeilen, mich voll konzentrieren – die einfachsten Dinge wollen ums Verrecken nicht klappen. Dies hat sich mittlerweile schon bis in die Hauptstadt herum gesprochen.

Ich saß im Zug nach Berlin, stieg am Bahnhof Friedrichstraße aus und hatte einen großen Zettel in der Manteltasche, der mir die weitere Reiseroute per S-Bahn detailliert vorgab. Das war ja leicht, dachte ich noch – an Holpersteine gewohnt – und wurde übermütig. Am elektronischen Fahrkartenschalter ließ ich mich von einem netten Herrn einweisen, der mir half, einen Fahrschein zu ordern. Plötzlich ging alles ganz schnell. „Ach, da ist ja schon Ihr Zug", meinte er hektisch, drückte mir das Restgeld in die Hand und schob mich Richtung S-Bahn. Rums, die Türen schlossen, ich winkte dem freundlichen Pfadfinder zu, und sank erleichtert auf den Sitz. Vor mir lagen endlos viele Haltestellen. Nach 15 Minuten wurde ich irgendwie nervös. Weder auf der elektronischen Anzeigetafel in der Bahn, noch draußen an den Steigen konnte ich einen bekannten Namen entdecken. Über den Türen hingen Streckenpläne, aber auch wenn ich die Augen noch so zusammenkniepte, es war nichts zu erkennen. Der gesamte Berliner

Nahverkehr gezeichnet auf Millimeterpapier. Null Chance. Warum ich niemanden gefragt habe, weiß wohl nur der liebe Gott. Ich kam im Stockdustern auf einem wildfremden Endbahnhof an. Mein Abholbeauftragter Ronny, der etwa eine halbe Hauptstadtlänge von mir entfernt wartete, um mich ins Auto zu laden, jaulte entnervt auf: „Mann. Du Landei. Wie geht denn bitte so was?“ Er holte mich dennoch ab, fuhr mich zu meinem bereitstehenden Auto, stellte mich auf die Straße und nordete mich ein: „Also, volle Konzentration!“ Resignierter Blick zu einem hoffnungslosem Fall. „Siehst du da vorne die Querstraße?“ Ich nickte artig. „Das ist deine! Fährst du nach links, landest du irgendwann auf Rügen.“ Hier grinste er wohlweislich, und fuhr dann in strengem Ton fort: „Rechts rum, Mädchen, und immer der Straße folgen!“ Ich brauste hupend davon, klebte mit müden Augen hinter der Windschutzscheibe und verlor in irgendeinem verdammten Kreisel den Faden. Nach 45 Minuten stand ich wieder vor seiner Tür. Ganz toll. Na wenigstens war ich nicht bis zur Ostsee durchgerauscht. Ich wendete schnell und wagte einen zweiten Versuch. Bingo. Doch damit war mein Abenteuer noch nicht zu Ende. Am nächsten Morgen fuhr ich zum Flughafen, um meinen Liebsten abzuholen. Pünktlich. Duftend. Bestens gelaunt. Ich parkte den Wagen, schlenderte in die Haupthalle, linste auf die Anzeigentafel und machte mich auf den langen Weg zu Gate 10. Dort hatte ich Zeit, bummelte herum, kaufte mir Kaugummis und ging noch mal für kleine Mädchen. Warum kommt er nicht? Die Maschine ist doch längst gelandet? Ich beschwor meinen besten Pupillenscharfblick herauf und hypnotisierte die Anzeigentafel erneut. Oh Gott, die „10“ stand für „voraussichtliche Ankunftszeit“, er war an Gate 4 angekommen. Ich nahm die Beine in die Hand. Die Wege in Tegel können endlos werden. Von Gate 10 zu Gate 4 zu laufen, ist in etwa so weit, als würde man auf einer Uhr von der Größe eines Fußballstadions von „dreiviertel“ nach „viertel“ rasen. Als ich völlig außer Puste ankam, war ich mörder-unpünktlich, verschwitzt und kleinlaut. Er konnte sich trotzdem noch freuen. Puh.. Mittlerweile ist er von seiner maulwurfblinden Freundin wohl Kummer gewohnt. Ich musste lediglich versprechen, meine Brille zu suchen.

Er ist wieder da

27. Februar, letzter Eintrag
Stimmung: glückselig
News: Wie lautet die Antwort auf die Frage, wie lange man auf eine Liebesbekundung warten muss? Wie lange ist ewig? Ist Ewigkeit nicht das Ziel? Wie auch immer: Fühlen ist allemal besser als hören, auch wenn das Hören dann (un-) endlich wunderbar war.

Was für ein Wochenende. Auf den einen habe ich zwei Wochen gewartet, auf den anderen zehn Jahre. Henry-the-Gentleman-Maske. Er ist zurück, und macht aus der boxbegeisterten Damenwelt eine quietschende Fankurve. Er wird mit Sarah Connors Einmarschmusik „The Impossible Dream" die Münchener Olympiahalle zum Hexenkessel machen und unsere Gänsehaut zur Kartoffelreibe. Haltet schon mal die Taschentücher bereit und übt euch im Daumen drücken. Rocky Balboa ist Hollywood, Henry Maske ist echtes Leben. „Er riskiert ein Gelächter homerischen Ausmaßes", schreiben die Zeitungen. Möge es dem Jungen erspart bleiben, der einst vom Armeesportclub „Vorwärts", Frankfurt/Oder auszog, um zehnfacher IBF-Weltmeister zu werden. Ich hocke in jedem Fall vor der Mattscheibe und kaue Nägel. Endlich mal wieder ein Mann, der sich etwas traut, dem wir zufiebern können und der schöne Mäntel trägt. Nicht diese rotschimmernden Glanzsatin-Dinger, die aussehen, als hätte man sie aus dem Bettlaken einer Hamburger Edelabsteige genäht, sondern richtige Designerstücke von Gunter Sachs und Friedensreich Hundertwasser. Mal ganz zu schweigen von der Musik. Als er 1994 „Conquest of paradise" als Einzugshymne wählte, standen plötzlich alle auf Vangelis. Und wetten, dass die meisten von euch auch noch die Musik seines letzten Fights kennen? „Time to say good bye" von Andrea Bocelli und Sarah Brightman. Herr im Himmel, was haben wir geflennt. Blöderweise verlor er ausgerechnet diesen Kampf gegen Virgil Hill, der ameisenfleißig weiter geboxt hat und im letzten Jahr Weltmeister wurde. Traraaa. Er grinste in die Kameras, als wollte er sagen: „Henry, alte Schlunze. Hast du das gesehen?" Das hätte wohl jeden von uns gefuchst. Seitdem trainiert Uns-Henry wie ein Besessener und will es Virgil und jeder naserümpfenden Miesmuschel zeigen. Richtig so. Wir 0/8/15-Durchschnittsbürger bekommen nie im Leben so eine Chance. Wer kann schon die Uhr zurückdrehen und alles noch mal gut machen? Aus der Schmach einen Triumph? Also kämpfe ein bisschen für uns alle mit, lieber Henry! Das waren auch zehn Jahre unseres Lebens, die seitdem vorbeigezogen sind. Wir wurden im selben Land geboren. Du bist mein Jahrgang. So was verbindet. Außerdem brauchen wir dringend mal wieder einen Helden, nachdem Michael Schumacher in Rente gegangen ist, Jan Ullrich nicht mehr mitmacht und James Bond von einem Blonden gespielt wird. Jetzt darf man endlich wieder Knabberteller plus Partygürkchen rausholen und hibbelig auf dem Sofa sitzen. Warum gerade ich das mag? Vitali Klitschko hat es einmal so erklärt: „Boxen ist Abbild des Lebens. Mann gegen Mann. Einer gewinnt, einer verliert. Außerdem ist es leicht zu verstehen." Ein nicht zu unterschätzender Fakt für ein Blondköpfchen wie mich. Auch der Rest stimmt. Ich halte mir jedoch die Augen zu, falls es blutig wird. Außerdem brauche ich eine Galionsfigur; einen, für den ich die Daumen drücken kann. Sonst wechsele ich alle fünf Minuten die Seiten, feuere mal den Boxer aus der blauen Ecke an, weil der noch nie gewonnen hat oder den aus der roten, weil ich plötzlich Mitleid bekomme. Mein Boxerherz begann in den siebziger Jahren zu schlagen, als mich Papa weckte, damit ich Muhammad Ali alias Cassius Clay live boxen sehen kann. In Kinshasa schlug er George Foreman in der 8. Runde k.o. und Klein-Ineskind hatte am nächsten Tag auf dem Schulhof bei den harten Jungs einen Stein im Brett. Beim Kampf gegen Joe Frazier am 1. Oktober 1975, dem sogenannten „Thrilla in Manila", war ich elf Jahre alt und bin nachts um drei aufgestanden. Heute dürfen wir endlich alle mal wieder mitfiebern. „Es ist nicht vorbei, bevor es vorbei ist", lautet ein Satz aus dem letzten Rocky-Film, der auch auf Henry Maskes Homepage steht. Möge er gewinnen an diesem wunderbaren Abend. Schließlich habe ich zehn Jahre auf ihn gewartet und zwei Wochen auf meinen Liebsten. Nun sind sie beide wieder da. Warten wird wohl mein neues Hobby. Aber für manche tut man es eben gern.

Nachtrag für Boxfans:

Er hat gewonnen. Am 31. März 2007, Punktsieg nach der 12. Runde. Hut ab. Auch wenn ich fast nichts davon mitbekommen habe, weil ich immer wieder eingeschlafen bin. Was sind schon Boxerarme, wenn man sich endlich mal wieder in richtige kuscheln kann. Fünf Minuten in der Waagerechten und ich ratze wie ein Bär. Am allerliebsten paralelo cuerpo, was man frei in etwa mit „Löffelchenstellung“ übersetzen kann. Fest verschlungen, die ganze Nacht.

Tja, ihr Lieben, so wollte ich immer enden.

Nach all dem Wagnis, dem Trubel und der Einsamkeit. Den durchtanzten Nächten, geleerten Flaschen, gerauchten Zigaretten, der wiedererwachten Lebensfreude und den enttäuschten Hoffnungen. Nach all den übergroßen Erwartungen, die sich nun doch zu erfüllen scheinen. Was – wie ich finde – das verdiente Los der letzten Träumer ist.

So also sollte es enden:

In Liebe. Die ich jedem, JEDEM, glaubt es mir, von Herzen wünsche. Er hat einmal geschrieben: „Ich liebe Geschichten. Mein Leben sind Geschichten. Mögen sie mir niemals ausgehen.“ In diesem Sinne: Behaltet meine in Gedanken.

Game over,

eure Ines

Tagträume

Er lag neben mir, atmete noch schwer und schien nachzudenken. Mir war der Kopf zu leicht, um einen klaren Gedanken zu fassen. So sah ich einfach zur Decke; durch sie hindurch, lächelnd bis zu den Wolken, und noch tausend Meilen weiter. In meinem Bauch nur wohlig, warmes Glück. Nach einer Weile drehte er sich zu mir um, stützte den Kopf auf, und begann, Haarsträhnen aus meinem Gesicht zu streicheln.

So fangen gute Momente an.

Er klang heiser. „Wie geht das jetzt weiter mit uns beiden?" Ich sah ihn an und hörte mein Herz ein paar von diesen harten Schlägen tun. Atmete ein. Aus. Für einen winzigen Augenblick war alles offen, schien es mehr Möglichkeiten als Stunden am Tag zu geben. Ich hätte: „Ich weiß es nicht" flüstern können. Und wollte es auch. Aber ich sagte:

„Wir sind zusammen."

Er schaute ungläubig. „Ist das dein ernst? Hast du dir das gut überlegt?"

„Nein. Aber ich will es.
Jetzt. Heute.
In diesem Moment."

„Das wird Probleme geben."
„Ich weiß."

„Du wirst es nicht aushalten."
„Wir werden sehen."

„Ich soll von nun an jede freie Minute mit dir verbringen?"
Er sah mich fragend an. „...wo ich doch schon kaum Zeit habe."

Ich zuckte mit den Schultern.

„Ich soll ein schlechtes Gewissen haben, wenn ich nicht angerufen habe?

Mich nach dir richten?

Deine Unordnung mögen und deinen Hund?

Das ewige Zuspätkommen?

Du willst mich deinen Freunden vorstellen? Und deiner Mutter? Ich soll dich zu meiner Familie schleppen und zu jedem Fest, zu dem ich eingeladen werde? Ich soll samstags nicht am Schreibtisch, sondern mit dir im Kino sitzen, durch jede gottverdammte Parkanlage laufen und beim Kochen überlegen, ob DU das wohl gern isst? Keine anderen Frauen mehr mit zu mir nach Hause nehmen? Mit dir mein Weihnachten verplanen?

Ich soll, wenn mir jemand Premierenkarten schenkt, sagen: Ich brauch zwei, denn ich hab jetzt eine Freundin...???“

Er sah mich erwartungsvoll an, und irgendwie zweifelnd.

„Genau das. Und du sollst aus vollem Hals: Dein ist mein ganzes Herz.. dazu singen!“ Wir ließen uns lachend in die Kissen fallen. Er summte beim Küssen die Melodie, und es war irgendwie besiegelt.

„I just wanna feel real love Fill the home
that I live in ´Cause I got too much life
Running through my veins
Going to waste“

Ich möchte nur wahre Liebe fühlen
Ein ausgefülltes Leben haben
Denn ich hab soviel Leben in mir,
das durch meine Adern fließt und verrinnt

(Robbie Williams, „Feel“)